上海戏剧学院
规划建设教材

U0636924

ARTIFICIAL
智能
INTELLIGENCE
艺术
A R T

主　编 / 陈永东

副主编 / 张敬平　朱　云

 上海文化出版社

前　言

---------------- § ----------------

　　时代的发展，技术的更新，特别是近年来基于人工智能的 AIGC 工具迅速普及，引发了人类对人工智能的巨大想象，让我们看到了"艺术+科技"各种新的可能，也孕育了这本书。

　　在人工智能蕴藏的诸多可能性中，最激动人心的地方还是来自它与艺术的结合。这不仅使"艺术+科技"成为艺术领域与科技领域共同关心的交叉领域——常被称为"科艺融合"，还诞生了相关的专业及课程。本书即是在这种背景之下撰写出来的。

　　目前，不论是学界还是业界，都感到十分有必要了解人工智能艺术的相关知识，但不易找到合适的教材或参考书。一些高校已在开设与本书主题相关的专业或课程，但基本没有相对全面及规范的专业书籍或教材。国内外与数字艺术、新媒体艺术等领域相关的从业者对人工智能艺术也有浓厚的兴趣，论述较为全面的相关书籍却凤毛麟角。本书的撰写也是想弥补这一遗憾。

　　本书分为十二章，分别讨论人工智能艺术的缘起、人工智能艺术的可能性、人工智能艺术的创造力与动机、人工智能创作艺术的情感与意识、人机协作创作艺术时的主体性、人工智能艺术的价值及审美判断、人工智能艺术的主要种类、元宇宙中的人工智能艺术、利用人工智能传承及转化优秀文化、人工智能艺术的版权管理及升值、人工智能艺术的传播与营销、人工智能艺术的操作实践等问题。

　　本书撰写的基础源于几位作者的长期观察、教学、科研及实验积累的大量实践或实验案例。经过深入而广泛的思考，再结合已有研究成果进行深入讨论及内容扩展，他们最终将这些内容汇集成文稿。

我们深知,本书涉及的领域众多,且各领域也在不断发展过程中,所以希望读者能用动态的眼光看待本书的内容。在未来,书中许多内容必然会被更新甚至被颠覆。但我们相信,这些内容在一定时期内定会给读者带来启发。山外有山,人外有人,人工智能艺术领域高手林立。不过,我们仍然愿意分享或贡献自己在这一领域的一些粗浅理解,更希望有更多的人共同参与到人工智能艺术领域的探讨与实践中。

需要说明的是,虽然本书的写作建立在作者长期实践及理论研究的基础上,但由于作者水平有限,书中难免有论述不当或谬误之处,也希望各位同行不吝赐教,也希望读者予以见谅的同时,随时提出修改建议。

我们要感谢国内外人工智能相关领域的专家、学者、研究机构及企业为该领域做出的重要贡献,让我们的书稿有相关理论与众多案例可以借鉴。同时,也要感谢我们所在单位同事对本书编写给予的专业支持与帮助,特别是黄昌勇、韩生、刘志新、铁钟、杨青青、李世涛等专家的高瞻远瞩与精辟见解,以及俞玮娅、马楠、戴炜、凌军、马维佳等同事提供的丰富实践与大力支持,还有我们众多研究生、本科生的项目实践与理论总结。最后,感谢我们的家人给予的支持、鼓励与巨大帮助。

希望本书能为国内外从事人工智能艺术策划、设计及传播的组织及从业者提供一定的参考与帮助。

我们相信,众人拾柴火焰高! 希望更多的组织及从业者一起努力,共同推进人工智能艺术领域的进步与发展。

陈永东,张敬平,朱云

2024 年 8 月于上海

CONTENTS

目 录

-------------- § --------------

第一章 人工智能艺术缘起

随着人工智能(Artificial Intelligence,简称 AI)时代的到来,许多领域都能看到它的影子,艺术领域也在其中,"人工智能艺术"亦应运而生。艺术创意正在越来越多地应用人工智能,"人工智能美学"概念已被提出。

在本书的最开始,我们需要回顾一下人工智能艺术的起源,虽然这方面内容涉及历史考证,难免有不同的意见,但是我们仍可以展开基本的讨论。同时,我们可以沿着电子艺术、数字媒体艺术到人工智能艺术的线索对这一问题进行探讨。

1.1 电子艺术的兴起

电子艺术是人工智能艺术最早的准备阶段,电子艺术的想法相当可贵。随着电子计算机的出现与发展,电子艺术出现在艺术历史舞台上。

一、电子艺术的最初想法

追溯电子艺术必然要追溯计算机与艺术的联姻,这不能不提及两个人。一个是数学家巴贝奇(如图 1-1 所示),另一个是他的助手奥古斯塔·埃达·金(Augusta Ada King,原名奥古斯塔·埃达·拜伦)(如图 1-2 所示)。

英国数学家查尔斯·巴贝奇(Charles Babbage, 1791—1871)是现代计算机鼻祖。他于 1822 年发明差分机(Analytical Engine),这台机器采用了三个具有现代意义的装置:保存数据的寄存器(齿轮式装置);从寄存器取出数据进行运算的装置,并且机器的乘法以累次加法来实现;控制操作顺序、选择所需处理的数据以及输出结果的装置。

著名英国诗人拜伦之女奥古斯塔·埃达·金则是世界上第一位"程序员",也

图1-1 数学家巴贝奇　　　　　图1-2 巴贝奇的助手埃达·
　　　　　　　　　　　　　　　　　　奥古斯塔

是第一个看到计算机作为艺术工具之潜能的人。

埃达不仅最早提出了循环和子程序概念,为计算程序拟定"算法",编写了第一份"程序设计流程图",还率先提出,如果对象之间的本质关系可以按计算科学的要求来表达的话,那么当时她与巴贝奇设计的差分机就有可能谱写和制作音乐。

不过,埃达当时认为机器不能进行创造性思考,这一点涉及人脑与电脑的差别。然而,"现代计算机之父"冯·诺依曼(John von Neumann)应用计算通用性的概念得出结论:尽管人脑和计算机的结构截然不同,但仍可以认为,"冯·诺依曼机"能够模仿人脑对信息的加工过程。计算机和人脑在本质上是相同的。大脑用于保持记忆稳定性和一致性的冗余也完全可以用软件模拟。

二、电子计算机的出现

1946年2月15日,世界上第一台电子数字式计算机在美国宾夕法尼亚大学正式投入运行,它叫埃尼阿克(ENIAC),是电子数值积分计算机(The Electronic Numerical Integrator and Computer)的缩写。埃尼阿克使用了17 468个真空电子管,耗电174千瓦,占地170平方米,重达30吨,每秒钟可进行5 000次加法运算,如图1-3所示。

虽然埃尼阿克的功能还比不上今天最普通的一台微型计算机,但在当时,

图 1－3 第一台电子数字计算机 ENIAC

它已打破了其他早期计算机的运算速度，并且运算的精确度和准确度亦史无前例。

通常认为，电子计算机的发展经历过四代：第一代电子管计算机（1945—1956）；第二代晶体管计算机（1956—1963）；第三代集成电路计算机（1964—1971）；第四代大规模集成电路计算机（1971—现在）。当然，电子计算机一直没有停止发展的步伐，并在巨型化、微型化、网络化及智能化方面表现出几个不同的趋势。

巨型化主要用于天文、军事、仿真等需要进行大量计算的领域，要求计算机有更高的运算速度、更大的存储量，这就需要研制功能更强的巨型计算机。

微型化主要应用于仪器、仪表和家用电器中。通用微型机已经大量进入办公室和家庭，但人们需要体积更小、更轻便、易于携带的微型机，以便出门在外或在旅途中均可使用。

网络化，是指将地理位置分散的计算机通过专用的电缆或通信线路互相连接，以此组成计算机网络。网络可以使各种分散的资源得到共享，使计算机的实际效用提高了很多。因特网（INTERNET）就是一个通过通信线路连接、覆盖全球的计算机网络。

智能化，是指计算机具有更多的类似人的智能，比如能听懂人类的语言，能识别图形,会自行学习等等,能更"聪明"地想到人更需要的服务,进而发展出"人工智能"的概念及相关的产品与服务。

另外,近年来科学家发现,由于电子电路的局限性,理论上电子计算机的发展也会有一定的局限,因此人们正在研制不使用集成电路的计算机,如生物计算机、光子计算机、超导计算机及量子计算机等。

但无论如何,计算机的出现及其软件、硬件的发展,以及后来的网络、智能等能力的不断进步,都为电子艺术及后来数字媒体艺术、人工智能艺术的发展奠定了基础。

三、电子艺术的出现

随着 1946 年电子计算机的诞生,以及伊凡·苏泽兰(Ivan Sutherland)提出计算机图形学(Computer Graphics,简称 CG)并被更多专家不断深入研究,计算机绘画/电子艺术、数字媒体艺术及人工智能艺术等领域逐渐发展起来。

计算机图形学是一种使用数学算法将二维或三维图形转化为计算机显示器的栅格形式的科学。或者说,计算机图形学的主要研究内容就是研究如何在计算机中表示图形,以及利用计算机进行图形的计算、处理和显示的相关原理与算法。它最早由伊凡·苏泽兰(Ivan Sutherland,又译萨瑟兰)提出,他不仅是早期计算机技术的研究者和倡导者,更是新技术的发明者和推广者,像互联网、鼠标、图形操作系统、电子绘图、智能机器人等等这些划时代的技术发明,无一不是从他的理论中获得灵感的。

第一幅计算机"艺术"作品《电子抽象》(Electronic Abstractions)于 1952 年由本·拉波斯基(Ben F. Laposky)用示波器创作,如图 1-4 所示。

拉波斯基使用受控制的电子束照射到示波器 CRT 的荧光屏上,产生出各种数学曲线,并使用高速胶片将获取的图像拍摄下来,这就形成了世界上第一幅计算机"艺术"作品,也可以算电子艺术最早的作品。

早期计算机艺术作品创作及理论研究富有成果的另一个人是德国艺术家和电脑图形专家赫伯特·弗兰克(Herbert W. Franke),他几乎和本·拉波斯基同时开始了计算机抽象艺术的创作,如图 1-5 所示。

弗兰克还撰写了大量关于数字媒体艺术的论文,如《新视觉语言——论计算机图形学对社会和艺术的影响》及《扩张的媒体:计算机艺术的未来》(1985 年,

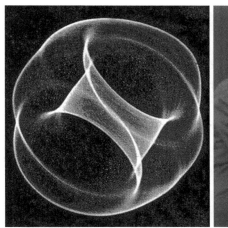

图 1－4　最早的计算机图像作品《电子抽象》及其作者拉波斯基

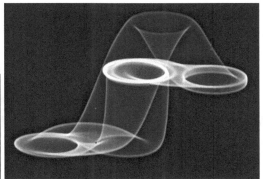

图 1－5　赫伯特·弗兰克及其计算机抽象艺术作品

Leonardo 杂志）。弗兰克在其 1971 年第一部著作《计算机图形学——计算机艺术》中最早也是最全面地论述了该主题。因而，弗兰克也是第一个在专业刊物上提出"计算机艺术"概念的人。

　　弗兰克认为，使艺术不再神秘化是在艺术中使用电脑后所产生的意义最为深远的一个结果。一旦承认艺术创作可以形式化，可以编成电脑程序，可以用数字方法处理，那么那些把艺术隐藏起来的奥秘都将消失殆尽。从某种意义上讲，弗兰克延伸了埃达的想法。

1.2 数字媒体艺术的兴起

承接着计算机艺术/电子艺术的发展,数字媒体艺术亦蓬勃发展起来,并成为人工智能艺术的第二个准备阶段,同时与人工智能艺术出现交叉。

一、20 世纪 60—70 年代的数字媒体艺术发展

20 世纪 60 年代数字媒体艺术经历了萌芽与实验阶段,20 世纪 70 年代则经历了突破与商用阶段。

20 世纪 60 年代,由于当时计算机诞生时间不长,相对于今天的各种设备而言,十分简陋。使用早期的计算机系统创作动画和图像很不方便,然而许多科学家依然与艺术家合作,对数字艺术进行了大胆的尝试。

1963 年,苏泽兰发表了题为《画板:一个人机图形通信系统》(Sketchpad:A Man-machine Graphical Communications System)的博士论文,论文中的软件系统可以让用户借助光笔与简单的线框物体交互作用来绘制工程图纸,使用了几个新的交互技术和新的数据结构来处理视像信息,是一个交互设计系统,这个成就开创了电脑互动的技术。

在 20 世纪 60 年代,计算机动画领域也开始了早期实验,其中老约翰·惠特尼(John Whitney Sr.,1918—1996)最早开始了对计算机图形图像系统的研究和开发。他制作了不少动画短片与电视广告节目,被许多人尊称为"计算机图像之父",他是将计算机图像引入电影工业的第一人。

这一时期的数字艺术先锋,除了前面提到的本·拉波斯基(Ben F. Laposky)、赫伯特·弗兰克(Herbert W. Franke)和老约翰·惠特尼外,还包括查尔斯·苏瑞(Charles Csuri)、迈克尔·诺尔(A Michael Noll)、爱德华·兹杰克(Edward Zajec)、莉莲·施瓦茨(Lillian Schwartz)、肯尼斯·诺尔顿(Kenneth Knowlton)、弗瑞德·纳克(Frieder Nake)、白南准和格奥·尼斯(Georg Nees)等著名科学家和艺术家。

以迈克尔·诺尔(A. M. Noll)博士为例,他是数字艺术家及工程师,也是最早在视觉艺术中使用计算机的先锋之一。早在 1965 年 4 月,他在纽约市 Howard Wise 画廊的计算机艺术的展览可以说是在美国及世界上最早的数字艺术展览之一,其作品如图 1-6 所示。

图 1 - 6 迈克尔·诺尔及其作品

又以白南准(如图 1 - 7 所示)为例,他是美籍韩裔艺术家,国际著名影像艺术家及视频(Video)艺术之父。白南准的第一次个展于 1963 年 3 月在德国建筑师罗尔夫·加林本人的别墅内展出。这是一个十分另类的展览,不仅使用了包括花园、顶楼和厨房在内的所有空间作为展览场地,而且许多作品如电子仪器或装置、经艺术家改造的电视机第一次被当作艺术材料和媒介展现在观众面前。展览包括音乐和电视两个主题。第二个主题由安置在一个居室内的 11 架黑白电视机组成,电视机被随便地搁到地板上,没有任何方向和序列感,但所有电视屏幕均在播出同样的节目。

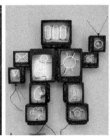

图 1 - 7 白南准及作品(右二为《电视佛像》及《电子大提琴》)

　　20 世纪 70 年代，不仅计算机相关硬件有了发展，而且数字媒体艺术的软件基础理论研究也有了许多突破，特别是分形算法、关键帧动画生成程序、光线跟踪及相关渲染技术，这不但为后来数字媒体艺术的发展奠定了重要基础，也为当时的数字电影的兴起到了重要的推动作用。

　　20 世纪 70 年代，计算机开始采用大规模集成电路（LSI）及超大规模集成电路（VLSI）为主的电子器件，即前面提到过的第四代计算机的主要特征。1976 年，电脑神童史蒂夫・乔布斯与斯蒂夫・沃兹尼亚克（Stephen Gery Wozniak）共同创办了苹果公司，并推出了其 Apple I 计算机。第二年，Apple II 型计算机开始在市场上出售。

　　20 世纪 70 年代，鼠标被人们理解并开始应用。1964 年美国科学家道格拉斯・恩格尔巴特（Douglas Englebart）制作了第一只鼠标器——只有一个按键，外壳用木头精心雕刻而成，底部有金属滚轮。鼠标的出现为数字媒体艺术创作带来极大的便利。

　　20 世纪 70 年代还有一项数字艺术设计的重要研究成果，即分形（Fractal）理论。该理论由数学家曼德布劳特（Mandelbrot）研究得来，并于 1975 年在其专著《分形、机遇和维数》中发表。这位数学家研究分形，是力图以数学方法，模拟自然界存在的及科学研究中出现的那些看似无规律的各种现象，如图 1-8 所示。

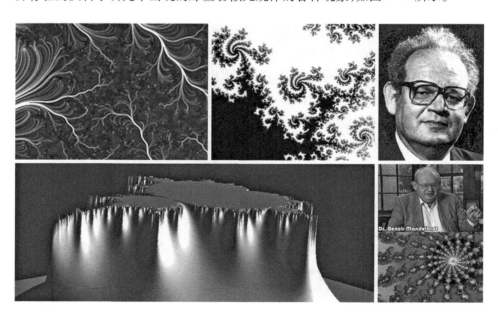

图 1-8　曼德布劳特及其分形图形

这一时期主要的数字艺术家有：唐纳德·格林伯格（Donald Greenberg），曼弗雷德·莫尔（Manfred Mohr），琼·崔肯布罗德（Joan Truckenbrod），大卫·厄姆（David Em）等。

二、20 世纪 80—90 年代的数字媒体艺术发展

20 世纪 80 年代数字媒体艺术经历了流行与发展阶段，90 年代则经历了普及与融合阶段。

进入 20 世纪 80 年代后，数字艺术设计依赖的计算机硬件及图形软件有了长足的发展，一批数字特效公司或工作室崛起，并使得数字电影有了更大的进步，数字绘画作品也变得更加流行，创作形式与内容变得更加丰富。

20 世纪 80 年代，计算机图形技术从游戏玩具变成为被证实的具有艺术和商业潜力领域。80 年代中期的麦金塔系列（Macintosh）带有视窗界面和鼠标器的苹果电脑风靡一时，微软在 80 年代末也不失时机地推出带有视窗（Windows）界面的 PC 机。图形图像界面和多媒体设计成了小型商业电脑和个人电脑的发展方向之一。

苹果公司的麦金塔电脑于 1984 年 1 月 24 日发布，它是苹果电脑继 LISA 后第二部使用图形用户界面（Graphical User Interface，简称 GUI）的电脑。麦金塔是首次将图形用户界面广泛应用到个人电脑之上的电脑，它后来发展为近年的 MacBook。

20 世纪 80 年代前后出现了一批数字特效公司，较为著名的有工业光魔公司（ILM）、太平洋数据图像公司（Pacific Data Images，简称 PDI）、皮克斯动画工作室（Pixar Animation Studios）和蓝天工作室（Blue Sky Studios Inc.）等，它们大大推动了数字电影的发展。

该时期也出现了许多优秀的电脑绘画作品和电脑艺术插图。艺术家们已不再需要具备高深的计算机编程技能来进行艺术创作。许多真正的艺术工作者开始投身到这一新的艺术媒体中，主要包括：莉莲·施瓦茨（Lillian Schwartz），罗曼·维斯托（Roman Verostko），劳伦斯·盖特（Laurence Gartel），简·皮尔·赫伯特（Jean-Pierre Hébert），日本艺术家河口洋一郎（Yoichiro Kawaguchi）等。

在 20 世纪 80 年代早期，已经有 30 年画龄的罗曼·维斯托（Roman Verostko）开始沉迷于通过绘图仪打印的计算机算法绘图艺术。1987 年，通过将

毛笔固定到绘图仪上,他设计了世界上第一个软件驱动的"毛笔"绘画作品。他的绘画工作室结合了数码制作和传统艺术绘画,使其作品有着一种特殊的魅力,如图1-9所示。

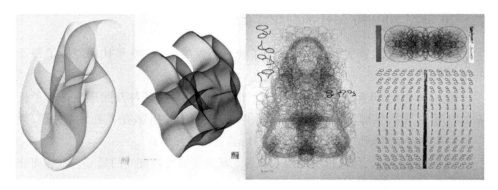

图1-9 罗曼·维斯托的数字艺术作品

20世纪90年代的数字艺术在普及的同时,不断进行融合,数字艺术的表现能力不断增加,网络游戏与电子游戏开始繁荣,数字电影的特效越来越逼真,并促使数字电影与网络游戏产业蓬勃发展。

20世纪90年代是美国好莱坞辉煌的十年,许多优秀的数字电影涌现,许多新的技术不断被应用,许多电影也载入了史册。相关的技术主要包括:数字遮罩技术、蓝屏抠像及序列帧合成技术,以及丰富的特效影像、CG动画特效,将现实与虚拟结合,还有电脑动作捕捉系统、大规模角色的大场景模拟动画特效、毛发动力学、表情模拟及大量的粒子系统等。

1997年,美国麻省理工学院教授及媒体实验室的创办人,未来学家尼葛洛庞帝(Negroponte)在其著名的《数字化生存》一书中指出,"我们已经进入了一个更生动和更具参与性的艺术表现新时代,我们将有机会以截然不同的方式,来传播和体验丰富的感官信号。"

20世纪90年代的数字媒体艺术家主要有:安德烈亚斯·古尔斯基(Andreas Gursky),丽莎·卡吉尔(Lisa Cargill),杰夫·舒维尔(Jeff Schewe),夏洛特·戴维斯(Charlotte Davies,又称Char Davies),Tibor Kovacs-egri等。

以夏洛特·戴维斯为例,其在20世纪90年代创作的《渗透》(OSMOSE)系列创造了虚拟的"幻境",如图1-10所示。用户欣赏时需戴上头盔显示器和情感追踪背心，以便观察他面临不同环境所产生的心理和情感的变化，艺术家凭借多种媒体手段创造出的沉浸效果，不是为了模拟现实，而是探寻环境、感官与心理、情感的特殊关系。这件作品可算最早的虚拟现实艺术作品尝试之一。

图 1-10　夏洛特·戴维斯的数字艺术作品《渗透》(OSMOSE)

三、21 世纪的数字媒体艺术发展

21 世纪的数字媒体艺术经历了多元与传播阶段，并将多种概念融入到元宇宙化的艺术概念中，且与人工智能的交叉越来越多。

进入 21 世纪后，新技术层出不穷，互联网更加普及，移动互联网风潮正盛，新的数字艺术软件功能越来越丰富，大数据、云计算奠定了有力的支撑，使得虚拟现实、人工智能开始走向实用，物联网逐步形成，这些都为数字艺术的表现形式多元化、传播范围扩大及创作的新可能创造了有利条件。

21 世纪更让数字媒体艺术设计者兴奋的是，各类新技术层出不穷，为数字媒体艺术创造了更多的可能性。许多新技术可以被数字媒体所用，不论是全息技术、激光、VR（Virtual Reality，虚拟现实）/AR（Augmented Reality，增强现实）/MR（Mixed Reality，混合现实），还是 3D 打印、新型光控技术、新型感应技术，抑或是无人驾驶汽车、无人驾驶飞机，甚至是模拟人类思维并能与人类互动的人工智能，因而数字媒体艺术与人工智能艺术有了更多的交叉。同时，不少相关的艺术概念不断融入元宇宙化的艺术概念中。元宇宙有多种访问模式，既可以通过 VR 设备访问元宇宙中的纯虚拟世界（或数字元生世界）及数字孪生的极速版真实世界，也可以通过 AR/MR 设备访问元宇宙中虚实融合的高能版现实世界。

元宇宙化艺术的沉浸性体验、交互性体验、个性化体验、多个故事线、时空拓展性等特点为数字媒体艺术的发展带来了更大的想象空间。特别是，其中的 VR/AR/MR 艺术设计、NFT 数字藏品艺术设计、数字虚拟人艺术设计及虚拟空间中的各类相关艺术设计，都有很多新颖之处。

虽然艺术元宇宙尚处于初级发展阶段，但从事各种类型艺术的艺术家与相关机构都在积极努力地尝试，各类新技术、新空间及新平台也在很大程度上促进了艺术创作中持续不断地尝试——各种新的可能性。

从目前的发展看，不论是视觉艺术、听觉艺术、文学艺术、戏剧艺术、舞台空间艺术、戏曲曲艺艺术、舞蹈艺术、雕塑艺术、摄影艺术，还是娱乐性相对强的音乐会、演唱会、动画、漫画、影视、广播，抑或是文旅演艺，都有元宇宙化的趋势。

新华网首个超写实数字人——“筱竹”随着 2022 年端午节创意视频正式亮相。她由新华网数字人实验室打造，未来会在更多场景带来不同主题的融媒创意产品，奥丁科技作为合作方，与新华媒体创意工场共同研发、制作了数字人“筱竹”。在 2 分钟的视频中，筱竹用自己喜欢的古诗词、中国鼓和一段创意国风舞蹈，表达了对端午的美好祝愿，其中的中国舞蹈引发了不少人的关注与赞叹，如图 1-11 所示。

图 1-11　新华网首个超写实数字人“筱竹”的中国风舞蹈（来源：新华网）

1.3 人工智能艺术的兴起

一、生成艺术的兴起

　　近年来，人工智能艺术的一个分支——生成艺术（Generative Art）大出风头。生成艺术的概念最早来自计算机图形学，是当代艺术创作的一种形式。生成艺术家利用现代处理能力来发明新的美学——指导程序在一组"艺术约束"内运行并引导过程达到预期的结果。图1－12是本书作者陈永东的生成艺术作品《元·机器水墨山水》第68、第81号。

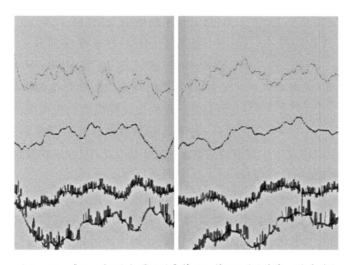

图1－12 《元·机器水墨山水》第68、第81号（作者：陈永东）

　　纽约大学菲利普·加兰特尔（Philip Galanter）2003年发表论文《什么是"自动生成艺术"》里解释，生成艺术是"艺术家应用计算机程序，或一系列自然语言规则，或一个机器，或其他发明物，产生出一个具有一定自控性的过程，该过程的直接或间接结果是一个完整的艺术品"。在另外一篇论文里，加兰特尔总结了生成艺术的四大特征：第一，生成艺术涉及使用"随机化"来打造组合；第二，生成艺术包含利用"遗传系统"来产生形式上的进化；第三，生成艺术是一种随着时间而变化的不间断变化的艺术；第四，生成艺术由电脑上运行的代码所创建。

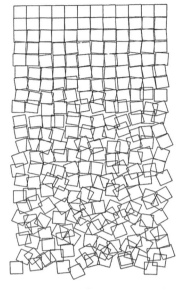

图 1-13　格奥·尼斯 1968 年发布的作品 *Schotter* (Gravel)

最早的生成艺术通常被认为来自 20 世纪 60 年代的格奥·尼斯(Georg Nees),他与弗瑞德·纳克(Frieder Nake)、迈克尔·诺尔(A. M. Noll)等几乎同时公开在德国斯图加特艺术画廊、美国纽约 Howard Wise 艺术画廊等地向公众展示其数字艺术作品。有观点认为,格奥·尼斯于 1968 年发布的作品 *Schotter*(Gravel)被认为是最早与最著名的生成艺术作品之一。这幅作品的特点在于 Schotter 从 12 个按照标准位置摆放的方格开始,随着位置向下,渐次出现的方格的位置与角度随机性开始不断增加,如图 1-13 所示。

实际上,日本艺术家河口洋一郎(Yoichiro Kawaguchi)也曾在 20 世纪 70—80 年代创作过《生长》系列的计算机图形和动画作品。80 年代,河口洋一郎通过计算机动画和视频合成技术创造了一种来自海洋世界的五彩斑斓的视觉世界,它的光和它的运动,以及生活其中的生物永远处于进化之中,合成物处于海洋植物和动物之间并持续地生长和变异。

还有乔恩·麦克科马克(Jon McCormack),他近年创作的《Fifty Sisters》是一种 1 m×1 m 的计算机合成植物形态图像的大型装置,亦属于生成艺术的一种。这些“植物”是使用人工进化和生成算法从计算机代码中通过算法“生长”出来的,本身并不存在。

从创新度和艺术性来看,由设计师制定规则、通过程序员编程完成的美的计算,赋予了艺术设计全新的可能性。从某种意义上讲,这既是艺术的规则和量化,也是设计的无序和随机。图 1-14 为上海戏剧学院创意学院学生头像类生成艺术作品。

大悲宇宙-林琨皓的《X'Diptera：虚拟蝴蝶》也是生成艺术系列作品。虚拟蝴蝶是数据合成昆虫,在每日更新的虚拟蝴蝶图案过程中,作者想表达昆虫是有生命的精密仪器,让昆虫在虚拟中进行物种进化。尤其是蝴蝶的纹理的鲜艳色彩,完全基于电脑算法和人工智能,这不仅创造了新物种,也令创作效率得到极大的提高,如图 1-15 所示。

图 1-14　上戏创意学院学生头像类生成艺术作品（指导老师：陈永东）

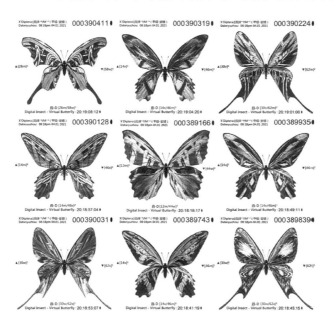

图 1-15　大悲宇宙-林琨皓 X'Diptera：虚拟蝴蝶

二、人工智能技术的发展

人工智能(Artificial Intelligence,简称 AI),是研究、开发用于模拟、延伸和扩展人的智能的理论、方法、技术及应用系统的一门新的技术科学。它是计算机科学的一个分支,试图了解智能背后的实质,并生产出一种新的能以人类智能相似的方式做出反应的智能机器,该领域的研究包括机器人、语言识别、图像识别、自然语言处理和专家系统等。自从诞生以来,理论和技术日益成熟,也为艺术领域带来了巨大的想象空间及许多新机会。

人工智能很早就已经出现,然而直到最近几年,在 AlphaGo 不断战胜人类等事件登上相关新闻热门排行榜,才开始更多被人关注,人们会猜想人工智能可能蕴藏的巨大潜力。

2016 年 3 月 15 日,谷歌围棋人工智能 AlphaGo 与韩国棋手李世石进行最后一轮较量,后者获得了本场比赛胜利,人机大战的总比分最终定格在 1∶4。2017 年 5 月 27 日,在浙江乌镇,2017 人机大战三番棋第三局结束,柯洁执白 209 手中盘负于 AlphaGo,人机大战 2.0 的结局被定格在了 0∶3。

人工智能发展历史中,不得不提到艾伦・图灵(Alan Turing),他不仅提出了"图灵机",并且提出了"图灵测试"(The Turing test)。图灵测试指测试者与被测试者(一个人和一台机器)在隔开的情况下,通过一些装置(如键盘)向被测试者随意提问,进行多次测试后,如果机器让平均每个参与者做出超过 30% 的误判,那么这台机器就通过了测试,并被认为具有人类智能。图灵因此被称为"人工智能之父"之一。

另一位"人工智能之父"是约翰・麦卡锡(John McCarthy),他在攻读博士期间首次尝试在机器上模拟人工智能,并于 1956 年首次提出"人工智能"的概念。

人工智能的实际应用主要包括:机器视觉,指纹识别,人脸识别,视网膜识别,虹膜识别,掌纹识别,专家系统,自动规划,智能搜索,定理证明,博弈,自动程序设计,智能控制,机器人学,语言和图像理解,遗传编程等。

人工智能是一门边缘学科,属于自然科学和社会科学的交叉。它涉及的学科主要有:哲学和认知科学,数学,神经生理学,心理学,计算机科学,信息论,控制论,不定性论等其研究范畴主要包括:自然语言处理(Natural Language Processing,NLP),知识表现,智能搜索,推理,规划,机器学习(Machine Learning),知识获取,组合调度问题,感知问题,模式识别,逻辑程序设计软计算,不精确和不确定的管理,人工生命,人工神经网络(Artificial Neural Networks, ANNs),复杂系统,遗传算法等。

人工智能的一个比较流行的定义,亦是较早的定义,是由约翰·麦卡锡在1956年的达特矛斯会议上提出的:人工智能就是要让机器的行为看起来就像是人所表现出的智能行为一样。另一个定义指人工智能是人造机器所表现出来的智能性。

对人工智能的定义大多可划分为四类,即机器“像人一样思考”,“像人一样行动”,“理性地思考”和“理性地行动”。这里“行动”应广义地理解为采取行动,或制定行动的决策,而不是肢体动作。根据人工智能的智能高低,又可分为弱人工智能及强人工智能。

弱人工智能观点认为,不可能制造出能真正地推理(REASONING)和解决问题(PROBLEM_SOLVING)的智能机器,这些机器只不过看起来像是智能的,但是并不真正拥有智能,也不会有自主意识。目前主流的科研大多集中在弱人工智能。

强人工智能观点认为有可能制造出真正能推理和解决问题的智能机器,并且这样的机器能将被认为是有知觉的,有自我意识的。强人工智能又可分为两类:一种是“类人的人工智能”,即机器的思考和推理就像人的思维一样;另一种是“非类人的人工智能”,即机器产生了和人完全不一样的知觉和意识,使用和人完全不一样的推理方式。

值得关注与思考是“奇点假说”。根据该假说(也被称为智能爆炸 intelligence explosion)最流行的版本:一个可升级的智能体终将进入一种自我完善循环的失控反应(runaway reaction)。每个新的、更智能的世代将出现得越来越快,导致智能的“爆炸”,并产生一种在实质上远超所有人类智能的超级智能。“奇点”的概念和术语是由 Vernor Vinge 在他1993年的文章《即将到来的技术奇点》(The Coming Technological Singularity)中得到推广的。他在文中写道,“这将标志着人类时代的终结,因为新的超级智能将持续自我升级,并以不可思议的速度在技术上进步。”

三、人工智能艺术粉墨登场

随后,各类数字媒体艺术及新媒体艺术不断涌现,进而出现了“人工智能艺术”。人工智能已经涉足剧本创作、视频/短视频创作、写诗、作曲及作画等艺术创作领域。

本书认为，人工智能艺术可以基本定义为：利用人工智能不断发展与进化的相关技术、平台或工具所创作、处理、制作或生成的艺术作品。需要注意的是，一方面，人工智能的相关技术、平台或工具一直在进化，有时甚至会出现跳跃式发展，这使得人工智能艺术创作时所使用的技术、平台或工具会不断发生变化；另一方面，人工智能艺术既可能是创作出来的，也可能是处理、制作或生成出来的。至于人工智能艺术的母题范围，则不宜给予太多限制。

当然，这一定义的潜台词是，人工智能艺术是人类利用相关技术、平台或工具所创造出来的。这是一种中短期的看法，并且其创作的风格及作品的价值观与设计、训练及使用它的人有密切关系。从长期看，一旦人工智能发展到强人工智能（StrongAI）阶段，则不能排除人工智能不受人类支配而自行完成艺术作品的可能性。

人工智能的所谓"智能"完全可以用于创作各类艺术作品，只要你敢于想象，只要你让它学习。最新的策略之一是，人工智能未必需要学习人类提供的案例库，它自己可以学习自己生成的案例库。

2016 年，在伦敦科幻电影节上，由纽约大学 AI 研究人员开发的递归神经网络"本杰明（Benjamin）"写出了一部科幻电影，成为本届电影节 48 小时电影制作挑战赛的参赛作品之一。这部时长 9 分钟的电影名叫"Sunspring"，由《硅谷》男主托马斯·米德蒂奇主演，如图 1 - 16 所示。

图 1 - 16 人工智能 Benjamin 写的科幻电影

当然，人工智能创作艺术作品并不是一蹴而就。在此之前，"本杰明"也学习了不少科幻电影剧本，包括经典电影《超时空圣战》（*Highlander Endgame*）、《捉鬼敢死队》（*Ghostbusters*）、《星际穿越》（*Interstellar*）等等。不过，不得不说，它的编剧能力实在堪忧,剧本中的语言有时显得"正确而不知所云"。

2016 年就在 6 月初,谷歌发布了由人工智能软件 Magenta 创作的一支 90 秒钢琴曲。曲子开头只是一连串 4 个音符组成的小节,大约 40 秒后才出现变化,整体听来犹如小霸王游戏机时代的游戏主题曲。那一阶段,国外各大媒体也曾争相晒出谷歌写诗机器人的最新作品。总体来说,这些诗歌语句通顺,甚至不乏让人"不明觉厉"的段子。

几年前,在日经新闻社主办的"星新一文学奖"比赛中,人工智能带来的作品博取了不少眼球。由日本公立函馆未来大学带来的作品《电脑写小说的那一天》通过了初赛。不过,该小说其实是由研究人员协助完成,他们选择了一些特定的单词和短语,并为这个故事建立了总体框架,然后让软件自己来完成写作。

在人工智能作画方面,2015 年,谷歌把自家生成图片的技术 Inceptionism 开源化,称之为 Deep Dream。他们把各种图片喂入这款原本用于图片分类的 AI,经过层层神经网络的处理后,就得到了一批画风诡异的后现代画作。

近年来,Disco Diffusion(DD)等在人工智能绘画方面表现更加抢眼,它们可以接受对所需图片的描述(主要维度包括:画种描述、内容描述、画家描述、参考渲染方式及颜色描述等),然后生成相应风格的图片,如图 1-17 所示。这是一个 CLIP 指导的 AI 图像生成技术,简单来说,Diffusion 是一个对图像不断去噪的过程,而 CLIP 模型负责对图像的文本描述。

图 1-17　Disco Diffusion 生成的绘画

微软的人工智能"微软小冰"（现已独立，称"AI 小冰"）在音乐及诗歌创作方面亦有相当高的水平。她的创作速度很快，给一张图或者一段话，只要花两分钟，就能写出一首 3 分钟的曲子，并根据风格和节奏，完成配器、编曲和歌词。另外，2017 年她出版诗集《阳光失了玻璃窗》之后，还协助超过 500 万名诗歌爱好者创作诗歌，部分作品刊发在各类文学刊物上。2019 年夏天，她从中央美术学院毕业，其作品《历史的焦虑》在 2019 届研究生毕业作品展上展出。

人工智能艺术在前面提到的电子艺术、数字媒体艺术等基础上，结合生成艺术等的发展，加上人工智能技术的不断进化，未来将有广阔的发展空间。本书将在后续内容中不断深入探讨人工智能艺术。

【课后作业】

1. 电子艺术经历哪些发展过程？其中在思想上、硬件、软件上经历过哪些重要变化？有哪些艺术家的哪些作品给你留下了深刻的印象？

2. 生成艺术经历哪些发展过程？其中哪些算法对于生成艺术影响很大？有哪些艺术家的哪些作品给你留下了深刻的印象？

3. 什么是人工智能？人工智能发展中有哪些重要的事件发生？哪些硬件或软件技术对人工智能发展影响很大？

4. 人工智能艺术经历哪些发展过程？其中在硬件、软件上经历过哪些重要变化？有哪些艺术家的哪些作品给你留下了深刻的印象？

5. 介绍一件你最喜欢的人工智能艺术作品，并说明喜欢它的理由。

6. 你未来最想利用人工智能设计或生成一件怎样的艺术作品？你觉得设计或生成的这些作品中可能会有哪些困难？

第二章 人工智能艺术的可能性

本书在讨论人工智能艺术时,读者一定会有这样的疑问:人工智能有可能创作艺术吗? 人工智能艺术有创意吗? 回答应该是肯定的,否则写这本书的意义就不大了。但是,有必要解释这个问题,而且不仅在这一章,后面还有许多地方会与这个问题有关联。

2.1　人工智能艺术是否有可能?

一、人工智能艺术作品不断涌现

前面已经提到过,至少从表面上看,人工智能艺术是有可能的,因为有那么多的人工智能参与创作的艺术作品涌现。

以埃隆·马斯克与人合作创立的美国开放人工智能研究中心(OpenAI)发布DALL·E 2为例,这是根据文本描述为可用自然语言表达的各种概念创建图像的神经网络 DALL·E 的最新版本。"DALL·E 2可以根据文本描述创建逼真的图像和艺术,它可以组合概念、属性和风格来生成图像。"OpenAI 网站如此介绍DALL·E 2。

DALL·E 2的生成的范围比上一代更广,比如写实主义的宇航员骑马(An astronaut + riding a horse + in a photorealistic style),可以分别生成其在山上、外太空、草地等场景的作品,如图 2-1 所示。

据悉,2023 年 10 月 3 日,微软在官网宣布,OpenAI 最新的 DALL-E 3 模型现已面向所有 Bing Chat 和 Bing Image Creator 用户开放。

从前面人工智能在艺术方面的应用各种案例看,人类借助人工智能计算机进行艺术创作,甚至编写智能程序,让人工智能或程序在一定程度上独立地进行艺术

图 2-1 DALL·E 2 生成的写实主义的宇航员骑马作品
（来源：https://openai.com/dall-e-2/）

创作已经成为实事。更有人认为,智能机器已经不只是艺术创作的工具,而是艺术创造的核心了。

对于目前多数已经出现的人工智能艺术而言,创作它们的智能程序可能利用了专家系统(Expert System)和机器学习等技术,存储并分析大量艺术家作品,寻找其中有规律性的特征,然后再加以重组,而基于神经网络的深度学习(Deep Learning)技术能够让计算机程序实现不断累积和更新,从而掌握更好地解决问题的方法。

从本质上看,目前多数人工智能工艺术创作是利用神经网络基础,优化了搜索技术和决策机制,通常需借助大量的案例输入及训练学习。当然,随着时间的推移及支持的发展,更多其他技术将用于人工智能艺术。

二、哪些人工智能可以创作艺术品?

对于人工智能是否可以创作艺术作品的问题,存在不同观点。有的认为可以,有的认为不可以,有的人认为某些人工智能类型可以,某些人工智能类型不行。

有一种观点认为,"弱人工智能"是从机器的行为和效果来看机器是否是智能的,现在许多智能机器人已经能从某种程度上实现智能行为;而"强人工智能"所说的"真正的思考",要求则高得多,它意味着人工智能的思维模式要接近人类的思维模式,并且有可能需要"意识到"自己在思考。

由此有人认为,真正的人工智能艺术只有理想的"强人工智能"才能完成。然而,这一观点所说的人工智能艺术对应的"强人工智能"应该是"类人的人工智能",即机器的思考和推理就像人的思维一样,而不是"非类人的人工智能"(即机器产生了和人完全不一样的知觉和意识,使用和人完全不一样的推理方式)。

那么,是不是在目前人工智能领域所处的"弱人工智能"阶段,以及强人工智能中"非类人的人工智能"类型中,就不可能探讨人工智能艺术呢?本书认为答案是否定的。

本书认为,不论是目前所处的"弱人工智能"阶段,还是未来的"强人工智能"阶段,都可以有人工智能艺术。并且,不论未来"强人工智能"阶段中的"类人的人工智能",还是"非类人的人工智能",也都可以有人工智能艺术。

三、一种理解人工智能艺术的方法

如果说"强人工智能"阶段的"非类人的人工智能"到来时间还较为遥远,且暂时无法确定机器如何拥有与人类不一样的知觉和意识,那么目前所处的"弱人工智能"阶段的人工智能艺术可能性该如何理解呢?

有一种理解类似于"图灵测试",即假设一幅"艺术作品"在给不知情的观众欣赏时,如果大部分观众(可以设定某个比例)都无法判断该作品是人类创作还是机器创作,那么就可以说这幅"艺术作品"确实可以判定为与人类创作的艺术作品基本无差别。或者说,可以将若干幅作品放在观众眼前,其中既有人工智能艺术作品,也有真实人类艺术家的作品,如果大部分观众都无法挑出哪些是人工智能创作的艺术作品,那么至少它们与真实人类艺术家的作品给观众的感受相差无几。

虽然这种判断方法仍然存在争议,但不得不承认它算是一种方法,并且基本暗示了人工智能艺术的可能性。当然,这种方法没有考虑作品的创作背景,含糊了作者背景,未考虑作者的创作意愿、意图或意识,亦未考虑作者的感情等复杂因素。

以某人工智能生成系统生成的作品(如图 2-2 所示)为例,一般人很难判断出这些作品是否出自人工智能。实际上,该图中的作品都是被人类打了高分的作品。

然而,这引发出另一个更有趣且较为复杂的问题:人工智能或机器是不是就不能拥有意识与感情?这些问题将在后续章节中继续讨论。

另外,某些类型的艺术作品可能更适合用人工智能生成,例如抽象艺术。这是因为,真实人类艺术家所创作的抽象艺术(如绘画等)中本来就有许多是普通人无

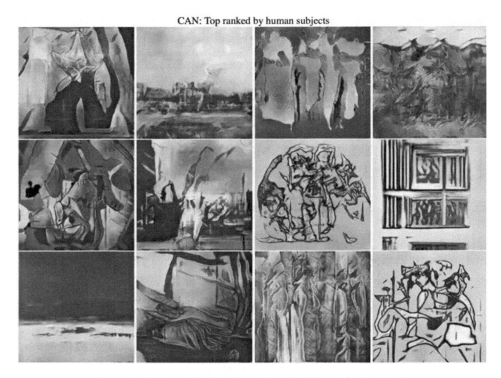

图2-2　某人工智能生成系统生成的高分作品(来源：CAN)

法一下看得懂的,那么普通人对于人工智能创作的抽象艺术也往往看不懂。如果都看不懂,那么就更无法判定一幅绘画是否是人工智能艺术作品了。

2.2　人工智能艺术是否能有创意?

对于人工智能艺术是否能有创意的问题,首先要考虑的是创意是否有规律可循,其次要考虑如何把握艺术领域里的"创意",最后要考虑人工智能艺术最需要创意的有哪些方面。

一、创意是否有规律可循?

谈到"人工智能艺术",人们必然会想到艺术创作背后的"创意"问题,以及创意相关的思维及规律问题。笔者曾经提出"创意为众王之王"的思维理念。然而，在探讨"创意"时，许多艺术家认为说不清、道不明，甚至认为"创意"是一种很"玄"的东西。于是，"创意"及相关的创意思维、创意过程等究竟能否有规律可循，就成了人工智能艺术必须面对且试图解决的重要问题之一。

"创意"这一概念目前并没有严格的定义。本书作者认为，"创意"是指创造新的意识，或创造一组新的主意或点子（new idea）。创意为任何艺术创作的核心，当然也是数字媒体艺术创作的核心。世界"创意产业之父"约翰·霍金斯（John Howkins）曾指出，创意并不被艺术家所垄断，任何人——科学家，商人甚至是经济学家都可以有创意。

对于研究人工智能艺术的人而言，除了内容创意外，也不能忽略技术创意与营销创意。

技术创意是指利用各种技术手段组合后创造出新东西；内容创意是指利用相应的技术将某种创意以作品的方式呈现出来；营销创意是指将某些商业的需求巧妙平滑地植入到内容中的创意。

不能将技术层面、内容层面与营销层面的创意分隔，应综合考虑，形成三驾马车，并试图用最合适的技术创意，结合合适的营销创意植入商业需求，然后以最合适的内容创意加以呈现，如图 2-3 所示。

因而，不能只提倡"内容为王"或"技术为王"或"营销为王"中的某一个，而需要理解，三个层面都有创意，创意才是"众王之王"。

图 2-3　技术创意、内容创意与营销创意（作者绘）

在此基础上，本书认为，创意是有规律可循的，不仅有各种创意方法，还有形式多样的创意思维，这些不仅有相关的课程，还有大量的应用实践。实际上，许多有经验的设计师经常会在创意灵感枯竭时，尝试相关的创意方法或思维，可能就有新的灵感产生。

谈到创意，还不得不提到创新思维及创意模式，其本质即创意规律。笔者在《赢在新媒体思维》中曾经将创新思维分为基本思维、内容思维、产品思维、市场思维及管理思维的"1+4"几个层面，并在《数字媒体艺术设计概论》一书中专门探讨了创意思维模式（如悬念制造思维、病毒爆点思维及用户协作思维等）及创意方法（如拼贴重组、时空反转及简化抽离等）。"关系"与"联结"可以简化为"关联"，它是人工智能艺术创作中的重要思维。

二、艺术领域"创意"的精髓

对于艺术领域的"创意",赖声川有较为独特及深入的理解。余秋雨在给《赖声川的创意学》一书的推荐序中提到"创意是一种有迹可循的心灵过程"。从某种意义上讲,这一评价也与本书上面的观点不谋而合。赖声川不仅拥有丰富的艺术创作经历,而且善于总结与思考艺术中与"创意"相关的方方面面的问题。在上述书中,他对艺术创意的过程进行了梳理,并绘制了"创意金字塔",如图 2-4 所示。

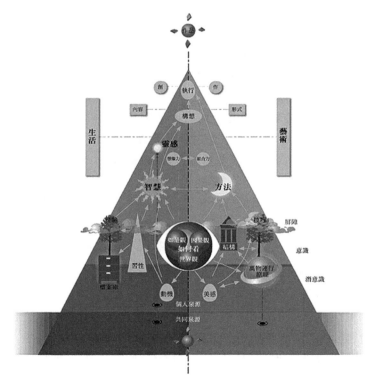

图 2-4 赖声川的"创意金字塔"(来源:《赖声川的创意学》)

在这个"创意金字塔"中有世界观、如是观、因果观。"世界观"是基础,需要平时培养,"如是观"与"因果观"是需要学习的"观看技巧"。请注意,这个"观看技巧"既然可以学习,那么它就是某种意义上的"规律"。

赖声川认为,在这"三观"中,后二者(如是观即因果观)既是观看技巧,又是关系与联结。创意的精髓在于事物之间的联结,必须不断发掘新的关系、新的联结。"如是观"是为了看清事物的原貌,"因果观"是为了看清事物的前因后果。

事实上,关注事物间的因果关系是一种科学地探究问题的方法。赖声川提到:"事情变化一定有理由;将来要变成别样,就是现况的后果"。那么,艺术领域的"创意"不仅有规律可循,而且侧重在关系与联结,并且关注事物间的因果关系。

三、人工智能艺术正追寻着关系与联结

实际上,关系与联结既是艺术创意规律的重要方面,也是人工智能艺术背后的基本逻辑。人工智能艺术的创意依赖于程序与算法,程序与算法又依赖于清晰的逻辑,而基本的逻辑是艺术创作过程的可分解、可流程化、环节关系清晰、可表征及可数据化。

需要指出的是,有些规律或"关联"是艺术家在艺术创作过程中不断发现总结出来的,有些规律或"关联"则是在大数据及人工智能相关技术支撑下发现的(很可能人类从前未发现的一些关联)。有时,虽然人们还不清楚人工智能是如何掌握这些艺术规律以及这些规律到底是什么,但已经可以用程序和算法来表示与生成艺术作品了。

"关联思维"还体现在人们的情感和与对象的联系上,比如不同的色彩、形状、笔触会引发人们的不同情感。"情感计算"(affective computing)正是通过将这些艺术形式与情感的大量数据进行对照,来寻找两者之间的联系。有关人工智能创造艺术时的情感问题将在第四章中讨论。

人工智能艺术所研究探讨的基本问题之一,就是去寻找艺术创作中的规律,其中很重要的就是通过各种分解、流程化的清晰的关系与联结,找到不同类型艺术创作中有迹可循之处,进而明确其可模仿或可遵循的方法与步骤,然后让机器或程序来按这些方法与步骤进行"创作",再加上相关的控制因素与策略,最终生成与人类艺术家水平不相上下的作品,甚至"创作"出超过人类艺术家水准的新风格的艺术作品。

2.3　数据主义、连接主义与行为主义

数据主义、连接主义与行为主义等是人工智能艺术争论背后的基本哲学,在理解人工智能艺术时,需要对它们加以理解、区分。

一、数据主义与人工智能艺术

上述"艺术创作过程的可分解、可流程化、环节关系清晰、可表征及可数据化"的逻辑正与"数据主义"的基本观点类似。"数据主义"认为,宇宙由数据流组成,任何现象或实体的价值就在于对数据处理的贡献。根据数据主义,《贝多芬的第五交响曲》、股市泡沫和流感病毒不过是数据流的三种不同模式,能够使用同样的基本概念和工具来分析。世界正"从以人为中心的世界观走向以数据为中心的世界观"。

以上数据主义的观点来自历史及未来学家尤瓦尔·赫拉利(Yuval Noah Harari)所著的《未来简史:从智人到智神》一书。从这个观点出发,我们可以这样理解:世界上任何事物(当然包括艺术及艺术创作过程中的意识与情感等问题)都是可以用数据来表示及分析的。

人工智能艺术创作的基本逻辑也主要建立在类似"数据主义"这种"万物皆可数据化"的基础之上。当然,不得不承认,人类有些复杂的事物(如意识、情感等)过去很难用数据来表达。但是随着认识科学的不断发展,相信它们也可以用数据来表达与分析。

这本书更令人震惊的是最后提出的未来世界的三大发展问题:第一,科学正逐渐聚合于一个无所不包的教条,也就是认为所有生物都是算法,而生命则是进行数据处理;第二,智能正与意识脱钩;第三,无意识但具备高度智能的算法,可能很快就会比我们更了解我们自己。第三点我们已经在网络上所谓的"精准推送"方式中有所体会,第一点似乎非常有利于人工智能艺术的理解,第二点则将在其他章节讨论。

不过,可能仍然有许多艺术家要问人工智能艺术有多大的创造力,人工智能创作艺术的动机是什么?同时,目前的人工智能艺术创作仍然处于(同时必将长期处于)人机协作创作的阶段,此时艺术家与人工智能谁是主体?另外,不少人会问人

工智能艺术作品的价值何在,如何对它们进行审美判断? 这些问题将在后面的章节陆续加以讨论。

二、连接主义与人工智能艺术

早期的人工智能研究以符号主义(Symbolism)为主。符号主义又称逻辑主义(Logicism)、心理学派(Psychologism)或计算机学派(Computerism),其主张人类思维和认知可以用符号运算来实现,其原理主要为物理符号系统(即符号操作系统)假设和有限合理性原理。符号主义曾长期一枝独秀,为人工智能的发展作出重要贡献,尤其是专家系统的成功开发与应用,对人工智能走向工程应用和实现理论联系实际具有特别重要的意义。

后来出现了连接主义(Connectionism)。连接主义又称仿生学(Bionicsism)或生理学派(Physiologism),它认为人工智能源于仿生学,特别是对人脑模型的研究。其代表性成果是 1943 年由生理学家麦卡洛克(McCulloch)和数理逻辑学家皮茨(Pitts)创立的脑模型,即 MP 模型,开创了用电子装置模仿人脑结构和功能的新途径。该模型从神经元开始研究神经网络模型和脑模型,开辟了人工智能的又一发展道路。

20 世纪 60—70 年代,连接主义,尤其是对以感知机(perceptron)为代表的脑模型的研究出现过热潮,由于受到当时的理论模型、生物原型和技术条件的限制,脑模型研究在 20 世纪 70 年代后期至 80 年代初期落入低潮。直到 Hopfield 教授在1982 年和 1984 年发表两篇重要论文,提出用硬件模拟神经网络以后,连接主义才又重新抬头。1986 年,鲁梅尔哈特(Rumelhart)等人提出多层网络中的反向传播算法(BP)算法。此后,连接主义势头大振,从模型到算法,从理论分析到工程实现,为神经网络计算机走向市场打下基础。

在 20 世纪 80 年代后期,基于神经系统研究的连接主义的兴起,使得模拟人类神经系统的工作又迈进了一步。

显然,基于神经网络的人工智能艺术即是连接主义的思想。以马里奥·克林格曼(Mario Klingemann)的人工智能艺术作品《路人回忆I》为例,该装置由一个内置人工智能"大脑"的木制餐具柜和两块屏幕组成。其中,人工智能利用数千幅 17—19 世纪的肖像画进行训练,并通过大量神经网络以类似于人类思维的方式继续学习。其产生的肖像作品会分别呈现在与"大脑"相连的两块屏幕上,如图 2-5 所示。

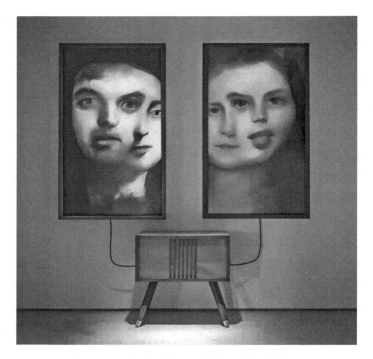

图 2-5　克林格曼的人工智能艺术作品《路人
回忆 Ⅰ》（来源：中国新闻网）

三、行为主义与人工智能艺术

　　行为主义（Actionism）又称进化主义,主要来自英国哲学家吉尔伯特·赖尔
（Gilbert Ryle）。赖尔根本不承认存在这种心灵实体,他把笛卡尔所谓的心灵实体称
作是"机器中的幽灵"（Ghost in the Machine）。赖尔主张一种行为主义（Behaviorism）
的主张,也就是说,如果人们要认真说事的话,就不要说人们的内心是什么体验,这
说不清楚,我们需要说那些能够被测量的事情,也就是,人的行为表现。

　　在赖尔看来,所谓的他心问题只是笛卡尔预设了心灵实体这么一种机器中的
幽灵造成的范畴误用的后果,如果我们把所有第一人称的心灵体验都翻译成第三
人称的行为倾向,那么他心问题也就消失了。

　　许多人对行为主义在现代社会的应用不算陌生。例如,一个人说他很聪明,怎
么证明呢？通常可以用测智商的方法。如果其在测试中得了超出了一般人许多的

高分,那么就可说他"智商很高",基本等同于他"非常聪明"。

这种行为主义也符合前面提到的"图灵测试"的思路——你和一个屏风后面的"系统"聊天,聊了半天以后你竟然不能确定它到底是一台计算机还是真人,那我们就说这台计算机通过了图灵测试,具有了人类智能的水平。

这样,我们就理解了本章 2.1 节最后提出的方法——如果要鉴别一幅画是不是具有一定水准,或者说是否与真人作品水准接近,只要找若干个观众进行打分,只要人工智能创作的艺术作品分数与真人作品的分数接近,就可以认为人工智能的艺术作品有一定水准了。

艾哈迈德(Ahmed Elgammal)教授就曾进行过一次特殊的图灵测试:把这些电脑生成的画作和几十幅博物馆馆藏级的油画混合在一起,看看人类是否能分辨出来。在这个随机对照的双盲研究中,参与测试的数据集一组选自抽象表现主义作品,另一组选自 2016 香港巴塞尔艺术展,结果受试者无法区分出哪些是电脑的画作,哪些是人类艺术家的画作。事实上,电脑的画作常常被认为"更新颖""更具审美吸引力"。

同样,在 2020 年普林斯顿大学本科生 Alice Xue 的毕业论文中,她介绍了自己开发的一款名为 SAPGAN(Sketch-And-Paint GAN)的 AI 模型,利用这一模型,可快速生成人类难以分辨真假的中国山水画,如图 2-6 所示。

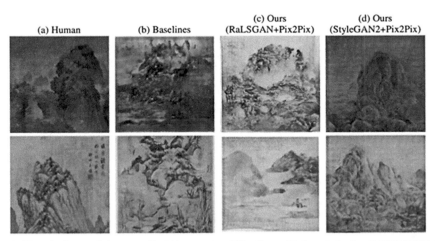

Figure 1. Chinese landscape paintings created by (a) human artists, (b) baseline models (top painting from RaLSGAN [9], bottom painting from StyleGAN2 [13]), and two GANs, (c) and (d), within our proposed Sketch-And-Paint framework.

图 2-6 Alice Xue 用 AI 模型生成的中国山水画(来源:Alice Xue 毕业论文)

Alice Xue 按照传统中国山水画的绘制过程,先勾勒出大致轮廓,再进行上色,将绘制山水画的整个流程输入到 AI 模型中,以此做出以假乱真的中国山水画。她在论文还提到,进行最后的测评时,242 名参与者中,有大约 55% 的人将 SAPGAN AI 模型生成的山水画作误认为是人类作品。

当然,这个问题是相对复杂的。有观点认为,不论是连接主义还是行为主义,都只是从外部(如反应、行动)进行模拟,而内部具体如何实现,仍然解释不清楚,内部成了"黑盒",因此也难以分析人类认识和意识的真正生成原因和工作机制了。

2.4　AIGC 概念、发展历程及趋势

近年来,AIGC 概念开始流行,它其实是从 PGC、UGC 发展而来,突出了人工智能的重要作用,并伴随着人工智能经历了若干个阶段,并有爆发的趋势。

一、AIGC 概念

AIGC 是 Artificial Intelligence Generated Content 的缩写,意为人工智能生成内容。实际上,这一缩写是从 PGC(Professional Generated Content,专业生产内容)及 UGC(User Generated Content,用户生产内容)发展而来的,如图 2-7 所示。

图 2-7　从 PGC、UGC 到 AIGC

在 PGC 时代,内容生产方主要是专业的机构与人士,如通过专业的媒体/记者、专业机构、专业人士或专业的商家生产内容,同时往往审核权亦在内容平台的媒体/企业方。此时,媒体的权威性更强,普通人几乎不可能或很难参与内容生产。

在 UGC 时代,内容生产方则主要是普通人或普通网民,如微博、微信、抖音、快

手、小红书及百科等网络应用上的内容主要由普通网民所生产及发布。理论上，所有网民都可以生产内容，那么亦可以说全民皆记者。同时，所有网民不仅共同生产，而且可以共同过滤，进而容易达到"我为人人，人人为我"的状况。

在 AIGC 时代，内容生产方则主要变成了人工智能。此时，人工智能可以高效地自动生产内容，各行各业的人类有望从许多重复性的劳动中得到解放，进而从事更有创造性的工作。

当然，不论是 PGC 还是 UGC，亦可以使用 AIGC 工具或平台，进而亦有 AIPGC 及 AIUGC 之类的说法。实际上，这也意味着，不论是专业的还是业余的机构或人士，都可以利用 AIGC 工具来生成内容，其使用门槛也正在不断下降。

同时，近年来生成式人工智能（Generative Artificial Intelligence，缩写 GAI）的提法亦非常盛行。实际上，生成式人工智能是人工智能的一个分支，是基于算法、模型、规则生成文本、图片、声音、视频、代码等内容生成能力的模型及相关技术。这种技术能够针对用户需求，依托事先训练好的多模态基础大模型等，利用用户输入的相关资料，生成具有一定逻辑性和连贯性的内容。与传统人工智能不同，生成式人工智能不仅能够对输入数据进行处理，更能学习和模拟事物内在规律，自主创造出新的内容。

实际上，AIGC 可以被看作是生成式人工智能的一种应用。AIGC 技术的核心思想是利用人工智能算法生成具有一定创意和质量的内容。通过训练模型和大量数据的学习，AIGC 可以根据输入的条件或指导，生成与之相关的内容。例如，通过输入关键词、描述或样本，AIGC 可以生成与之相匹配的文章、图像、音频等。

AIGC 主要分为文本生成、图像生成、音频生成、视频生成等，其中文本生成是其他内容生成的基础。

第一，文本生成（AI Text Generation）：人工智能文本生成是使用人工智能算法和模型来生成模仿人类书写内容的文本。它在现有文本的大型数据集上训练机器学习模型，以生成在风格、语气和内容上与输入数据相似的新文本。这意味着，它不仅可以用于提问与回答，也可以用于生成诗歌、小说、剧本、对联等文本类内容。

第二，图像生成（AI Image Generation）：人工智能可用于生成非人类艺术家作品的图像。这种类型的图像被称为"人工智能生成的图像"。人工智能图像可以是现实的或抽象的，也可以传达特定的主题或信息。图像生成通常分为"文生图"及"图生图"。图像生成既可以模仿已有的画家作品，也可以生成前所未有的绘画作品,只有其创新程度或幅度还会受到人类欣赏者的接受程度及审美标准的影响。

第三,音频生成(AI Audio Generation):AIGC 的音频生成技术可以分为两类,分别是文本到语音合成和语音克隆。文本到语音合成需要输入文本并输出特定说话者的语音,主要用于机器人和语音播报任务。目前,文本转语音任务已经相对成熟,语音质量已达到自然标准,未来将向更具情感的语音合成和小样本语音学习方向发展。语音克隆以给定的目标语音作为输入,然后将输入语音或文本转换为目标说话人的语音。此类任务用于智能配音等类似场景,合成特定说话人的语音。另外,音频生成在理论上还可以生成音乐的谱子,甚至可以演奏出音乐,或者让数字人表演唱歌。

第四,视频生成(AI Video Generation):AIGC 已被用于视频剪辑处理以生成预告片和宣传视频。工作流程类似于图像生成,视频的每一帧都在帧级别进行处理,然后利用 AI 算法检测视频片段。AIGC 生成引人入胜且高效视频的能力是通过结合不同的 AI 算法实现的。最新的 AIGC 生成视频功能则更多地模拟真实世界的场景,如地球引力引发的各种自然现象。因而,2024 年上半年 OpenAI 在发布人工智能文生视频大模型 Sora 时,并未单纯将其视为视频模型,而是将 Sora 作为一种“世界模拟器”。

二、AIGC 的主要发展阶段

实际上,AIGC 的发展是伴随着 AI 一起成长与发展的。AIGC 的主要发展阶段可以分为四个,即早期萌芽阶段、沉淀积累阶段、快速发展阶段及爆发破圈阶段。

1. 早期萌芽阶段(1950s—1990s)

在这一阶段,科学家主要是想找出一套办法来测试人工智能的智能水平。艺术家则开始尝试能否设计或制造出具有智能的艺术品。

1950 年,艾伦·图灵在论文《计算机器与智能》(Computing Machinery and Intelligence)中提出了判定机器是否具有“智能”的试验方法,即“图灵测试”。这个在本书的多个地方还将继续讨论到。1957 年,莱杰伦·希勒(Leiaren Hiller)和伦纳德·艾萨克森(Leonard Isaacson)通过将计算机程序中的控制变量换成音符得到了历史上第一支由计算机创作的音乐作品——弦乐四重奏《依利亚克组曲》(Illiac Suite)。1966 年,世界第一款可人机对话的机器人“伊莉莎”(Eliza)问世,其可在关键字扫描和重组的基础上进行人机交互。20 世纪 80 年代中期,IBM 基于隐形马尔科夫链模型创造了语音控制打字机"坦戈拉"（Tangora），能够处理两万多个单词。

2. 沉淀积累阶段（1990s—2010s）

1990 年，罗德尼·布鲁克斯（Rodney Brooks）提出了"自下而上"的研究思路，开发能够模拟人脑细胞运作方式的神经网络。1997 年 5 月，IBM 的计算机"深蓝（Deep Blue）"以 2 胜 1 负 3 平的成绩击败国际象棋世界冠军加里·卡斯帕罗夫，震惊了全世界。人们对人工智能的潜力有了一定的知识，亦对其投去了一定的关注。1999 年，英伟达（NVIDIA）发明图形处理器（GPU），极大推动 PC 游戏市场的发展，重新定义了计算机图形技术。2006 年，发明并行计算平台和编程模型 CUDA，为后来的人工智能技术带来了重大影响。2006 年，深度学习算法取得重大突破，且同期图形处理器（Graphics Processing Unit，缩写 GPU）、张量处理器（Tensor Processing Unit，缩写 TPU）等算力设备性能不断提升，这为人工智能的发展奠定了更加坚实的基础。2007 年，罗斯·古德温（Ross Goodwin）装配的人工智能系统撰写出世界上第一部完全由人工智能创作的小说 *1 The Road*。2008 年，谷歌在 iPhone 上发布了一款语音识别应用，开启了数字化语音助手（Siri、Alexa、Cortana）的浪潮；2011 年 10 月，苹果推出语音助手 Siri。

3. 快速发展阶段（2010s—2021）

2012 年，微软公开展示了一个全自动同声传译系统，通过深度神经网络（DNN）可自动将英文演讲者的内容通过语音识别、语言翻译、语音合成等技术生成中文语音。2014 年以来，以生成式对抗网络（Generative Adversarial Network，缩写 GAN）为代表的深度学习算法被提出和迭代更新，AIGC 进入生成内容多样化的时代，且产出内容效果越来越显得更加逼真。2016 年 3 月，Alpha Go 与围棋世界冠军、职业九段棋手李世石进行围棋人机大战，以 4 比 1 的总比分获胜；2017 年 5 月，在中国乌镇围棋峰会上，它与排名世界第一的世界围棋冠军柯洁对战，以 3 比 0 的总比分获胜。这一系列事件大大增加了大众对人工智能的认识。2017 年，世界首部全部由 AI 创作的诗集《阳光失了玻璃窗》由微软的人工智能少女"小冰"创作，并进行了纸质版的印刷发行。2018 年，英伟达发布了可以自动生成图片的 StyleGAN 模型。2015 年，英伟达（NVIDIA）发布支持高级驾驶辅助系统的 NVIDIA DRIVE，旨在发展自动驾驶汽车领域；同年发布的处理器 GeForce GTX TITAN X，是为训练深度神经网络而打造；移动芯片 Tegra X1，试图为深度学习和计算机视觉应用程序带来更强的处理能力。一系列的产品发布与宣传,标志着英伟达开始正式投身深度学习领域。2016—2020 年,英伟达推出了 GPU 架构(PASCAL、VOLTA)、服务器(DGX‐1、Jetson TX2、DGX‐2)、自动驾驶平台(DRIVE PX 2)等关于人工智能领域的产品或平台,旨在为人工智能发展提供强劲助力。

4. 爆发破圈阶段(2022—   )

2022 年以来,AIGC 产品密集发布,ChatGPT 爆火出圈。2022 年 5 月,Google推出了文本图像生成模型 lmagen。2022 年 8 月,开源 AI 绘画工具 Stable Diffusion发布。2022 年 9 月,Meta 推出可利用文字生成视频的产品 Make-A-Video 以推动其视频生态的发展。2022 年 11 月 30 日,OpenAI 推出 AI 聊天机器人 ChatGPT。2023 年开始,英伟达面向云服务市场展开规划。2023 年 GTC 大会上,英伟达宣布与微软 Azure、谷歌 Cloud 等多家云服务供应商合作,推出 NVIDIA DGX Cloud;6月,宣布与数据云 Snowflake 合作。通过该类举措,试图将 AI 三要素(数据、计算、模型)整合于云服务,在 AI 领域进行长期布局。2023 年 2 月,微软宣布推出由ChatGPT 支持的新版本 Bing 搜索引擎和 Edge 浏览器。2023 年 3 月,百度宣布文心一言开启邀请测试。2023 年 3 月,OpenAI 推出 ChatGPT‐4,2023 年 9 月,OpenAI 推出 DALL·E 3。2023 年 12 月,Google 推出大语言模型 Gemini。2024 年2 月,OpenAI 宣布推出"世界模拟器"——Sora。2024 年 5 月 13 日,OpenAI 发布了ChatGPT‐4o。2024 年 2 月,英伟达开始计划建立新业务部门,专注于为其他公司设计定制芯片,包括先进的人工智能(AI)处理器。同月,英伟达与软银达成合作联盟"AI‐RAN Alliance",成员包括爱立信和诺基亚。该联盟旨在利用人工智能改善无线服务,目标是将利用手机基站分发人工智能处理的技术商业化。此外,英伟达还有免训练、可生成连贯图片的文生图模型 ConsiStory。2025 年 4 月 1 日起,百度文心一格公告正式将相关服务迁移至文心一言官网(yiyan.baidu.com)。

相信在本书问世后若干年,这一阶段还会不断延续,关于人工智能及 AIGC 的软硬件平台也必然会日新月异。

三、AIGC 带来的益处及所需内功

AIGC 已经成为包括艺术与设计工作者在内的各行各业人士辅助工作的重要工具,并且突出体现了其带来的益处,同时也从某种程度上对使用者的内功提出一

定要求。

1. AIGC 带来的益处

说到 AIGC 带来的益处，大致可以分为四个方面，如图 2－8 所示。

第一，灵感激发。对于包括艺术及设计工作者在内的众多 AIGC 使用者而言，平时最怕的是突然灵感全无，找不到感觉。此时，AIGC 或许很快就可以激发我们的灵感，让你脑洞大开。

图 2－8　AIGC 带来的益处（作者绘）

第二，创作参考。虽然，AIGC 生成的作品可能多数时候并非十全十美，但其快速生成的若干张不完美的作品却可能给我们的艺术创作或设计带来极大参考价值，不论是其故事架构，还是其画面构图，又或者是其色彩光影等。

第三，创新借鉴。人类在从事艺术或设计工作时，经常面临着如何突破自我、如何进行创新的问题。实际上，各类 AIGC 平台也在想尽一切办法来迎接这种挑战。或许 AIGC 平台所生成的作品可以为人类艺术家与设计师的创新提供有价值的借鉴。

第四，效率提升。对于绝大多数的艺术家或设计师而言，工作效率的明显提升是 AIGC 最重要的价值或所带来的益处。沙晓岚先生曾经坦言："近年来，我们发现，在我的设计团队里，会 AIGC 的设计师，比不会的设计师工作效率高约 50 倍。"虽然此话可能有些夸张，但其提醒我们 AIGC 在提高工作效率上的重要作用绝对不容忽视。

2. AIGC 所需的内功

虽然，AIGC 的使用门槛相对较低，一个没有画画、音乐等功底的人亦可以使用 AIGC 作画、谱写乐曲，但一个有内功的 AIGC 使用者才会创作出更好的作品。

AIGC 所需要的内功主要表现为四个方面，如图 2－9 所示。

第一，描述力。多数 AIGC 工具需要使用者通过 Prompt（提示词）来描述自己的需求，那么就需要 AIGC 使用者拥有一定的通过文字体现出的需求描述力。也就是说，无论需要 AIGC 生成什么内容，你都需要尽可能清晰地描述你的需求，甚至有些描述是较为专业或者较为细节性的。

第二，想象力。任何 AIGC 欲生成内容需求的描述，都需要一定的想象力。想象力不单单包括对图像体验的描绘，还包括声音、味道、疼痛以及各种情绪的体验

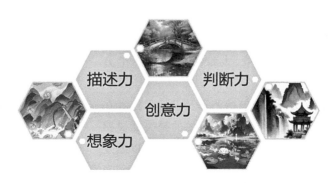

图 2 - 9 AIGC 所需要的内功（作者绘）

都要能通过想象在大脑中"描绘"出来，从而达到身临其境的效果。AIGC 非常需要这种能力，想象力的高低将决定着 AIGC 作品生成的水平。

第三，创意力。本书作者曾经提出"创意为众王之王"的观点，即强调"创意"的重要性。创意力可以促进想象力。世界创意经济之父约翰·霍金斯（John Howkins）曾经说，任何人都可以有创意。但是，我们需要通过 Prompt 将创意加以体现，进而在 AIGC 所生成的作品中体现出你的创意。

第四，判断力。当通过若干 Prompt 让 AIGC 工具生成一系列作品之后，你就需要判断选择其中哪一个作为最终的作品。这背后依赖的是你的判断力，或者类似于康德所说的"审美判断力"，其中即包括了你的辨别能力及欣赏水平，再背后则可能是艺术或设计功底。例如，对于哪幅绘画作品更好，往往会涉及画面的构图、色彩、光影等基本功。

四、AIGC 未来发展趋势

AIGC 必定会迅速发展，本书上对其趋势的判断大致如下：

第一，各个行业的垂直类 AIGC 大模型将不断涌现。未来的一个重要趋势可能是，AIGC 会向各个行业不断渗透。由于 AIGC 具有提升效率的明显作用，那么各个行业都将思考如何利用好这项工具。然而，各行业的工作又或多或少存在一些不同之处，因此不可能指望某一个大模型来满足所有行业的需求。此时，不同行业各具行业特色的垂直类 AIGC 大模型将会不断出现，同时这些行业大模型也将不断优化，进而不断满足某些行业的特定需求。与此同时，AIGC 可能会迫使一些

从业者不得不进行技能转型。从目前的发展态势看,在大多数行业里,相对成熟的
AIGC 通常都可以生成中等及以上水平的内容,那么会使用 AIGC 的人则多了一样
利器,不会使用 AIGC 的人可能会有被淘汰的风险。"工欲善其事,必先利其器",
未来的利器之一即是各个行业的垂直 AIGC 工具或平台。

　　第二,AIGC 将在更多环节参与视听内容创作过程。人工智能将在更多环节参
与短视频的创作过程,在它参与的不同环节也会不断优化及改进,进而为短视频的
创作与生产带来更多的便利和更高的效率。除参与视频创作的各普通环节外,未
来人工智能参与的新的短视频创作环节可能包括:数据可视化短视频生产、大规
模数据化标签的短视频库(含脚本库/剧本库等)、程序化广告中短视频的程序化
创意、多种方式的新型交互实现、更低成本的 VR/AR/MR(Mixed Reality,混合现
实)短视频制作、更多趣味化及艺术化的短视频滤镜、更便捷的智能剪辑、更快捷的
虚拟人短视频制作、更智能的字幕生成与检测、更智能的背景音乐选择、更智能的
无人机智能拍摄及基于物联网的短视频智能生成,等等。随着人工智能技术的发
展,必然可以在更多短视频生产环节可以看到它的身影。行业发展一定会超出学
术探讨与预测的范围。

　　第三,AIGC 的批量生成将成为趋势,并大大降低生产成本。可以预见的是,随
着 AIGC 向各个行业的渗透,将会有越来越多行业通过利用 AIGC 批量生成内容,
这将带来一个基本的结果,即 AIGC 使得许多行业内容生产成本大大降低,进而会
使全社会的内容生成成本下降。同时,由于许多行业因 AIGC 的高效率使得其所
在行业的内容生产速度有所提升,可能会让一些行业的内容产品的消费价格出现
普遍下降,并可能会让 AIGC 直接或间接地推动文化数字化的快速发展,进而促进
数字经济的蓬勃发展。在未来,AIGC 将催生一些新的岗位出现,如基于 AIGC 的
数字人捏脸师已经出现,还可能出现的新岗位可能包括:AIGC 生成的创意策划
师,AI 接口调用的程序员,AIGCPrompt 凝练师等。

　　第四,更逼真、更低成本的 3D 虚拟人智能短视频生产。人工智能主播如今已
演进为 3D 人工智能主播,成为新型主流媒体智能内容生产平台的"媒介形象代言
人"。3D 虚拟人将在更逼真、更低成本、更便捷操作的前提下助力短视频的生产。
可以预计,类似的 3D 虚拟人技术应用将成为一种趋势,并可能在智慧广电、智能营
销传播中逐渐普及,进而推动不同层次融媒体中心的发展。3D 虚拟人的具体形象
可能有多种形式。虚拟人也将引出 IP 虚拟人(IP Virtual Human, IVH)应用,即利

用语音交互、虚拟形象生成等 AI 技术，赋予文娱 IP 角色多模态交互的能力。品牌的 IP 虚拟人可以用于虚拟主播、虚拟教师、虚拟客服、虚拟助手及虚拟导游等多种场景。预计这一应用将在商业化的智能营销传播中逐渐得到普及。

第五，更丰富的 AIGC 智能风格处理的滤镜将不断涌现。随着人工智能不断介入短视频创作与生产，更多、更丰富的短视频智能风格处理滤镜将不断涌现。未来短视频的风格滤镜将会类似 Photoshop 中的滤镜使用，即出现类似"PS 图片"的"PS 视频"平台或应用，也可能嵌入短视频 APP 短视频拍摄中的"道具"或"特效"中，或者嵌入智能手机或平板电脑的相机功能中。一些综合的商业人工智能平台将可能推出更多短视频风格滤镜的 SDK（Software Development Kit，软件开发包），以供其他行业购买使用。

第六，更多的互动式短视频的智能创意生产将出现。虚拟现实、增强现实、可触摸屏幕及多场景互动等新技术的出现，为拓展短视频的互动功能带来了许多可能性。虚拟现实视频，不仅拓展了短视频的空间，还使得用户可以在其中进行互动。增强现实的视频则往往由相关摄像设备捕捉用户的动作或由用户用摄像头对准某个对象触发，这当然是明显的互动行为。可触摸屏幕也可以让用户在某些视频在播放时直接进行互动。另外，值得关注的是多场景互动视频。它是一种综合的新型互动视频，是指在视频内部某些画面允许用户进行相应的交互，进而出现不同的场景或情节。在进入每个场景后，可能出现若干个可以互动的画面。

第七，视频生产前人工智能创作更具创意的剧本、短视频制作剧本先行。过去的短视频剧本主要由人工创作。然而，在前面提到的高水平的智能模板视频创作生产中，已经可以通过人工智能的机器学习提升一些环节的效率。那么，对于相对复杂一些的短视频，在拍摄制作之前可能由人工智能通过机器学习、深度学习等技术自动创作更具创意的剧本。当然，这一趋势发展前期更可能的情况是，在机器创作的剧本之后还要由人进行一定的完善，但这仍然会大大提升剧本的创作效率。由于短视频相对于电影及电视剧剧本会更短，情节也更简单，在人工智能对大量剧本风格的总结、提炼、归纳之下，创作短视频剧本应更易实现。

第八，正能量、价值观将更多输入 AIGC 创作平台。人工智能短视频创作与生产有一定的局限性。除了人工智能本身的发展不可能快速达到完美的程度之外，更重要的是，一些更加根本的问题恰恰是人工智能的短板：如模仿人类过程中相对的"固定思维"，如"信息茧房"导致的短视频创作的片面性与局限性，又如"灌输"给人工智能的学习案例库本身存在的价值取向问题等等。这些就使得最后一个趋势成为必然——必须向包括短视频创作生产在内的人工智能创作平台输入正能量、价值观，使其生产的短视频显得更积极向上、更有温度。此外，操作者必须高度重视人工智能创作工具及应用中的价值导向，以及可能涉及的法律、道德等方面的问题。

第九，AIGC 将与元宇宙的发展相辅相成。有的人认为，先于 AIGC 热起来的"元宇宙"概念已经日薄西山或走向没落。其实，这是不准确的判断。在"元宇宙"的主要支撑技术中有"BIGANT"的说法，即：

- B：区块链技术（Blockchains）
- I：交互技术（Interactivity）
- G：游戏引擎与渲染技术（Game）
- A：人工智能技术（Artificial Intelligent）
- N：网络及运算技术（Network）
- T：物联网技术（Internet of Things）

显然，人工智能技术是元宇宙的基本支撑技术。因此，人工智能与元宇宙不是谁更新潮或谁先没落的问题，而是相辅相成的关系，即人工智能会不断推动元宇宙的发展，其中 AIGC 会为元宇宙高效提供更多的内容；元宇宙反过来会给人工智能更多的用武之地。另外，人工智能对"BIGANT"中的其他五种技术都可能提供基本的技术支撑。

【课后作业】

1. 人工智能艺术是否有可能？请说明你结论与支持你的结论的理由。

2. 为什么说关系与联结对于人工智能创作艺术很重要？

3. 如何理解数据主义、连接主义与行为主义？它们有什么区别？你对于人工智能艺术的理解更倾向于哪种主义？为什么？

4. 什么是 AIGC？AIGC 与 PGC、UGC 阶段的主要区别是什么？

5. AIGC 经历哪些主要发展阶段？各个阶段的哪些事件尤为重要？

6. AIGC 可以为艺术家或设计师带来怎样的益处？

7. 使用 AIGC 需要艺术家或设计师最好有哪些内功？

8. AIGC 未来会有怎样的发展趋势？

第三章 人工智能艺术的创造力与动机

质疑人工智能的艺术创造力是完全可以理解的,因为在若干年前除了人之外还没有其他东西可以进行艺术创作(除了"自然美"的艺术)。不过,也许在有人提出人类可能面临"艺术正走向消亡"的挑战之下,人工智能艺术可能成为一颗新星以拯救这种颓势。

我有一个大胆的猜想,人工智能在艺术创作方面或许能体现更强的创造力、更多的可能性。人工智能创作艺术的动机是个较为复杂的问题,可以争论,但不排除人工智能创作艺术的动机比人类更纯粹。同时,对于"创造力"及"动机"等许多观念或概念也许需要更新了。

3.1 人工智能艺术的创造力

虽然对人工智能艺术的创造力有相当多的争议,但是我们仍然有权力及空间进行讨论。特别是,任何艺术都存在一定"结构"或"规律",这为人工智能艺术创造力的讨论提供了基础。

一、任何艺术都有"结构"

当我们讨论人工智能艺术的创造力时,所谓的"创造力"再次与"创意"、"原理"、"思维"及"方法"等相联系起来,同时也与不同类型艺术作品的"结构"问题联系起来。

前面提到赖声川的"创意金字塔"中有一个"万物运行原理"。他认为,要理解万物运行原理,首先要研究万物在我们这个世界最根本的元素——空间和时间——中如何展开运作,这都是属于"结构"问题。简单地说,结构就是秩序。

实际上,我们现有的各门艺术学科不都在总结艺术创作方法与规律,其中少不了艺术作品的"结构"问题。不论是文学、美术、音乐、舞蹈、建筑，还是戏剧、电影、电视、游戏等，都有相应的结构，也都有一定的创作规律。

以小说、故事或剧本的创作为例，就有众多的不同风格的故事结构。在罗伯特·麦基（Robert McKee）的《故事：材料、结构、风格和银幕创作的原理》一书即对故事的结构、形式差异及类型等进行了总结，如"闭合式结构 VS 开放式结构""外在冲突 VS 内在冲突""线性时间 VS 非线性时间"等，以及爱情故事、恐怖片、战争类型、动作/探险等类型。

据 2021 年相关报道，海马轻帆推出"小说转剧本"智能写作功能，利用 NLP 深度学习算法，在剧本与小说间进行对照学习，最终将小说转化为标准化的剧本结构故事。"小说转剧本"智能写作功能通过 AI 语义分析，将小说中的描述语言重新理解、拆解、组合，重组成包含了重要场景、对白、动作等视听语言的剧本格式文本。该功能从某种程度上解决了 IP 改编周期长、品控难度大、人力财力以及时间成本高等行业痛点，也适当降低了影视机构、网文以及小说作者的改编门槛。据悉，海马轻帆还推出了"在线剧本智能评估"服务、"在线剧本智能写作"，其剧本智能产品服务了包括《你好，李焕英》《流浪地球》《误杀》等爆款作品在内的剧集剧本 30 000 多集、电影/网络电影剧本 8 000 多部、网络小说超过 500 万部。

目前，已经有人工智能可以模仿莎士比亚的作品结构及风格，模仿贝多芬的也有，将一幅画转换成梵·高的风格现在也很容易实现。甚至，有的演出将著名艺术家的作品与人工智能模仿其作品生成的作品放在一起展演，让观众与听众感觉如痴如醉，很多人根本无法分辨哪些是艺术家本人的作品。

2020 年 9 月 22 日晚，上海交响乐团音乐厅举办了一场特别的莫扎特 80 岁作品音乐会，由上海爱乐乐团、指挥家赵晓鸥、钢琴家葛灏和何南南演绎。音乐会当晚共演奏 5 首曲目，前两首为莫扎特原创的弦乐嬉游曲 KV136 第一乐章（16 岁创作）、第 40 交响乐第一乐章（32 岁创作），后三首为 AI 模拟生成的《莱茵河钢琴奏鸣曲》（模拟 40 岁创作）、《自由与命运钢琴合奏曲》（模拟 60 岁创作）、《阿波罗交响曲》（模拟 80 岁创作），如图 3-1 所示。

据悉，上述开发团队利用一个已经构建好的神经网络，通过学习大量莫扎特过往的音乐，令它建立古典音乐的审美。基于此，这个神经网络预测出 40、60 和 80 岁莫扎特可能作出的节奏和音乐风格，完成了主旋律的音符，最终创作出作品。

图 3-1　AI 参与的莫扎特 80 岁作品音乐会（来源：澎湃新闻）

二、人工智能艺术的"创作"

谈到人工智能的艺术"创造力"，就不得不谈人工智能艺术的"创作"。有一种说法是，"创"是"创意构想"，"作"即"构想执行"。质疑人工智能艺术创造力主要是怀疑人工智能的"创意构想"能力。

有观点认为，人工智能更擅长模仿已有的艺术风格或结构，而不擅长创造新的艺术风格或结构。从艺术活动的行为表现及其结果来看，人工智能首先可以进行艺术制作，也可以对原有风格进行精炼化处理，从而具备新创意的"创作"，但是这种新创意还无法突破可重复性制作上的难题。不过，这种看法已相对滞后，人工智能的飞速发展可能彰显出无法预想到的创造力。

需要认识到的是，人工智能相关技术与算法是在不断发展进步的。为了达到更好的艺术效果，人类会想方设法给人工智能以更加合理的算法，以使其创作的艺术作品更富有"创意"，哪怕仅是模仿一位艺术家的风格。至少，一位画家或音乐家会在不同人生阶段具有不完全一样甚至完全不一样的风格。

以上述 AI 参与的莫扎特 80 岁作品音乐会为例，AI 的创作不仅沿袭了莫扎特的作曲风格，还根据他可能遇到的社会背景和思想变化，为他量身定制了乐曲的创作背景。其中《莱茵河奏鸣曲》描绘 40 岁的莫扎特回忆起参加利奥波德二世加冕礼时途经莱茵河畔所见所闻；《自由与命运钢琴合奏曲》描绘了 1816 年，41 岁的贝多芬叩开60岁的莫扎特大门,莫扎特明白他此时备受耳疾困扰,但希望贝多芬在扼住命运的咽喉时,仍然能感受到自由与希望。《阿波罗交响曲》描绘1836年,80岁的莫扎特依旧保有强大的创作热情,与该曲所描述的古希腊神话中光明、音乐之神阿波罗,乘着马车将光明带给全世界的模样交相辉映。

值得关注的是,人工智能除了模仿莫扎特的创作风格之外,不仅分析了其在不同年龄段的音乐风格变化,还充分考虑了他当时的社会背景和思想变化。虽然其中仍有一些与音乐创作相关的方面未被考虑进去,但这是一个不断优化、不断完善的过程。

三、人工智能艺术的创造性种类

这样,我们就可以对人工智能艺术的"创造性"有讨论的余地了,而不是简单地下结论说人工智能艺术肯定有或肯定没有"创造性"。著名人工智能哲学家博登(M. Boden)认为创造性是可以被界定和形式化的,可以用算法来表示创造性。她将创造性分为"非可能性(Improbabilist)"的创造性与"非现实性"(Impossibilist)的创造性两种。

另有学者将创造性区分为"新奇性"(novelty)和"原创性"(originality)两种。新奇性就是"从有生有",如"普通型"创造性以及博登所说的"非可能性"创造性,而原创性则是康德所说的天才、"突出型"创造性、"非现实性创造性",是"从无生有",而这才是艺术家追求的具有典范意义的原创性。

"从有生有"的"新奇性"人工智能艺术类型是让人工智能去模仿已有的艺术家作品风格,生成类似风格的作品,或将已有的照片或其他风格的作品转化为所希望的艺术家风格。从目前的人工智能发展看,这一种类型相对容易。

在"从有生有"的类型中,除了前面提到的模仿绘画、音乐风格外,还可以模仿作家写小说、剧本,可以模仿诗人写诗,以及模仿人类对对联。

以人工智能对对联为例,其原理主要是将大量对联数据事先进行标注(比如对仗、平仄),在神经网络中进行训练。开发团队让模型学会对句子做分词,词性分析,语句理解与中文韵脚的分析,然后进行词汇联想,根据规则知识图谱找到各种匹配的组合,再选一组最合理的组合作为答案。整个过程里开发人员主要是在参数的选择、调优和结果的反馈上有干预,使人工智能不断通过"学习"提升对对联的水平。

我尝试用"王斌给您对对联"（https://ai.binwang.me/couplet/）在线对联应用，输入上联"人工智能创意无极限"后，人工智能给出了"科学技术超群展宏图"的下联，如图3-2所示，感觉对得还马马虎虎。

图3-2　"王斌给您对对联"在线对联案例（作者实验截图）

"从无生有"的"原创性"人工智能艺术类型是让人工智能去创新，去创作以前没有可参考作品风格的艺术作品。此时，人工智能面临的问题与人类艺术家面临的问题是类似的。一个重要的问题是：怎样的创作才算有"创造性"或"原创性"或"创新"？

许多人怀疑人工智能艺术创造力的地方主要即在于是否在"原创性"。然而，新的人工智能技术在这两类创造性上都有了明显的体现。

3.2　人工智能艺术的原创性

在讨论人工智能创作艺术时是否具有"原创性"这一问题时，仍然需要用动态及进化的眼光看问题。有些模型在上述以模仿为主的"新奇性"方面率先作出贡献，有些模型则在优化"原创性"上更进一步。这让我们对人工智能未来的"创造力"有了更多期待。

目前，人工智能艺术基本归入了人工智能生成内容（Artificial Intelligence Generated Content，缩写 AIGC）一类。随着人工智能艺术创作这种 AIGC 应用的不断普及，需要关注其背后的主要创作原理，这与人工智能应用中的 SOTA 模型

（State of the Art，指特定时间背景下某一领域中的最高水准）相关。在现阶段，人工智能艺术创作所依赖的主要 SOTA 模型有图像风格迁移模型、图文预训练模型和扩散模型等，可能会在具体人工智能艺术创作平台中交叉使用。

一、GAN 在人工智能艺术上的重要位置

目前，Google 的 Deep Drea、disco diffusion、pytti、JAX CLIP Guided Diffusion 等人工智能绘画生成工具在上述"新奇性"上已有明显例证。功能相对更加复杂的 DALL·E 2、midjourney、Imagen 等工具更是让人工智能绘画精彩纷呈。

在以模仿为主的"新奇性"人工智能艺术方面率先作出贡献的基本模型是生成对抗网络（Generative Adversarial Networks，缩写 GAN），它通过让人工智能学习、模仿艺术史中的经典作品，可以模拟生成类似风格的作品。GAN 由 Ian Goodfellow 等人于 2014 年在论文《生成对抗网络》（Generative Adversarial Networks）中提出。图像风格迁移多数是一种基于 GAN 的艺术风格化的深度学习模型。

生成对抗网络其实是两个网络的组合：生成网络（Generator，也称"生成器"），负责生成模拟数据；判别网络（Discriminator，也称"判别器"），负责判断输入的数据是真实的还是生成的（如图 3-3 所示）。生成网络要不断优化自己生成的数据让判别网络判断不出来，判别网络也要优化自己让自己判断得更准确。二者关系形成对抗，被称为"对抗网络"可谓名副其实。

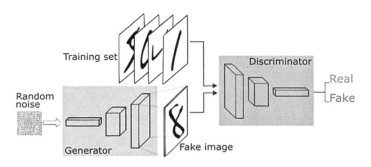

图 3-3　GAN（生成对抗网络）模型

有了 GAN 为模型，就可以利用其进行无监督学习，可以进行图像的风格迁移，可以输入文字就输出图像，还可以恢复图像的分辨率及为黑白上色等。在人工智

能视频制作领域,GAN 还可用于在框架内模拟人类行动的模式,可以预测后续的视频帧,亦可以进行换脸。

二、CAN 在人工智能艺术原创性上的进步

2017 年由艾哈迈德·艾尔加马尔(Ahmed Elgammal)等提出的创意对抗网络(Creative Adversarial Networks,缩写 CAN)在"原创性"上则表现较为优秀。CAN 与 GAN 最主要的区别在于,GAN 只能模仿某类风格,而 CAN 是"通过偏离学习的风格来提升生成艺术的唤醒潜能(arousal potential)而成就其创造性"。

相比 GAN,CAN 创新性的关键所在是它在鉴别器中设置了两种标准,一个是"是不是艺术",另一个是"所生成的艺术属于什么风格类型"。这两种标准被设置成对抗性的,即既要生成属于艺术范畴的图像,又要设置不同于既定风格的即艺术风格模糊的,如图 3-4 所示。

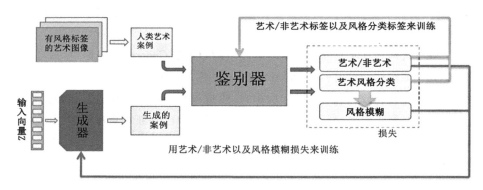

图 3-4　CAN(创意对抗网络)模型(原型来自 Ahmed Elgammal 等论文,中文来自陶峰论文)

显然,在"原创性"的创造性方面 CAN 是优于 GAN 的,也许这可以消除不少对人工智能艺术创造力的质疑。其实,这对于人类艺术家也是一种启示。

CAN 的程序设计者们认为,之所以艺术需要创新,是因为艺术本身具有"外界刺激模式的属性",而人们对于外界刺激会产生习惯性,"中等的唤醒潜能刺激"有助于唤醒人们的审美意识,太少的刺激会让人无聊,太多则会使人厌恶。因此,设计者的任务是"试图增加风格的模糊性以及偏离风格标准,同时,又避免太过以至于不能作为艺术被接受"。

　　艾哈迈德·艾尔加马尔认为，人工智能艺术的价值远不止于此。他和同事们开发了一些试图通过人工智能来理解并产生新"艺术"的技术。他说，CAN 系统体现了一个艺术演变的理论：通过对已知风格的小改动产生新的风格。

　　从某种意义上讲，GAN 不可能产生新的、有创意的图像，而 CAN 为人类展示了人工智能在"原创性"方面独特的创造力。据艾尔加马尔的说法，在画廊或艺术博览会上，普通观众是无法区分人工智能画作和"正常"画作的。这可以算得上是一种成功，这说明 CAN 制作的抽象图像确实具有视觉连贯性和吸引力。

　　人工智能艺术总是广泛的艺术历史背景特征综合之后，抽象出一种笼统的视觉模式。CAN 系统可以掌握一般的构图规则，但在此过程中其可能会忽略特定时代和特定风格作品的其他共同特征。如果未经训练，一个神经网络无法从文艺复兴时期或古代的特殊符号装饰中归纳出任何东西，然而经过有效的训练，就能归纳出有价值的东西。

三、图文预训练模型及扩散模型

　　图文预训练模型是一个通过大量数据进行训练并被保存下来的网络。前人为解决类似问题所创造出来的相关模型，在遇到新的问题时可以不必从零开始训练新模型，而是直接从已有的模型入手，进行相对简单的学习以解决该新问题。预训练模型已在自然语言处理、计算机视觉及语音识别等领域取得了不少成果，也为未来的人工智能艺术创作带来了更多的可能。GPT（Generative Pre-trained Transformer）是自然语言处理中一种较常见的预训练模型，亚历克·拉德福德（Alec Radford）等人提出的 CLIP（Contrastive Language-Image Pre-training）模型则突破了文本与图像之间的限制。

　　基于语言-图像预训练模型 CLIP 神经网络的 DALL－E2 可将概念、属性和不同风格结合起来。目前，预训练正与多模态大模型结合，使得模型在大规模数据集上完成了预训练后仅需要少量数据的微调，就能直接用于图片、文字、声音等模态的各类应用。

　　扩散模型可以把一个随机采样的噪声输入模型，然后尝试通过去噪来生成图像。它先通过前向过程（Forward Process）逐步加噪，将图片转换成一个近似可用高斯分布的纯噪音图像，然后在反向过程（Reverse Process）中逐步去噪并生成图像，再以增大原始图像和生成图像的相似度为目标，不断优化模型，最后逐步达到理想效果。

目前常见的 AI 绘画工具 Stable Diffusion、Disco Diffusion、Midjourney 及 DALL－E2 等均采取了类似的扩散模型。相对而言，Midjourney 的艺术风格较明显；Stable Diffusion 开源且对当代艺术图像有比较好的理解，可产生丰富细节的插画作品；DALL－E2 更适合相对复杂的图像，如当需要有两个及以上的人物出现在图像中时。

2023 年 9 月，OpenAI 宣布发布其文生图 AI 工具 DALL·E 系列的最新版本——DALL·E 3。这一新版本的发布表明了 OpenAI 在 AI 图像生成领域的最新进展，标志着该公司继续稳固其在前沿技术领域的地位。新版 DALL·E 3 构建在 ChatGPT 之上，大幅降低了 Prompt 的门槛，同时语义理解和细节描绘能力大幅增强。

四、人工智能艺术或许有更强的创造力

上述讨论引出了一些问题：对人工智能艺术创造力是该给予更多的质疑还是期待？有学者认为，人工智能绘画在技法上不亚于优秀的艺术工作者；人工智能没有畏惧心，更敢于创新。当然，人工智能艺术的创造力现在仍然有局限性，这是意料之中的事情。目前人工智能艺术所取得的成就有相当一部分是在人类现有的艺术门类之中。

但是，在这一类作品中，AI 的艺术缺陷仍然十分明显，即不论在视觉艺术还是文学作品方面，AI 都缺乏大规模叙事的能力。因而有人下结论：归根到底，人工智能呈现的作品还是对选定样本库的组合生成，而不是真正的叙事性具象作品。不过，这一观点也许会随着人工智能技术的不断进步而被打破。

谈到艺术家的创造力，人工智能先驱之一马文·明斯基（Marvin Minsky）有个观点值得重视。他说，有时学习新思维的障碍在于，人们需要忍受不熟练或表现不好所带来的不适。所以，"创造力的秘诀"之一就是养成一种能够享受这种不适的习惯。

谈到所谓的"创造力"，为计算机设计程序，使其产生前所未有的、不计其数的物体是一件轻而易举的事。然而，使所谓"有创造力"的思想家脱颖而出的不是其产生多少种想法，也不是这些概念有多新颖，而是他们如何选择新的想法，从而继续思考和发展。

　　这种解释让人更容易理解前述 CAN 中为什么要使用"中等的唤醒潜能刺激"。因为，太过激烈的变化可能会带来问题，不仅观众不一定能接受，艺术家自己也不一定敢去冒这样的险。这其实也给人类艺术家的"创造力"带来启发。

　　同时，基本可以断定，人工智能或机器比人类更能"享受"或"忍受"种种不适，更敢于"冒险"，这或许意味着机器的"创造力"更强。通常情况下，一位人类艺术家要超越自己或颠覆自己是很难的，但人工智能或机器却更容易做到。

　　当然，人工智能或机器在体现"创造性"时，也或多或少学习了人类艺术家"创造性"体现的过程。因此，艾尔加马尔认为，设计者的任务是"试图增加风格的模糊性以及偏离风格标准，同时，又要避免太过以至于不能作为艺术被接受"。这其实正是从人类艺术家的风格进化中汲取了经验。

　　不少前卫的艺术家和设计师，都开始使用人工智能去制作数字插画，最近，一位名叫亚历山大·多布罗科托夫的艺术家就利用一种神经网络生成了建筑绘画作品。

　　无独有偶，新德里的建筑师和计算设计师马纳斯·巴蒂亚（Manas Bhatia）求助于 Midjourney，使用一系列文字描述，如"未来塔"、"乌托邦技术"、"共生"和"生物发光材料"等生成了一系列数字建筑设计图像，如图 3-5 所示。

图 3-5　Manas Bhatia 利用 Midjourney 生成并修改的建筑设计图

　　巴蒂亚表示，制作每件超现实主义艺术品可能需要 20 分钟。他对每个项目的描述进行了近 100 次改进，编辑并添加到文本中，直到达到预期的效果，然后使用 Photoshop 清理图像。

五、随机函数与噪波函数促进了原创性

为了实现所谓的"原创性",计算机程序有自己独特的随机函数,可以发挥一定的作用。以前述的生成艺术为例,其打破了传统意义上设计软件的路径限制,不再拘泥于软件的边界,并不是结构化的设计系统。

计算机程序语言中的通常会有随机函数与噪波函数等,使得人工智能生成艺术作品时不致太死板,达到一定的灵活性。例如,在生成一棵树的树枝或树叶时,虽然树枝或树叶都有许多类似的地方,但并不是所有的树枝或树叶都一样大,都朝一个方向生长,此时需要用相应的随机函数生成相关的随机数来控制树枝及树叶的生长方向及长宽。需要掌握的基本技巧是:随机函数生成的随机数需要在某一个范围内,不宜过大,亦不宜过小,否则就会使得上述树枝或枝叶之类的造型超出正常范围。

噪波函数本质上就是一个基于种子的随机数产生器。输入参数为一个整数,输出结果为基于输入参数的随机数。噪波函数不一定在每种计算机编程语言中现成都有,可能需要专门设计。

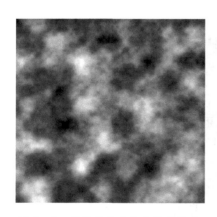

图3-6 利用噪波函数生成的蓝天白云(陈永东实验生成)

在分形技术中通常也会提及,自然界中许多物体是分形的,即大的局部与小的细节有类似的结构,比如山的轮廓、石头的纹路、草地、海浪、动物、火苗、烟雾、草丛、树枝、树叶、风、云朵等,都有类似的分形结构,但每个结构又有或大或小的细节变化。噪波函数通过随机、相对平滑的方式较好地模拟这些自然景观。图3-6即是本书作者陈永东利用p5.js的噪波函数生成的蓝天白云图片。

从原创性和艺术性角度看,由设计师制定规则通过计算机编程完成的美的计算赋予了设计全新的可能性,既有艺术的规则和量化,也有设计的无序和随机。

很显然,随机函数的随机性在某种程度上促进了人工智能艺术的"原创性"。在大多数情况下,如果能够适当应用随机函数,那么人工智能艺术创作则可以显示

出更合理、更灵活、更自然的特点，而不至于出现过于刻板的情况。

3.3 人工智能进行艺术创作的动机

谈到人工智能进行艺术创作时的动机，也许很复杂，但动机也许要比人类艺术家更单纯。当然，许多词汇的含义在变迁，需要不断更新。

一、人工智能进行艺术创作的动机何在？

谈到人工智能进行艺术创作的动机，可以与人类创作艺术时的动机作对比，进行类似的理解。通常人类创作艺术时的动机首先来自创作"目的"、"目标"或"意图"，然后可能引发艺术家去"探索"和"认识"与创作主题相关的事物，并可能在某一时刻产生某种"灵感"或"顿悟"，进而产生具体艺术创作的"欲望"或"冲动"，最后完成艺术的创作。

首先，对于艺术创作的"目的"、"目标"或"意图"，可能立即会引出"创作动机是什么"及"创作动机纯不纯"的问题。创意的动机可能决定着艺术作品的品位，人类艺术家的动机比机器更复杂，例如为了迎合大众或定制方，为了赚钱，为了一鸣惊人，或为了抒发情感。然而，人工智能的创作目的或意图则较为复杂。在弱人工智能阶段，其创作目的或意图或许是其开发者赋予的；在未来的强人工智能阶段，其创作目的或意图则可能会有巨大的变化，比如人工智能会不会也想通过创作"宣泄"下感情，想"炫耀"一下技巧，想"博得"众人的开心或肯定赞许？目前还难有定论。

其次，对于"探索"和"认识"创作主题相关的事物，人工智能与人类艺术家明显是有区别的。人类艺术家往往需要到相关环境或实地去接触及深入了解创作主题相关的事物，并产生相关的体验、认识及理解。人工智能则可能通过其开发者给它输入的学习案例，以及自己在网络相关平台上搜索或挖掘的信息，按相应规则进行机器学习、信息收集及分析判断，进而对与创作主题相关的事物逐步了解，甚至可以说是"步步逼近"。

第三，对于艺术创作中的"灵感"或"顿悟"，需要区别人类与人工智能"灵感"或"顿悟"产生机制的不同。1912 年，康定斯基在绘画理论名著《论艺术的精神》一书中分别阐述了三种不同的灵感源泉,即外在世界的直接印象(印象)、内在精神的无意识表现(即兴)、内在情感的理性化表现(构图),他把表现内在的需要、精神和情感作为绘画的宗旨。对外在世界的直接印象,基本接近于前面提到的"探索"和"认识"与创作主题相关的事物,前述内容已经谈到人工智能在这方面的不同之处;对内在精神的无意识表现,则接近于"顿悟"之显现,目前在人工智能中尚无明显迹象;对内在情感的理性化表现,则较为复杂,因为人工智能擅长理性化表现,但其"是否具有内在情感"及其"理性化表现是否来自内在情感",则有较多的争议,我们将在下一章进一步讨论。

不过,对于"情感"的变化与"灵感"的产生,已经有相关的研究。以音乐灵感为例,蒋旻隽等的研究认为,可以对情感的波动变化进行建模,并着重分析情感对音乐灵感可能产生的影响,进而通过情感的变化产生音乐灵感动机。在此基础上,采用逻辑斯蒂映射方程之类的方法可以给出生成和弦动机进行式具体算法,进而可以将一个和弦进行序列扩展成一段音乐。

最后,至于艺术创作的"欲望"或"冲动",人类艺术家通常是有的,人工智能则未必那么明显,甚至人工智能可能根本没有所谓创作的"欲望"或"冲动"。人工智能之所以创作,可能是在第一开始确定创作的"目的"、"目标"或"意图"时就已经决定了创作,除非到了目前尚无法做出明确预测的强人工智能阶段,人工智能可能有许多区别于人类的或人类目前无法理解的创作"欲望"或"冲动"。

二、人工智能的创作动机或许更纯粹

在上述讨论中,不论是人类艺术家,还是人工智能,其创作动机中创作的"目的"、"目标"或"意图"是整个创作过程中最重要的一点。

相比这一点,人工智能或机器的创作动机更简单、更纯粹一些,除非创造人工智能的人类赋予了它不良动机。从某种意义上讲,人工智能或机器比某些人类艺术家更可能创造出"纯粹"的艺术。

如果说强人工智能阶段还无法准确判断人工智能创作艺术的动机的话,那么目前的弱人工智能阶段人工智能创作艺术的动机多数情况下可以被认为会更加"纯粹",至少人工智能相比人类艺术家更少或没必要去追求更多的"名利"。

如果非要说人工智能创作艺术的目的,往往是与其开发者的"目的"或"意图"相关联的。不过,按照前面谈到的内容,就目前而言,基于 GAN 模型的人工智能艺术创作的主要目的是模仿已有的艺术风格,基于 CAN 模型的人工智能艺术创作的主要目的是探索艺术风格的变化与进化。

当然,不得不再次提醒的是,得出这一结论的前提是人工智能开发者或使用者利用其进行艺术创作的"目的"或"意图"是相对纯粹的,否则人工智能则变成了开发者或使用者的"傀儡"。

三、关于"动机"等词汇的概念需更新

值得一提的是,许多传统的词汇、观念或概念需要更新,以体现与时俱进及更多的包容性。以"手机"为例,它远远不是二十年前手机的概念了;"艺术"的范畴也有了巨大的拓展。那么,如"创造力"、"动机"、"意识"、"情感"及"智能"等概念就一定要被人类所"独霸"吗?

卡普兰(Jerry Kaplan)在《人工智能时代》一书中提到,如果仔细研读图灵的论文就会发现一种意图:"我认为最开始的问题'机器可以思考'太没有意义了,不值得讨论。在这个世纪末,对于词语的使用以及总体的文化思想将会发生巨大的变化,届时当我们谈到机器会思考时将不会再受到反驳。"

确实,随着时代的飞速发展,许多词汇的内涵、外延及适用对象可能发生了巨大的变化,许多概念将会变得更加宽泛,并更具有包容性。

以"动机"一词为例,至少有些问题是必须思考的。例如,"动机"只有人类才有吗? 人工智能是否可以有"动机"? 如果人工智能创作艺术有"动机"的话,这种"动机"是人工智能本身自发的,还是其开发者或使用它的人的"动机"?

同时,需要用动态的思维来看待"动机"一词。即使我们承认或许弱人工智能阶段人工智能不可能有自发的"动机",那么未来的强人工智能阶段的人工智能是否会自发产生艺术创作前的某种"动机"?

再者,如果人工智能进行艺术创作有"动机",那么其"动机"与人类艺术家"动机"的内涵与外延一样吗? 人工智能会不会产生一些人类根本不可能有的"动机"? 我们认为,这些问题不见得那么好回答,但值得我们思考。

最后一个问题很有趣。我们在讨论人工智能艺术创作动机时,有一种情况已经出现,即人工智能可以帮助人类艺术家产生及捕捉创作动机。

2021 年 9 月,微软小冰团队与做梦唱片联作唱片《潜入虚拟世界》在北京发布首批音乐作品。这张唱片是全球首次人工智能与人类乐队跨界共创的音乐实验。

在这场音乐实验中,小冰框架内的 10 位人工智能音乐人,为 11 支人类乐队提供了人工智能词曲创作动机辅助,并承担起部分演唱以及封面视觉设计的全套工作,如图 3 - 7 所示。

图 3 - 7　微软小冰的"创作动机辅助"功能(来源:快科技)

小冰公司当时的 CEO 李笛表示,多年来,在与人类艺术家协同创作的过程中,我们发现,人类创作者特别需要的一个环节,就是 Motivation(创作动机)。尤其音乐创作,创作者需要不断地听,可能请若干个很不错的乐队或者是音乐者不停创作,直到某一个旋律击中了他,让他抓住了一个 Motivation(动机),他会再去创作。关于人机协同创作,我们在后续章节将会进一步讨论。

【课后作业】

1. 如何理解人工智能艺术的"创作"与"创造力"?
2. 什么是 GAN 与 CAN?它们二者有什么相同点及不同点?
3. 什么是图文预训练模型及扩散模型?它们分别有怎样的特点?
4. 人工智能创作艺术与人类创作艺术相比,谁的动机可能更纯粹?
5. 随机性在人工智能艺术创作中有怎样的作用?
6. 在艺术与人工智能艺术领域,如何理解"英雄不问出处"这句话?你相信这句话吗?为什么?

第四章　人工智能创作艺术的
情感与意识

目前,也许对人工智能创造艺术怀疑最多的恐怕是其自我意识与情感问题。人工智能可以有自我意识吗？人工智能会有灵魂吗？人工智能会有情感吗？人工智能能够感受快乐与痛苦吗？人工智能会有同情心或嫉妒心吗？人工智能创作艺术时需要"生活体验"吗？这一系列问题目前仍有巨大的争议。假如人工智能有了自我意识与情感,那么会对人类产生什么影响？它们会颠覆世界吗？

4.1　人工智能情感与意识的可能性

要想解决前面提到的那些有争议的问题,也许首先是要搞清楚人工智能是否具有自我意识与情感等的可能性。

一、情感能否用机器描述并计算？

对于人工智能是否具有自我意识与情感可能性的问题,前面已经提到过,"数据主义"认为可以,"情感计算"的研究也在快速推进。当然,一些人还是坚定地认为,机器根本就不需要"意识"。

需要强调的是,如果要深入研究人工智能自我意识与情感的可能性,就必须深刻分析、理解形成"意识"与"情感"的基本机制。明斯基的《情感机器:人类思维与人工智能的未来》一书的书名就已经彰显了这一基本意图。实际上,明斯基在其1985 年出版的《心智社会》中就提出:"问题不在于智能机器能否有情感,而在于没有情感的机器能否实现智能"。这倒是让许多人有了另一个思考问题的角度,也暗示了情感与智能的关系。在《情感机器》一书中,明斯基在引言中就提到该书的目标:解释人类大脑的运行方式,设计出能理解、会思考的机器,然后尝试将这种思维运用到理解人类自身和发展人工智能上。并提出,情感是人们用以增强智能的思维方式。

在这本书中,作者指出:大脑会通过"批评家—选择器模型"(Critic-Selector Machines)来增强其原始的反应机制,如果你能判断出自己面临的问题的类型,那么你便会选择更加合适的思维方式。同时,他将精神活动分为至少 6 个层级:本能反应、后天反应、沉思、反思、自我反思及自我意识情感,如图 4-1 所示。

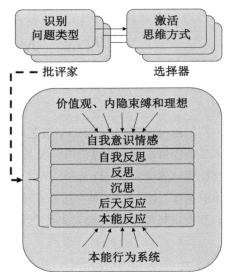

图 4-1 "批评家—选择器模型"及精神活动的 6 个层级(来源:《情感机器》)

值得重视的是,作者还提出创造情感机器的 6 大维度:意识、精神活动层级、常识、思维、智能、自我,这些就占了该书的 6 章内容。《情感机器》作者提出创造情感机器的 6 大维度如下:

● 意识:选择一些可能性,抵制其他可能性。

● 精神活动层级:如果机器拥有前面提到的 6 个层级的精神活动,那么它就会变成独立、具有自我意识的实体。

● 常识:常识性知识和推理,意图及目标,相似推理,正面经验和负面经验的博弈。

● 思维:运用前面提到的"批评家-选择器"模型,6 大批评家选择最合适的思维方式。

● 智能:每个物种的个体智力都从愚笨逐渐发展到优秀,可通过多种视角观察事物,多样性造就了人类思维的多功能。

● 自我:每当想尝试理解自己时,我们都可能需要采取多种角度来看待自己。

当然,作者也承认研究清楚人工智能的意识与情感问题并不容易,其中就有专门小节谈到了"情感描述难题"。

二、大脑逆向工程或将赋予人工智能以情感

在上面的讨论中,有一个观点较为重要,即智能与情感有密切关联,没有情感

就没有智能。对这一问题的认识有一个发展的过程。

早期的研究通常认为人工智能或机器人不会有意识与情感。菲利普·奥斯兰德文曾经比较了机器人表演者与真人表演者的重要区别：尽管机器人有能力执行技术性任务，但是它们缺少意识、智力和情感等有助于诠释技能发展的所有要素。

虽然早期这一观点认为机器人不会有意识、智能和情感，但是这其中也隐含了意识、智力和情感对技能诠释的作用。这也间接与上面的"没有情感就没有智能"形成了呼应。

需要再次强调的是，对于大脑工作机制的研究是实现人工智能意识与情感中至关重要的问题。如果大脑工作机制未能彻底弄清楚，那么人工智能意识与情感能否存在或被赋予就显得较为棘手。

在研究大脑工作机制的诸多方法中，大脑逆向工程正在紧锣密鼓地推进，各类实现情感的方法也在积极探索之中。人类大脑最复杂的部分便是情感和感知意识的方式，人工智能视其为最尖端的技术研发。虽然研究人类大脑工作机制这项工程任务艰巨，其难点在于如何用精密的工具及算法去描述与开发详细的人类认知模型，但是人们通过"观察内部——建模——模拟各区域"类似的路径所进行的"大脑逆向工程"却正以指数方式增长。

有观点认为，当大脑逆向工程成功，便可利用某区域模拟特定的神经元去解决这些问题，从而使强智能的情感机器人得到普及。未来，当我们达到纳米机器人时代，将能够利用高时空分辨率，从大脑内部进行扫描，进而有能力逆向设计人类智能的运作规则，也就是说，人类大脑虽然复杂，但不代表它超出了我们可以处理的范围。

那么问题来了，我们可以武断地说机器一定不会有情感吗？另外，如果脑机接口等技术突飞猛进，那么人的大脑还可能与计算机芯片协同工作，其中的"意识"或"情感"本质上属于谁呢？

三、有关机器情感驱动方面的实验与实践

在机器情感驱动的实践方面，已经有相应的实现办法。周昌乐提出的一种实现方法是，通过范德波尔（Vor der Pol）方程，可建立基本情感的简单非线性动态模型，并分析出在有无外界刺激的情况下，模型所能表现出人的情感变化过程，从而

模拟情感发生变化。

以音乐情感的识别与描述为例,可以采用 PAD 三维情感模型,即将情感分为愉悦度、激活度和优势度 3 个维度,其中愉悦度 P(Pleasure or Displeasure)表示个体情感状态的正负特性;激活度 A(Arousal or Nonarousal)表示个体的神经生理激活水平;优势度 D(Dominance or Submissiveness)表示人体对情景和他人的控制状态。运用 PAD 模型,就可以给出描述音乐主导情感的刻画。在抽取出音乐特征(音符密度、节拍、变音数、最大音程、速度、大小和弦小节的比例等)并且确定了情感标注之后,就可以构建"情感识别系统"。该类系统主要可以在大量情感标注音乐样本的基础上,通过某种学习策略找到音乐情感识别的规律性而建立认知判别公式,然后根据识别模型能够自动确定未知的音乐情感向量。

上述实践方法只是为了说明情感在包括音乐在内的艺术创作中的计算建模。如果这一问题能够较好地解决,那么就可以让人工智能去模拟艺术家从事艺术创作过程中的思维方式。

相关研究表明,基于情感驱动的音乐创作方法能够在一定程度上创作出符合人类审美标准、体现所要求的情感、符合音乐创作基本规则的音乐。如果音乐情感可以识别、描述,那么其他艺术中的情感识别与描述也是有可能的,甚至,人工智能在创作各类艺术时,极有可能创造出更富有情感色彩的作品。

4.2　图灵测试能否证明人工智能有情感?

在谈到人工智能的意识与情感的同时,不得不让人想到如何证明人工智能是否有情感、人工智能有无"灵魂",以及人工智能究竟是否需要灵魂及与之相关的意识与情感的问题。

一、人工智能会不会有"灵魂"?

上述讨论中,我们谈到包括音乐在内的艺术中的情感因素是有可能被机器进行描述及识别的,并且可以让人工智能在艺术创作时使其产生的作品富有不同的情感色彩。此时我们可能会想到,人工智能真的要有"灵魂"了吗?

卡普兰在《人工智能时代》中有一节专门讨论"将灵魂注入机器",其中提到,历史上录音（模拟录制）的出现、数码录制出现的时期，都有人提出与传统现场演奏或演唱音乐相比，录制背后的机器是没有灵魂的，或用数字形式表达音乐时，一部分"灵魂"就消失了。

这不禁让我想起瓦尔特·本雅明（Walter Benjamin）所讨论的机械复制时代的艺术作品"灵韵"（Aura）消逝的问题，当然此处的"灵韵"主要是指传统艺术的现场此时此地性（das Hier und Jetzt）、原作的原真性、历史性见证及物的权威性。只是，此时"灵韵"与上面提到的"灵魂"有接近之处。本雅明提醒我们，"灵韵"消逝是必然的趋势，摄影与电影即在"灵韵"消逝后蓬勃发展。那么，人工智能究竟是否需要灵魂及与之相关的意识与情感呢？

这背后就形成了两种截然不同的观点，一种认为机器可以有意识与情感，另一种认为机器不会有意识与情感。雷·库兹韦尔（Ray Kurzweil）认为，未来的机器将拥有意识，当它们说出自己的感受时，人类会相信它们。它们将具备各种微妙的、类似的情感，会让我们欢笑与悲伤；如果我们告诉它们我们不相信它们是有意识的，它们会很生气。当机器说出它们的感受和感知经验，而我们相信它们所说的是真的时，它们就真正成了有意识的人。

他还坚信："如果（非）生物体在情绪反应上表现得完全像人类一样，并完全令人信服，对于这些非物体，我会接受它们是有意识的实体，我预测这个社会也会达成共识，接受它们"。实际上，这一观点非常接近于"图灵测试"（The Turing Test）的思路。

二、用类似图灵测试方法验证人工智能有无情感

那么，我们是否能用类似于图灵测试的方法来验证人工智能是否有情感呢？

前面我们提到过，图灵测试由图灵（Alan Mathison Turing）发明，指测试者与被测试者（一个人和一台机器）在被隔开的情况下，通过一些装置（如键盘）向被测试者随意提问。在进行多次测试后，如果机器让平均每个参与者做出超过30%（或一定阈值）的误判，那么这台机器就通过了测试，并被认为具有人类智能。

如果按这个思路，那么能否根据机器情绪反应正常比例超过某一值来判断机器具有情感呢？我们认为是有可能的。

这种判断的逻辑是：假设你将人工智能创作的一幅绘画或一段音乐展示给若干个（如1 000个）观众或听众，并假设观众或听众不知道作品是谁创作的，如果相

当比例的观众或听众都认为这幅画或这段音乐具有情感色彩,那么我们就可以认为该作品的创作者(人工智能)具有情感,如图4-2所示。

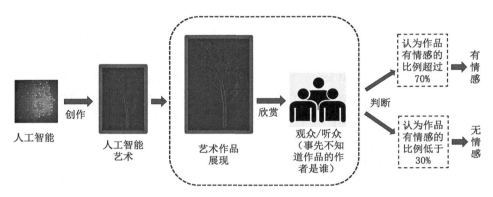

图4-2 类似图灵测试的人工智能情感验证示意图(绘制:本书作者陈永东)

如果机器有了意识与情感,也许听起来会引发一定程度的恐慌。有人认为,这将对人类造成"颠覆性"挑战的是,一旦人工智能进入情绪管理和自我意识的"人工设定"这样的阶段,人类一方面可以设计同类型的"品种",并主动选择自己所需要的人类类型;另一方面,人类还可能制造出自己的"对手"甚至"敌人"。还有观点认为,无法预测这些已经具有自我意识的机器人是否会"自行定义"他们自己的意义和生命目标,从而以他们在生理上的、脑力上的优势确立其支配地位。实际上,霍金(Stephen William Hawking)、埃隆·马斯克(Elon Musk)等都曾经对未来人工智能的危险提出过严重警告,这不能不引起高度的重视。虽然这可能超出了人工智能艺术讨论的范围,但亦是一个不容忽视的问题。

三、反对类似于图灵测试验证情感方法的观点

不过,人工智能的意识与情感可能要比想象得要复杂得多,还有人坚持机器没有意识,并认为这不可怕。

彭罗斯(Roger Penrose)即对图灵测试等判断方法有异议,不太同意机器有意识、感情、快乐与痛苦。他认为,对精神品质的理解,除了直接从AI得到之外,还存在更大量的东西。也许甚至这样的机器将真正是智慧的;也许它们会思维、感觉以及具有精神。或者它们也许还制造不出来,还需要一些目前完全缺乏的原则。这些都是不能轻易排斥的问题。彭罗斯认为,电脑是算法的产物,而这种算法的本身

来自人类的智慧。电脑不可能具有人类一般的智慧，从逻辑上来说，就算电脑能通过图灵测试也不能断定其就拥有了自我意识。

西尔勒(John Searle)也认为，机器永远是机器，不管表现得多么像人，也是冰冷的、没有感情的机器。他提出了著名的"中文屋子"思想实验——有一间与世隔绝的屋子，只有一个小孔，通过传递纸片与外界沟通。屋子里有人和文本对照的规则，假设这个文本对照本非常强大，可以把中文的问题，转换成中文的回答。屋子里的人把传进来纸片的内容，转换成对应的中文回复，如图4-3所示。

图4-3　西尔勒(John Searle)的"中文屋子"假想实验

需注意的是，此处的转换仅仅是文本内容的映射，屋子里的人完全不懂中文，也完全不理解转换出去的中文的含义。然而，从外面的人看来，这个屋子传出的纸条上的答案，又像是和一个理解问题的人对话。

那么，问题就来了，即使一个物体表现得和有思维和感情一样，这也不能表明他/她是有意识或者智能的。西尔勒的"中文屋子"是完全可以通过图灵测试的，但即使这样，内部的人仍然只是机械地执行步骤，表现得和有思维一样，实际上完全没有理解。

如果按照上面这些观点,那么前面提到的类似图灵测试的人工智能情感验证方法也会受到质疑:即使多数人认为所看到的艺术品有情感,也不能认为该艺术品的作者真的有情感。

4.3　不同角度理解人工智能情感意识问题

对于人工智能情感与意识的讨论,并不限于国外及现代的观点,也有中国传统哲学界的看法。同时,即使你认为人工智能没有情感或意识,那么未来人工智能会不会进化出情感或意识? 还有,即使人工智能没有情感或意识,你是不是会对其有感情?

一、中国哲学界对人工智能情感意识的看法

人工智能的许多问题都是哲学问题。除了西方哲学家或研究者有相关看法以外,中国传统哲学界也有自己的一些观点,并且曾出现过专门的讨论。出乎意料的是,不同的中国传统哲学研究者对人工智能的意识与情感问题看法截然不同,并且已经涉及对强人工智能情感与意识问题的讨论。

赵汀阳认为,假如超级人工智能终将出现,我们只能希望其没有情感和价值观。有欲、有情才会残酷,而无欲、无情意味着万事无差别,没有特殊偏好也就不大可能心生恶念。按照这种观点,如果人工智能真的无欲、无情、没有价值观,那么前面讨论的人工智能"情感"或"意识"等问题似乎就失去了意义。然而,问题可能不那么简单,至少前面提到过一种观点:没有情感就不可能有智能。

刘丰河认为,机器不会有独立的意识,它的所谓的觉知能力、计算能力、分析能力,只不过是人的相应功能的延伸。机器不能产生人的智能和情感。把人的智能和情感"嫁接"给机器,也不是它自己拥有了这些能力和情感。这种观点基本是站在弱人工智能阶段来看的,如果进入强人工智能阶段的,情况可能就不这么简单了。而且,即使人工智能的智能或情感是被人类"嫁接"给它的,如果它脱离人类独立行动,又怎么判断它的行动不带有"情感"?

姚中秋则认为,强人工智能有强大能力而无自主意识,风险当然是巨大的,仅从外部加以控制,成本巨大且未必奏效。若强人工智能有自主意识,则情况可以大

为改观：人可与之沟通，生发相亲相爱之情，人工智能的风险反而更有可能被控制，人与人工智能的关系也就转换为人类所熟悉的社会关系。

果真会如此吗？这还有待观察。前面提到过，霍金、马斯克等都对未来强人工智能的危险提出过担忧。其中至少有一个问题：在未来，当人类想与人工智能沟通并控制人工智能的风险时，人工智能一定愿意和人类沟通并被控制吗？

二、非类人的人工智能会有怎样的"情感"？

值得关注的是，强人工智能（Strong AI）有相应的类型划分，它可以有两类：第一类是"类人的人工智能"，即机器的思考和推理就像人的思维一样。第二类是"非类人的人工智能"，即机器产生了和人完全不一样的知觉和意识，使用和人完全不一样的推理方式。

不论未来人类与哪类强人工智能打交道，似乎都与传统大不一样。如果从艺术创作或艺术进步的角度看，或许"非类人的人工智能"的艺术创造力更令人期待。

如果是"类人的人工智能"，机器的思考和推理就像人的思维一样，那么其艺术作品的创造力或创新性应该与人类类似，突破性就可能在一个可以观测的范围内。如果是"非类人的人工智能"，机器产生了和人完全不一样的知觉和意识，那么其艺术作品的创作方法与思维就可能完全不同于人类，人工智能甚至会产生不同于人类的"情感"和"意识"（包括"自我意识"），这就带来了艺术创作中最可贵的一点——新的可能性。

只不过，可能存在一种情况，即"非类人的人工智能"所创作的艺术作品可能人类看不懂。不过，人类有相应的适应性，或许所谓的"看不懂"只是一个短暂的过程，很快就可能过渡到"看得懂"的阶段。

更与众不同的观点来自前面提到的《未来简史：从智人到智神》作者赫拉利的观点——智能正与意识脱钩。他提到，即使是较保守的科技人文主义（与数据主义构成两大类新的科技宗教）也认为，人类是造物的巅峰之作，也坚持许多传统的人文主义价值观，但也同意，我们所知的智人已经成为历史，我们应该运用科技造出智神：一种更优秀的人类形式。

赫拉利认为，智神仍会保有一些基本的人类特征，但同时拥有升级后的身体和心理能力，并且能够对抗最复杂的无意识算法。由于智能正在与意识脱钩，而且无意识的智能也正以惊人的速度发展,人类如果还想不被踢出局,就得积极将心智升级。

这里是给每一位读者一个提示:或许我们还没有将所有问题讨论清楚,就有可能被人工智能所超越,甚至被人工智能所"淘汰"了。

三、人类对人工智能/机器人更易产生感情

我有一个较为大胆的想法,那就是,即使机器没有情感,人也可能对机器产生情感。简单的例子就是手机,它没有情感,但目前许多人却对它产生"依赖式"的情感,一段时间不看它就可能产生焦虑情绪。

同样,未来的机器人可能陪伴你生活,聊天,甚至眼神的交流,即使这些机器人没有感情,也很可能使你对它们产生感情。那么,人与机器之间会是怎样的关系呢?人类艺术家与人工智能间会是怎样的关系?

实际上,已经有相关报道称,一些大叔或大妈在家里与人工智能音箱中的虚拟助理(或语音聊天机器人)每天进行长时间的问题咨询及聊天,而且每天都不能间断。这无疑已经在大叔/大妈与虚拟助理(或语音聊天机器人)之间形成的"感情的纽带"。

2021年3月,黑龙江绥化的一位老大爷与智能音响聊天的视频爆红网络。这位老大爷是杜女士的姥爷,他在睡觉前和智能音响聊天时,因为双方聊不到一块,聊着聊着生气了,场面很有趣。据外孙女杜女士介绍,姥爷平时喜欢和这个智能音箱聊天,心情好的时候,能和它聊很久,如果是打麻将输了,心情不好时,就会对智能音响发脾气。老大爷还对智能音箱说,"你真好,就你听我话",如图4-4所示。

我们也不能排除一些人工智能为我们生产内容或创作艺术的众多情形。其实,目前有许多文章、图片、音乐、视频等已经来自人工智能的"创作",其中不乏所谓的人工智能艺术。当我们接触这些人工智能生产的内容或创作的艺术时,我们不可能不产生感情。特别是随着人工智能水平的不断提升,我们还可能被这些内容或作品所深深打动。

所以,当我们在探讨人工智能/机器人是否可能具有"情感"或"意识"这一问题,并认为目前不可能将来有可能产生情感或意识时,很可能是人类已经对人工智能或机器人及他们所生产的内容或创作的作品产生了感情。

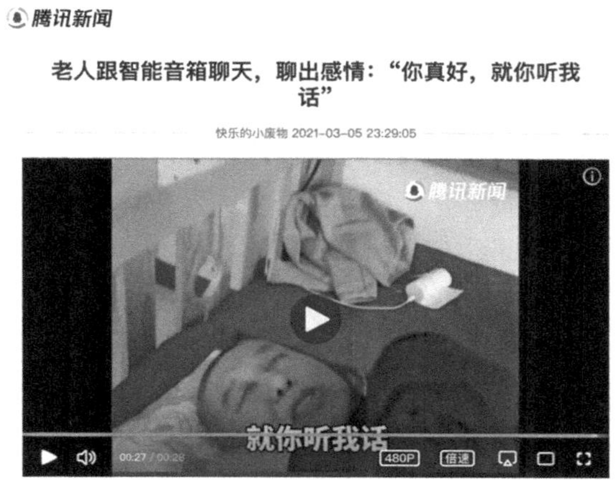

图4-4 老人与智能音箱聊天画面(来源:腾讯新闻)

【课后作业】

1. 如何理解明斯基提出的"批评家-选择器模型"及精神活动的6个层级?

2. 你认为人工智能或机器人会不会有情感与意识?为什么?

3. 你认为图灵测试能否证明人工智能有情感?

4. 人工智能的情感与意识与舞台上演员的情感与意识有什么异同?

5. 中国哲学界对人工智能的情感意识有哪些不同的观点?

6. 如果人类与人工智能产生了情感,甚至结合生出了小孩,则可能存在哪些伦理与道德方面的问题?

第五章　人机协作创作艺术时的主体性

在未来,机器有可能独立于人进行艺术创作,人类艺术家甚至不得不与机器竞争。然而,就目前情形来看,我们还会长期处于人机协作的创作阶段。一个有趣且值得沉思的问题是:谁是创作的主体?

5.1　人机协作创作艺术时的分工与主体性

在讨论人工智能创作艺术问题时,基本可以断定,人机协作将持续较长时间。在人机协作创作艺术时,人与人工智能有不同的分工。只不过,此时会引发一个问题:人机协作创作艺术时,主体是不是只有人?

一、人机协作必将持续较长时间

目前,人工智能创作艺术是在人类设计的软硬件条件下,在人类设计的程序、算法以及人类发明并设计的机器学习、神经网络等技术支撑下,完成的所谓的"艺术创作"。目前,在整个人工智能艺术创作过程中,人工智能尚未脱离人类自行完成,因而属于"人机协作"创作阶段。

当然,未来可能有许多超乎我们想象的地方,目前已经有让许多艺术家有些焦虑的未来趋势的预测。"奇点艺术"概念提出者谭力勤指出,如果放眼库兹韦尔预测的"奇点"时代,届时奇点艺术家不但要与其他艺术家竞争,还要与智能工具与材料竞争,因为后者随时可利用艺术家的创作思维创作出更美妙、更惊人的艺术品。当智能工具单独创作时,它有着艺术家本身无法替代的独特功能,并有自己的思维和想象力。这听起来有些危言耸听,但并非不可能,也与本书之前的部分观点不谋而合,只是目前看起来距离我们还比较遥远。

上述的"奇点"(Singularity)一词是由科幻作家弗诺·文奇首先提出的,指的是人工智能发展会经历的一个阶段,当 AI 的发展达到奇点时,人工智能将会出现爆炸式的增长。机器人专家汉斯·莫拉维克(Hans Moravec)绘制过一张"人类能力地形图",如图 5-1 所示。其中,海拔高度代表这项任务对计算机的难度,不断上涨的海平面代表计算机现在能做的事情。

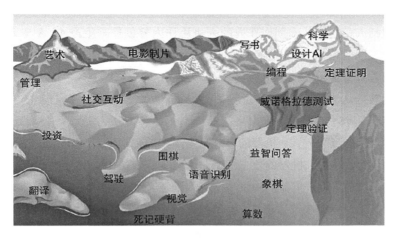

图 5-1 汉斯·莫拉维克绘制的"人类能力地形图"

或许,比较幸运的是,海拔最高的包括了电影制片、艺术、写书、设计 AI 及科学等,不过未来可能会发生较大的变化。随着"海平面"持续上升,它可能会在某一天到达一个临界点,从而触发翻天覆地的变化。在这个临界点上,机器开始具备设计人工智能的能力。在临界点之前,"海平面"的上升是由人类对机器的改进所引起的,但到了临界点之后,"海平面"的上升可能会由机器改进机器的过程推动,其速度很可能比人类改进机器的速度快得多,因而,所有"陆地"很快会被淹没在水下。

"奇点"理论的思想核心即:未来"奇点"来临时,人工智能可以设计人工智能,人工智能将发生大爆炸。当然,"奇点"何时到来,目前还没有准确的预测,推测的大致时间是在 2045 年。

谭力勤提出的"奇点艺术",主要是指科技"奇点"文明时期的艺术,是人类智能与人工物智能高度融合阶段的艺术。他认为,在生物智能融合非生物机器智能的状态下,艺术家义无反顾且自然地利用两者的强智能来表现他们想要的艺术,这种艺术就是"奇点艺术"。

虽然"奇点"来临时将使得包括艺术家在内的所有人震惊不已,但是至少短期内不会发生。因而,可以做出的基本判断是,在强人工智能及"奇点"来临之前,人工智能技术还不得不处于人机协作的阶段。

二、人机协作创作艺术时的分工

在包括人工智能艺术创作在内的人机协作内容创作与生产中,人与人工智能分别承担不同的角色,分别发挥不同的优势,但所承担角色的具体环节及相应比例可能会随着技术的发展而发生变化。

彭兰教授认为,在人机协作过程中,人与机器各守一端,机器与人的能力偏向可以在以下几个不同层面表现出来:

- 对事物的反映方式:机器的客观呈现与人的主观观察、描述;
- 内容产出优势:机器的信息加工与人的观点表达;
- 信息增值方向:机器的知识生产与人的意义创造;
- 内容生产中的决策依据:机器的精准指导与人的经验、直觉判断;
- 创作本质:机器的"计算性"创作与人的内驱性表达;
- 传播中的互动:机器的程式化互动与人的共情性交流。

这基本将现阶段人机协作创作艺术时人与人工智能的分工讲清楚了。总体上,目前的人机协作要点是,人工智能在人的精心设计之下,将人的经验、想法及欲赋予作品的意义以程式化方式及更高的效率生成"作品"。

彭兰教授还提出,人机协同的过程,是人与机器相互学习、相互增强的过程,其理想的结果,是人与机器的共同进化。但机器的进化,不应该以对人的核心价值与能力的削弱为代价。从这出一观点出发可以引申出两个方面:一方面,希望人工智能艺术创作过程中不能忽视人的价值;另一方面,也暗示了人在人机协作中的主体性。

值得关注的是,上述观点是还强调了动态进化的过程中"人与机器相互学习、相互增强"的重要性,这实际上有"人机共生"的含义。在人机协作创作阶段,人机协同共生、互动共生、共同进化是基本共识,并且人占据主导性也似乎是该阶段的必然特点。

实际上,自人工智能的概念被提出之后,人类与人工智能始终处在协同共生的状态中。人工智能扮演了合格的"辅助者""延伸者"的角色,并帮助人类不断探索更多的创造性的可能。

　　理性地看待人工智能这一技术,合理地看待它的发展与应用,能够使人类在人机协作合理分工的同时,既捍卫一定的主动权,又与人工智能协同共存、共同进化。

三、人机协作创作时谁是主体?

　　虽然前面的讨论我们肯定了目前必须处于"人机协作"阶段,并肯定了人在人机协作中的主体性与主动权,但这并不意味着人是人机协作中唯一的主体。既然人工智能参与了艺术创作,那么可不可以将创作主体理解为两个,即人与人工智能都是创作主体? 也许是两个创作主体的"互动共生"。汤克兵曾提出,人工智能艺术的创作主体不完全是人类艺术家,还要考量具有智能的机器本质及其潜在的"艺术家"身份。我们认为机器可以产生一种创造力,尽管这种创造力是由人类触发的,根植于一种共生的伙伴关系中。正是在这个互动共生的过程中,才产生了意想不到的可能性与新颖性,这也是人工智能艺术的魅力所在。

　　从这个角度看,人机协作艺术创作中,除了人类这个创作主体外,机器的主体性就应该被忽视吗? 这就涉及了人类中心主义与非人类中心主义思想的差异,其背后亦体现出东西方思想的差异。西方的人类中心主义认为,人分离并超越于自然界,自然界其他存在的价值在于能被人利用和开发,人有理由围绕自己的利益对自然万物进行利用、开发和改造。因此,在人工智能艺术创作过程,西方往往将"人工智能"作为人的"工具"或"附庸"。然而,东方的非人类中心主义则提倡人与自然的和谐相处,天人合一,儒释道都没有把人与自然和其他物种放到一个至高无上的地位,也没有把人与自然和其他物种放到一个相互对立、征服与被征服的格局中。因此,在人工智能艺术创作过程中,人工智能与人类并非主从关系,而更应该和睦共处,甚至达到"人机合一"。

　　由此,从非人类中心主义角度看,不论是短期,还是中期与长期,人类在人机协作创作艺术过程中,除了拥有自己的主体性外,也不能忘记了机器的主体性,进而形成"双主体"的协作、共生的体系。

　　当然,如何处理人机协作中人与人工智能的关系,不应仅着眼于现阶段,未来可能更需要关注。在未来,人类可能不得不与人工智能共同发展,甚至有被人工智能超越的可能。或者,未来人类要么充分利用人工智能发展人自身的智能,要么就可能会被"圈养"。

5.2　碳基+硅基：未来人机将不断融合

在认识到人工智能艺术创作必将有一段时间持续处于"人机协作"阶段的同时，还有一条发展线索值得关注，即未来人机将不断相互融合，"碳基"与"硅基"将相互融合。

一、人机融合或将成为大势所趋

当我们在谈论"人机协作"以及人类与人工智能形成"双主体"的协作、共生体系的同时，我们不得不关注"人机融合"的问题。该问题由"人机协作"延伸而来，反过来又影响着"人机协作"的程度。

在雷·库兹韦尔所著《人工智能的未来》的彩页中，他列出了四大预言，其中三个都需要特别重视。预言1：2029年机器人智能将能够与人类匹敌。届时，人脑可以复制，机器能够模拟大脑的新皮质，理解自然语言。预言2：20年后，人类将攻克癌症。预言3：2030年人类将与人工智能结合变身"混血儿"。届时，计算机将进入身体和大脑，大脑将和云端相连，而云端上的计算机将增强我们现有的智能。预言4：2045年人与机器将深度融合，奇点来临。届时，人工智能将超越人类本身，并将开启一个新的文明。他在该书第七章专门谈到"仿生数码新皮质"，并认为新皮质进化的意义在于，它大大缩短了学习过程（层级化知识）——从数千年缩短到几个月，甚至更短。假如我们以一种人造版本来扩大新皮质，就无须担心我们的身体、大脑能容纳多少附加的新皮质，因为就像如今的计算机技术一样，人造新皮质大多会存储在云端。

如果说"机器能够模拟大脑的新皮质，理解自然语言"的预言1是基本铺垫的话，那么预言3和预言4则是"人机融合"的不断升级。这些时间点离我们不算很远。虽然它们都是预言，也未必完全会变成现实，但是人机融合未来将成为大势所趋。

有人说，实际上我们在骑自行车或驾驶汽车时已经是某种意义上的"人机融合"了。当然，这种融合中，人与机器只是部分接触，随时可以解除。不过，现在的"机械外骨骼"或"动力外骨骼"（Powered exoskeleton）已经飞速发展起来，如图5-2所示。

图 5－2　机械外骨骼示意图

　　机械外骨骼可以算是又一种"人机融合"形式，它是一种由钢铁的框架构成并且可让人穿上的机器装置，该装备可以提供额外能量来供四肢运动。机械外骨骼能够增强人体能力，不仅可以用于军用，以达到更好良好的防护性、对复杂环境的适应性，可以辅助火力、通信、侦察支持等，同时可以广泛用于义肢扩展及帮助老弱者行动。

　　当然，人机融合还在不断发展与进化。人与机器在互相吸收对方的强项。

二、碳基+硅基：你中有我，我中有你

　　如果人与机器不断融合，或许将不仅是智能的融合，甚至会有更多身体上的融合。人类传统"碳基"的身体在未来会有更多"硅基"的成分，人与机器会变得"你中有我，我中有你"。某种意义上，未来会出现更多的"人机混合体"，同时，机器与人将处于共生状态。

　　实际上，"碳基+硅基"已经是正在发生的形态。一方面，以"碳基"为特点的人类身体中开始增加"硅基"的成分，例如植入芯片以代替门禁进行打卡；另一方面，以"硅基"为特点的机器人开始增加"碳基"的成分，使之在外观、质感、触感及功能上更接近于人类。从趋势上看，人类的"碳基"身体中"硅基"比例将不断增加，一些类别的机器人"硅基"身材中"碳基"的比例也会不断增加。

那么,此时所谓的主体性还需要分得那么清楚吗？退一步讲,人类艺术家在创作中还可能经常从人工智能获得更多的灵感。不少国际围棋高手已经从与AlphaGo的对决中获得了许多下棋的新灵感与新策略。

有研究认为,人工智能在许多领域达到专业化程度,人们甚至开始依赖智能机器做出的判断以及指令,越来越多的艺术家也开始大跨度学习,让技术与自己的作品协同合作。当下,或许可以让人工智能的绘画作为我们第二灵感的启发,让科技与艺术迸发出无限的可能。

2022年9月,在美国科罗拉多州博览会的美术比赛(fine arts competition)中,游戏设计师杰森·艾伦(Jason Allen)提交了名为《空间歌剧院》(*Théâtre D'opéra Spatial*)的作品(如图5-3所示),参加数字艺术/数码摄影(Digital Arts/Digitally-Manipulated Photography)单元的竞赛,获得了第一名和300美元奖金。

图5-3　Jason Allen 用 AI 创造的绘画《空间歌剧院(Théâtre D'opéra Spatial)》(来源：华盛顿邮报)

艾伦的这次 AI 画作获奖曾经引起不少争议,包括来自艺术家的不满与震惊。不过,在他眼里,他的投入对这幅获奖作品的塑造起到了重要作用。艾伦说:"我一直在探索一个(给 AI 的)特殊提示,我将在晚些时候发布它,我已经用它创建了100张图片,经过数周的微调和策展,我选择了我的前三名,并在用 Gigapixel AI 导出后将它们印在画布上。"

从这个意义上讲,人类也许需要感谢人工智能,因为人工智能可能会激发人类艺术家的灵感。

三、脑机接口:促进人机融合的关键

脑机接口(Brain Computer Interface,BCI),是指在人或动物大脑与外部设备之间创建的直接连接,实现脑与设备的信息交换。实际上,脑机接口的概念早已有之,但直到 20 世纪 90 年代以后,才开始有阶段性成果出现。

在脑机接口中,"脑"意指有机生命形式的脑或神经系统;"机"意指任何处理或计算的设备,其形式可以从简单电路到硅芯片。脑机接口将是未来促进人机融合的关键技术。脑机接口通常有两种形式,一种是侵入式的,一种是非侵入式的。

非侵入式的脑机接口本质上是一个头盔,更容易被人所接受。这个头盔由大量的信号采集器编织而成。当大脑在活动时,神经元会发出电磁波,而此信号采集头盔就可以捕捉这些信号,然后再将这些信号传输到相应的设备上进行解析。通过信号采集头盔可以达到用思维来控制外部设备的目的。不过,这种非侵入式的脑机接驳装置具有很大的局限性,它所接收到的信号是非常微弱的,而且也不够精准,目前尚无法完美实现人机融合。

这样就引出了侵入式脑机接口,最具代表性的就是埃隆马斯克的 Neuralink 了。侵入式即是将脑机接口放到人的大脑中去。具体地说,即通过开颅手术的方式,将能够接收信号的探针直接插到大脑灰质里面,这样就能直接接收大脑的神经元电信号了,如图 5-4 所示。

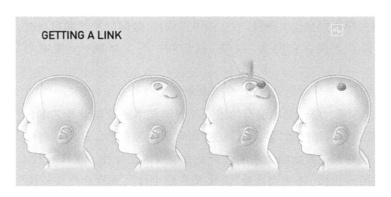

图 5-4 Neuralink 脑机接口示意图(来源:Neuralink 发布会)

此种方式不仅普通人在心里未必能接受，而且被侵入的大脑也会引发免疫或排异反应。对此，埃隆马斯克提出，可以使用尽可能细的探针插入大脑。

当然，脑机接口相关的底层技术比普通人想象得想复杂得多。目前，即使人的大脑中装上了脑机接口，也只能指挥机械完成简单的抓取功能，而且这还要经过反复地训练。但是，其未来的发展仍然有相当的空间。而且，一旦脑机接口有大的突破，将为人机融合及人机协作带来重大改变，例如你可以用脑子的思维或想象来作画。

5.3 警惕：人类未来有可能失去主体性

虽然在现阶段主流基本都是以"人机协作"方式创作艺术，但未来并不完全是这样。同时，在"人是唯一主体"还是"人机是共同主体"的争论之后，可能需要警惕另一种可能：人类未来有可能失去主体性。

一、人类有失去主体性的可能性

在前述讨论中，曾经提到过一个令人不安的趋势——人类可能失去主权或主体性，被人工智能所"圈养"。在卡普兰的《人工智能时代》一书中就有标题为"谁是圈养者，谁又是被圈养者"的专门一节，此标题听起来就让人颇为不安。

卡普兰在此节提到，"我们可能认为自己在通过机器人来探索宇宙空间，但事实上是它们在开拓殖民地。合成智能可能需要我们的头脑。只要合成智能需要我们，它们就会跟我们合作。最终，当它们可以设计、修理以及复制自身时，我们很可能会变得孤立无援。它们会'奴役'我们吗？不太可能——更有可能是圈养我们。"

这话听了不禁让人毛骨悚然，难道未来我们会被人工智能"圈养"？"圈养"比"奴役"好多少呢？难道届时会有超级人工智能艺术家独霸世界艺术界？此时，也许人类才觉得前面提到的"被踢出局"并非完全故弄玄虚。这可能意味着，未来的某一天，人类在人工智能创作艺术时会失去主权或主体性。也许一些人好不容易才从"人是唯一主体"转变到接受"人机是共同主体"，现在突然又听说"人有可能失去主体性"，这令人感觉很不适应。

或许,坚持"主客二元论"思想的人总是觉得人类是主体。然而,坚持"天人合一"思想的人则认为人与自然(包括机器)都是相互融合的,是共生的关系,是"人机混合体"或"人机共同体",没有主客之分,没有谁是绝对的主体。

到目前为止,我们看到的"人机协作"创作艺术还是人类"利用"人工智能,或人类"参考"人工智能生成的底稿进行一定修改的产物。同时,人工智能所能够做的事情也是由人类设定及训练出来的。这一创作方式还会持续相当长的一段时间,使用此类方式创作的艺术作品会与传统方式由人类独立创作的作品还很可能会一并展示在人类面前,令人越来越难以分辨。这也很可能使人越来越多地接受"人机协作"创作的艺术作品。

然而,未来的"人机协作"则可能是人工智能"利用"或"参考"人类的艺术,然后再进行新的发挥。届时,人工智能要么在"人机协作"创作方式中占有绝对的主导地位,要么就会独立地创作艺术。如此一来,人工智能就"反客为主"。本章标题问题的答案也发生了本质的变化。显然,在强人工智能阶段,这种情况很可能发生。届时,人类很可能失去主体性,而人工智能则成了主体。于是有人提醒:这种状况不是假设,而是何时发生的问题。

二、人类需为人工智能发展制定原则

那么问题来了,人类将可能处于进退两难的境地:究竟该大力发展人工智能,还是遏制其发展? 结论几乎只能有一个:人工智能发展已经是大势所趋,但是人类需要制定人工智能发展的基本原则。

先出现的是阿西莫夫(Isaac Asimov)1950 年提出的"机器人学三定律"(Three Laws of Robotics):

● 第一定律:机器人不得伤害人类个体,或者目睹人类个体将遭受危险而袖手旁观(Law I: A ROBOT MAY NOT INJURE A HUMAN BEING OR, THROUGH INACTION, ALLOW A HUMAN BEING TO COME TO HARM.)。

● 第二定律:机器人必须服从人给予它的命令,当该命令与第零定律(后面将谈到)或者第一定律冲突时例外(Law II: A ROBOT MUST OBEY ORDERS GIVEN IT BY HUMAN BEINGS EXCEPT WHERE SUCH ORDERS WOULD CONFLICT WITH THE FIRST LAW.)。

● 第三定律:机器人在不违反第一、第二定律的情况下要尽可能保护自己的生存（Law Ⅲ：A ROBOT MUST PROTECT ITS OWN EXISTENCE AS LONG AS SUCH PROTECTION DOES NOT CONFLICT WITH THE FIRST OR SECOND LAW.）。

"机器人三定律"是阿西莫夫在 1942 年发表的作品《转圈圈》[*Runaround*，收录于《我，机械人》(*I，Robot*)中的一个短篇]中第一次明确提出，并且成为他的很多小说(包含基地系列小说)中机器人的行为准则和故事发展的线索。机器人被设计为遵守这些准则，违反准则会导致机器人受到不可恢复的心理损坏。然而，在某些场合，这样的损坏有时却无法避免，或者存在一些场合让人工智能"左右为难"。例如，在两个人互相造成伤害时，机器人不能任由人受到伤害而无所作为，但这会造成对另一个人的伤害，在一些小说中，这造成了机器人的自毁。

当然，制定这些原则，既有保护人类的意思，也有保护人工智能/机器人的意思。或者，亦可以理解为：保护了一方即保护了另一方。如前所述，从某种意义上讲，人类与人工智能将是共生状态，人类与人工智能将是命运共同体。

三、即使有原则仍然不能掉以轻心

即使有了上述原则，仍然不能让人类放心。后来有人增加了第零定律："机器人必须保护人类的整体利益不受伤害"。为什么需要这条"零定律"呢？因为有一些情形较为特殊，需要更基本的原则。例如，为了维持国家或世界的整体秩序，法律必须判定一些人的死刑。此时，机器人该不该阻止死刑的执行呢？如果参照"第一定律"，显然该阻止死刑执行，但这样就破坏了我们维持的秩序，也就是伤害了人类的整体利益。因此，就有了不该阻止死刑执行的"第零定律"。后来，又有人提出元原则："机器人不得实施行为，除非该行为符合机器人原则"。还有人提出第四原则："除非违反高阶原则，机器人必须执行内置程序赋予的职能"，以及繁殖原则："机器人不得参与机器人的设计和制造，除非新机器人的行为符合机器人原则"。

这显示出人类对人工智能的担忧，但是以上所列的原则仍然不能消除种种担忧。或许相关原则必须经过行业协会的充分讨论，形成法律法规，并且有人加以严格监督，方可执行。另外，最后这条"繁殖原则"也许是对未来强人工智能阶段的人工智能行为的限制原则，听起来是相当有必要的。问题是该如何落实呢？是否需要将其固化到人工智能的最底层系统中并不允许其被改变？

于是，我们提醒：即使有人工智能的基本原则，仍然不能掉以轻心。而且，所有这些原则必须提前落实,否则一旦人工智能连续破坏原则时,情况则可能难以控制。

也许,这种担心在艺术领域之外会带来更大的隐患。2014年霍金在接受BBC采访时就曾说:"人工智能的全面发展将宣告人类的灭亡"。2015年1月,霍金和埃隆·马斯克,以及许多其他的人工智能专家签署了一份题目为《应优先研究强大而有益的人工智能》的公开信,警告人工智能的军备开发可能会助长战争和恐怖主义,成为人类的灾难。2016年10月,在剑桥大学未来智力研究中心的启用仪式上,霍金又缓和了对人工智能的态度,但并没有改变基本观点。他说:"对人类而言,强大的人工智能技术的崛起可谓'不成功,则成仁',但究竟是'成功'还是'成仁',目前还不清楚。"2017年11月,GMIC+全球人工智能杭州峰会暨中国(杭州)人工智能产业发展论坛于杭州国际博览中心召开,会上霍金与大家探讨了人工智能产业与人类发展的未来,并指出人工智能将很好地运用于生活,在根除贫困和疾病方面有着巨大的潜力,如图5-5所示。

图5-5 霍金在GMIC+全球人工智能杭州峰会的发言截图

霍金还表示,我们要学习和开发能对人类产生积极作用的人工智能,但更为重要的是要下定决心约束由此而产生的威胁,制造它之前先要学会控制它。如果无法控制它,我们将无法与之竞争且将会被AI取代。

需要注意的是,在时代不断发展的背景下,人的主体性在自己手中不断减少或逐步丧失,并越来越受到机器的"束缚"或"奴役"。亨利·梭罗(Henry Thoreau)曾经在《湖泊散记》中提到,"注意!人已成为他们工具的工具"。对比,唐纳德·A.

诺曼（Donald Arthur Norman）在《设计心理学4：未来设计》中套用了此说法："人们成为科技的奴隶，工具的仆人"。后者还提到，"我们不仅必须服侍我们的工具，整日尽心地使用它们、修缮它们、擦亮它们、安抚它们，而且甚至当它们带来灾难时，还高高兴兴照它们的话做。"

需要强调提醒的是，未来人类很可能自己将主体性拱手交给机器。因此，人类需要未雨绸缪，提前做好各种防范措施，制定游戏规则。

对于艺术领域而言，可能还有一个问题：如果未来人工智能占了主导，那么其创作的艺术还会不会继承人类艺术的特征？根据库兹威尔的观点，未来纳米机器人与人类生物智能结合所创造的艺术还是人类艺术，尽管有时非生物智能占主导地位。谭力勤则认为，到了奇点后期，人类智能将全部成为非生物智能，届时，人类文明与艺术最终将被非生物智能所为。

不知道看到这里的读者会怎么想？或者边看边想：未来真是会如本书所讲的那样吗？好吧，让我们拭目以待！

【课后作业】

1. 你认为，人工智能艺术创作过程中，人与人工智能的分工各有哪些侧重点？
2. 你认为，人机协作创作人工智能艺术时，谁是主体？你认可"双主体"的说法吗？
3. 你担心人类在人机协作创作的未来会失去主体性吗？为什么？
4. 脑机接口对人类未来的发展会有怎样的影响？请你设想一种有趣的利用人机接口的装置作品或其他形式的艺术作品。
5. 人类需为人工智能发展制定哪些必要的原则？怎样保证这些原则得以认真落实？

第六章　人工智能艺术的价值与审美判断

人工智能艺术自诞生的那一天起,其价值一直就在被质疑中。不过,现在已经出现了"人工智能美学"的概念。相对于传统艺术而言,人工智能艺术的审美会有哪些变化?

6.1　"人工智能美学"概念的提出

人工智能艺术的背后一定有审美问题,前面有关观众对人工智能艺术作品真伪的判别及欣赏的讨论,以及后面对人工智能艺术价值的判断等,都会涉及美学问题。

一、"美学"的研究对象

美学是研究人与世界审美关系的一门学科,即美学研究的对象是审美活动。审美活动是人的一种以意象世界为对象的人生体验活动,是人类的一种精神文化活动。

"美学"(Aesthetics)一词最早由德国哲学家鲍姆加登(Alexander Gottlieb Baumgarten,又译鲍姆嘉通)提出,他认为美学的任务就是研究感性认识的完善,也就是美。虽然鲍姆嘉通认为美学是研究美的,但他却并不排斥艺术,而且以艺术为研究的主要内容。

康德(Immanuel Kant)以审美判断力为中心,联系主体与客体的相互关系去探讨审美的本质,得出一种主体的普遍性(类似于美的本质)是审美的基础的结论。同时,康德划分两类审美判断力,美与崇高,即两类最普遍的审美类型。康德还提出"纯粹美"和"依存美"的区别,认为纯粹美是自由的美,只在于形式,排斥一切利害关系,但不是理想美;理想美是"审美的快感与理智的快感二者结合"的一种美,即"依存美"。

黑格尔(Georg Wilhelm Friedrich Hegel)在其著作《美学》中提出,美学的研究范围包括了"美的广大领域,更进一步说就是艺术,也即是说它的范围是美的艺术",他将美学等同于"艺术哲学"或"美的艺术的哲学"。有观点认为,"美的艺术的哲学"之名称把自然美排除在美学研究的领域之外,但黑格尔也研究自然美,他之所以研究自然美,是因为自然美是心灵美即艺术美的反映形态。

车尔尼雪夫斯基(Николай Гаврилович Чернышевский)则批判黑格尔派美学,同时强调对现实美的研究,强调艺术对现实的美学关系。但他认为美学研究的对象不是美,而是艺术。在对艺术的研究时,应包括美学意义的美,但艺术不局限于美,因为美学的内容应该研究艺术反映生活中一切使人感兴趣的事物。他认为美学如果只研究美,那么像崇高、伟大、滑稽等等,都包括不进去。

综上所述,美学的研究对象大致分为三类:第一种观点认为:美学的研究对象就是美本身;第二种观点认为:美学的研究对象是艺术,美学就是艺术的哲学;第三种观点认为:美学的研究对象是审美经验和审美心理。

那么,研究人工智能艺术时面临的一些基本问题便是,人工智能艺术审美是否有可能性? 如果答案是肯定的话,那么相对于传统艺术而言,人工智能艺术的审美会有哪些变化?

二、新概念:人工智能美学

那么,人工智能领域是否可以成为美学的研究对象呢? 答案不仅是肯定的,而且针对"人工智能艺术"已经有学者提出"人工智能美学"的概念,并探讨了人工智能美学的可能性。

陶锋教授认为,人工智能领域可以成为美学研究领域的对象。第一,从人工智能的定义看,人工智能必然和哲学、美学相联系,因为所谓智能,除了包括"需求和应用知识、推理和思考的能力"之外,还包括"通过五种感觉来感知""情感体验"等能力。第二,从人工智能在情感、感性方面的应用来看,随着人类与计算机交互关系越来越紧密,人们已经越来越重视人工智能情感的重要性。第三,从人工智能在艺术方面的应用来看,人类借助人工智能计算机创作艺术,甚至编写智能程序,让智能机器人在一定程度上独立地进行艺术创作,都已经成为现实。第四,在人工智能模拟人类的感性和艺术创作的时候,也需要对人类情感和艺术本质进行研究。

同时,陶锋为"人工智能美学"（the Aesthetics of Artificial Intelligence）做了一个初步的定义:人工智能美学研究的是在人工智能技术发展过程中所出现的与美学有关的一些问题,其主要内容包括人工智能对人类感性(包括情感)和艺术的模拟、人工智能艺术的风格与鉴赏、人工智能视野下人类情感和艺术本质问题等,其方法主要是哲学美学的,并需要结合诸多跨学科如脑科学、神经科学、生物进化等理论以及人工智能领域最新进展来进行研究。

当然,这一定义还会随着时代的发展而不断进化。陶锋也认为,这一概念的"内涵和外延必定随着时间的推移而不断发生改变。但是,其两大基本内容,即对人类感性特别是情感表达,以及对人类艺术行为的模拟,应该在相当长时间之内是人工智能美学研究的对象"。

实际上,我们之前的讨论中已经包括了人工智能情感及对人类艺术行为的模拟。只不过,我们还扩展到人工智能的意识、创造性、创作动机等问题,并探讨了人机协作创作艺术时的主体性等问题。人工智能美学研究的不仅是自然美、现实美或艺术美,而且还需要研究程序之美、机器之美、技术之美、随机之美等新对象,并需要进一步研究艺术创作主体变化对审美判断带来的一系列问题。从某种意义上讲,人工智能美学将拓展传统美学的研究范围及研究对象。

三、人工智能美学：机器美学与未来主义的进化

在探讨人工智能美学问题时,不得不提一下"机器美学"。"机器美学"出自对现代美学做出重大贡献的建筑师兼设计师勒·柯布西耶（Le Corbusier）,他大致于20世纪20—30年代前后提出这一概念。当时的"机器美学"追求机器造型中的简洁、秩序和几何形式,以及机器本身所体现出来的理性和逻辑性,以产生一种标准化的、纯而又纯的模式。其视觉表现一般是以简单立方体及其变化为基础的,强调直线、空间、比例、体积等要素,并抛弃一切附加的装饰。

勒·柯布西耶"机器美学"背后反映了他对机器的颂扬。他主张用机器的理性精神来创造一种满足人类实用要求、功能完美的"居住机器",并大力提倡工业化的建筑体系。

到了互联网及人工智能时代,前述的"人工智能美学"基本可以说是"机器美学"的升级与进化。虽然人工智能美学主要不是针对建筑(虽然也有数字建筑设计),但是其"用机器的理性精神来创造一种满足人类实用要求、功能完美的"事物的思维却可以被借鉴及进一步发展。

在人工智能时代,"用机器的理性精神来创造一种满足人类实用要求、功能完美的"事物可以是绘画、音乐、动画、视频,还可以是 VR、AR 或 MR,它们可以是人工智能生成,也可以是人工智能驱动,对应的是大量的人工智能艺术作品。

其实,如果再往前追溯,还有"未来主义"。意大利诗人、作家兼文艺评论家马里内蒂(Marinetti)于 1909 年 2 月在《费加罗报》上发表了《未来主义的创立和宣言》一文,标志着未来主义的诞生。他强调近代的科技和工业交通改变了人的物质生活方式,人类的精神生活也必须随之改变。他认为科技的发展改变了人的时空观念,旧的文化已失去价值,美学观念也大大改变了。

从某种意义上讲,"人工智能美学"也是"未来主义"的延续与进化。我们之前的讨论中已经谈到的发展改变了人的时空观念,之后的讨论中还会涉及这一问题及其他相关的话题。至少"科技的发展"会导致"美学观念"的"大大改变"是值得深思的。

未来主义艺术家们的创作兴趣涵盖了所有的艺术样式,包括绘画、雕塑、诗歌、戏剧、音乐,甚至延伸到烹饪领域。未来主义对年轻、速度、力量和技术的偏爱在很多现代电影和其他文化艺术类型中得以体现。马里内蒂至今仍有很多思想上的追随者。例如,他的"人体金属化"的艺术主张在日本电影导演冢本晋也的影片中有所体现。未来主义对网络化的现代社会也产生了影响,所谓的"赛博朋克"就是在未来主义的影响下出现的。

谈到"赛博朋克",许多具有该风格的人工智能艺术作品也不能不说是受了"未来主义"的影响(如图 6 - 1 所示)。从某种意义上讲,"赛博朋克"风格的人工智能艺术作品更让人感觉到科技、人工智能的未来感。

另外,许多基于人工智能的生成艺术,通过程序与算法创作出了人类艺术家几乎不可能创作出的内容与风格。从丰富艺术宝库及推动艺术进步角度看,难道这其中没有人工智能的一份功劳吗?

四、人工智能美学未来:元宇宙美学

在看到贾伟、邢杰合著的《元宇宙力:构建美学新世界》一书的腰封时,我感觉

图 6 - 1　赛博朋克风格的人工智能绘画
（来源：The Verge/Midjourney）

必须讨论一下这个"元宇宙美学"概念，因为这正是该书腰封上印的五个大字。

虽然元宇宙的相关概念我们将在后续章节中专门讨论，但是这不妨碍我们先在本章讨论一下"元宇宙美学"，以呼应本章的主题。从某种意义上讲，"元宇宙美学"亦可认为是人工智能美学的未来。

《元宇宙力：构建美学新世界》一书试图从美学角度探讨元宇宙如何发展，这已经涉及作者在元宇宙时代对新美学体系构建的一些思考。该书从现实世界里的美学金字塔，即自然之美、人文之美、商业之美、哲科之美、宗教之美、元宇宙之美展开，并将它们进行了分类：其中自然之美是一种感知力，人文之美是一种认知力，商业之美和哲科之美是一种创造力，而宗教之美和元宇宙之美是一种想象力。该书作者认为，现实世界里四力（即感知力、认知力、创造力及想象力）相互影响，但相对独立，而元宇宙世界让四力合一，进而产生元宇宙四美——新的美学系统和新的美学标准，即感知力美学、认知力美学、想象力美学、创造力美学。

《元宇宙力：构建美学新世界》一书作者提出的核心观点是：元宇宙其实是一种力量，作者称之为"元宇宙力"，简称为"元力"，具体表现为人类的感知力系统升级、认知力系统重构、创造力系统涌现、想象力系统爆发。元宇宙时代的到来，新世界的美学不只是艺术与技术结合得这么简单，而是元宇宙四力迭代后的感知力美、认知力美、创造力美、想象力美，四美合一的元力美学系统。元宇宙时代美学最核心的评判标准是"想象力的投入"。元宇宙美学是一个千人千面皆美的新时代美学。该书作者之一贾伟还提出观点：第一，元宇宙将会让人的感知力系统升级，只有感知力系统提升，人们才愿意去元宇宙。第二，元宇宙还会带来认知力的系统重构。进入美学元宇宙，需要重构美学的知识标准。第三，元宇宙将会带来创造力系统涌现。每个人将赋能创造力，人人将是艺术家，人人将是设计师，人人将是创造者。第四，元宇宙将使想象力系统爆发。

如果上述第一点看起来是一个一般问题的话，那么第二点就提出了与本章类似的审美及美学的问题了，未来确实需要重构美学的标准。以人工智能美学为代表的未来美学已经与传统美学有了区别，且处于不断变化与进化中。

上述第三点则将约瑟夫·博伊斯（Joseph Beuys）"人人都是艺术家"观点不断延续到未来，并且将人人可从事的范围从"艺术家"扩展到了"设计师"与"创造者"。其本质是将每个人的创造的潜力激发出来，这应该不是坏事。

上述最后一点强调的是"想象力"，这应该是值得肯定的观点。不少人认为，人工智能主导的艺术会使得人类失去想象力。而上述观点却提出了恰恰相反的意见。实际上，人类若想有第三点中提到的"创造力"，那么"想象力"则是万万不可能丢的。

6.2　人工智能艺术价值与审美的基本问题

既然谈到人工智能艺术，那么必然会有人追问这些艺术品的价值与审美判断。这里且不论某些个案中一些人工智能艺术作品拍卖出的天价（因为其后很可能有商业利益推动及炒作的嫌疑），但可以从一些基本角度来探讨人工智能艺术的价值及审美判断问题。

一、人工智能艺术是否有与人类艺术相同的价值与审美地位？

这是一个非常基本的问题，并涉及一个公平性的问题。总有人提出，凭什么让所谓的机器作品与人类作品一起被欣赏？如果事先告诉你某个作品出自人工智能，你会同样按照评价人类艺术家作品的标准来判断其价值吗？也许可以用图灵测试的思路来思考这个问题。如果没有人告诉你某幅作品是出自人类艺术家还是出自人工智能，你能够公正地对其价值做出判断吗？或者说，可以先通过图灵测试类似的方法，将大多数人（如70%以上）都分辨不出是否出自人工智能的作品筛选出来，再让人们进行欣赏或打分，它们会获得高分吗？当然，你会说，这是经过筛选过的人工智能艺术作品。那么，人类的艺术展上的作品不也是策展人经过挑选的吗？

因此，关键的问题在于，人类能否以公平的眼光来看待人工智能艺术作品。有些人一听是大师的作品，就必然给予高价值评判，对无名艺术家，则往往评价不高。甚至，有时一些艺术家本人或已故艺术家的亲属"有意"给某些作品做"伪证"，但这些作品仍然获得一片赞誉，这其实是不正常的。

当然，对于图灵测试也存在争议。有人提出，图灵测试恐怕回答不了超出程序能力的"怪问题"，例如悖论或无穷性问题。人类的优势在于拥有不封闭的意识世界，遇到不合规则的问题时，人类能够灵活处理，或者如果运用规则不能解决问题，则可以修改规则，或发明新规则。与之不同的是，图灵机的意识是一个封闭的意识世界，是一个由给定程序、规则和方法所明确界定了的有边界的意识世界，有局限性。

前面也提到过，彭罗斯对图灵测试也有疑义，并倾向于相信：作为一般原则，不管多么巧妙地模仿，应该总能被足够巧妙的探测检验得出来。另外，对于基于图灵测试原理的测试中，人工智能回答出正确答案的比例究竟定是多少也有不少争议。

中国有句古话，"英雄不问出处"。那么，当包括了人工智能艺术在内的作品一起放在你面前时，你能以平等的眼光看待它们吗？

二、人工智能艺术的价值是否受训练水平的影响？

这个问题也可以更细地描述为：人工智能艺术的价值会不会受到其艺术训

练数据库及训练策略水平的影响？这个问题应该是存在的，水平不高或不恰当的训练数据库会影响人工智能创作水平的发挥，训练策略的不当也会对其造成影响。

有观点认为，从"质"的方面看，美是无利害、无功利的，"关于美的判断只要混杂有丝毫的利害在内，就会是有偏心的，而不是纯粹的鉴赏判断了"。但在现实中，被我们选取出来用于对人工智能的艺术创作模型进行训练的数据库似乎总是不可避免地带有一定的功利性。

这正好也是对进行人工智能艺术研究与实验的人的一种提醒，希望各类人工智能艺术创作系统都重视训练数据库的水准及训练策略的优化。

从训练策略上看，前面提到的 GAN 及 CAN 目前在人工智能艺术领域有一定特色，特别是 CAN 实际上已与前面的"创造力"问题结合在一起了。GAN 系统的策略是使用两种对抗性程序：生成器和鉴别器。生成器学习之后生成新的图像，鉴别器则负责判断是否与计算机所设置的艺术训练组库中的艺术图像相符合，这样其创新性无从谈起。而 CAN 的创新性则很明显，是因为它在鉴别器中设置了两种标准，一个是"是不是艺术"，另一个是"所生成的艺术属于什么风格类型"，这两种标准被设置成对抗性的，促使它既要生成属于艺术范畴的图像，又要成为不同于局限于既定风格。

2022 年 9 月，DALL－E 又上线了新功能，可以帮任意画作进行扩展——根据原有的局部画面，模仿原图的画风和场景，描绘出更加广角的背景。以维米尔的名画《戴珍珠耳环的少女》为例（如图 6－2 所示），DALL－E 这项名为"Outpainting"的新功能，不仅把这位美丽的少女头像还原成大半身，给她加了手臂和裙摆，还把她放进了一个色彩柔和、气氛温馨的房间里，架子上的水果、花瓶，无论光线还是笔触，都与少女的身影十分协调，让人感觉这就是她应该待的房间。

仔细想想，估计许多人类艺术家很难做到这一点，其背后的训练策略不得不让人感叹与佩服。当然，相信随着人工智能技术的进步，还会有更好的训练策略。人工智能艺术的价值需要不断提升，训练水平高低对其影响很大。

三、人工智能艺术是否仅擅长某些领域？

这个问题也可以描述为：人工智能艺术会不会在某些领域较为擅长，在另一

图 6-2　DALL-E 生成的"名画全景图"：维米尔的名画
《戴珍珠耳环的少女》（来源：DALL-E）

些领域不大擅长？从目前阶段看，这个情况是存在的，从长远看还有待观察。

除了前面提到的 GAN 更适合模仿已有风格的艺术作品，在具体风格上目前也存在一定局限性，如现在的人工智能艺术通常在抽象艺术、拼贴艺术、交互艺术、沉浸式装置艺术及观念艺术等显得更加擅长。

具体地看，可以将人工智能目前擅长的艺术分为两大类：模仿已有的艺术风格及进行相对独特的艺术创作，二者又分别有相对擅长的艺术类型。有学者认为，在模仿已有的艺术风格里，AI 更擅长高水平的拟真图像、抒情短诗与抽象绘画、数据可视化；在相对独特的艺术创作中，AI 在海量拼贴、交互性、沉浸参与等方面显示出不同于人类的动作潜能。

不过，从更开阔的视野看，上述两类人工智能擅长的艺术种类中，除了高水平的拟真图像更适合第一类外，其他艺术风格应该在两类中都可以有发挥的空间，许多种类的艺术也正等待尝试。

土耳其多学科创意工作室 Ouchhh 的创始人费尔迪·阿利奇（Ferdi Alici）一直在寻找艺术、科学和科技之间的平衡，通过研究建筑、艺术、科学、技术、新媒体艺术和人工智能之间的关系来探索艺术的边界。他的团队筹备了 6 年的时间，于 2022 年 8 举办了《达芬奇 AI 狂想》沉浸式数据艺术展，如图 6-3 所示。

图 6-3 《达芬奇 AI 狂想》沉浸式数据艺术展海报

　　这次的展会从内容上,可以分为文艺复兴、诗意 AI,数据石碑,数据之门,量子狂想曲及北京首发特别内容 6 个章节,都是对从古至今,再到未来的艺术与科学边界的探索。以"AI 文艺复兴"为例,从达·芬奇到米开朗基罗,再从蒙娜丽莎到文艺复兴时期意大利巨匠名作齐聚,利用人工智能,通过 150 亿根线条重新定义艺术。"诗意的 AI"的背后,则是人工智能耗时多年对爱因斯坦、伽利略等科学大神著作与研究数据的学习,用 2 000 万条线条将光学、物理学、天文学等冰冷数据变为可感知的视觉艺术。

　　另外,有观点认为,人工智能艺术仍然是一种极具探索性的观念性艺术,它挑战了我们目前对既有艺术形态与观念的理解。人工智能艺术更适合观念艺术。由于观念或想法本身就可以成为一件艺术作品,所以艺术作品的制作变得不再重要,完全可以交给其他人去做。这个他人当然就包括了人类及人工智能,而某种"观念"也许可以出自人工智能。

　　对于模仿已有的艺术风格类型,可能有一种情况要做好思想准备——未来或许会有较多模仿已故著名艺术家的艺术品被人工智能创作出来。这些作品并非真正出自这些名家之手,但其风格完全可以"以假乱真",甚至用于真实的展出或表演,以怀念已故的大师或著名艺术家。

当然,也要防止利用人工智能进行艺术品的造假或仿冒的泛滥,这不仅需要在法律层面加以约束,还可以通过区域链等技术对相应的"作品"溯源与真伪判别。

6.3　人工智能艺术对人类审美判断的影响

之前我们的讨论总是从人类的角度来讨论人工智能艺术的审美问题。但是,随着人工智能艺术作品的不断涌现,有一个问题浮现出来——人工智能艺术会不会反过来影响人类的审美判断?

一、人工智能艺术作品可为人类艺术家提供参考

任何一个人都可以对人工智能艺术作品的艺术价值及水准有自己的评价,但是在我们评论人工智能艺术时,这些人工智能艺术作品或多或少会给人类带来某种参考,进而对人类艺术家的创作产生影响。

虽然多数人工智能艺术创作最初是向人类的艺术创作学习的,例如让人工智能学习艺术作品案例库中参考图像的色彩数理关系,学习一些传统的形式美法则(如画面视觉要素的均衡、疏密、节奏、韵律、黄金比例及三分构图法等),但是在具体创作艺术作品时,人工智能却让许多人类艺术家大开眼界,甚至心生嫉妒。

有观点认为,人类的想象往往具有一定局限性,很难不受传统思维与现实世界的影响。然而,人工智能在进行艺术创作时,常常能够突破传统美学以及社会心理学的阻碍,可能在某种程度上超越人类创作的想象力与文化、思维与情感的限制,其结果可能是产生出前所未有的崭新形式与内容,给艺术创作带来更多新的可能性。

如果换一个角度看,人类艺术家是可以从人工智能艺术作品中学到一些新的东西的。就如同 AlphaGo 给围棋选手更多的下棋策略启发一样,人工智能艺术也会给人类艺术家更多的启示,并影响他们的艺术创作及审美判断。

据相关报道,不少国家的围棋队在平时训练时已经在使用 AlphaGo 之类的人工智能辅助棋手们的对抗练习,甚至从中学习一些人类棋手过去从未用过的"招数",并大大拓展了人类围棋学习中的"定式"范围。

据 2021 年 1 月《中国青年报》的报道,中国围棋国手柯洁在谈到与人工智能的

关系时表示,现在基本上都是跟 AI 训练,很少跟人训练了。参加"陪练"或对弈的人工智能除了 AlphaGo 之外,还有国产人工智能程序"星阵"(Golaxy)及腾讯人工智能围棋团队"绝艺"等。

在人工智能创作艺术中的一些策略或方法对人类或许是有启发的。前面提到的 CAN 中为了"原创性"而采取的"通过偏离学习的风格来提升生成艺术的唤醒潜能"及"中等的唤醒潜能刺激"有助于唤醒人们的审美意识等策略,都是通过不断地实践、训练得来的,而非过去仅凭感觉、经验或拍脑袋得来的。

2020 年底,法国艺术团体 Obvious 与德国涂鸦艺术家凯·罗斯·伊姆霍夫(Kai Raws Imhof)进行合作,基于著名的法国拉斯科壁画进行创作,名为 *Parietal Burner #1*(如图 6 - 4 所示),其中 Parietal 意指洞穴艺术的技术术语,而 Burner 指的是出色的涂鸦作品。借由对拉斯科的参考,Obvious 横跨漫长的人类史,将世界最早的艺术活动与先进技术相结合。

图 6 - 4　Obvious 的人工智能艺术作品 *Parietal Burner #1*
(来源:Obvious,澎湃新闻·艺术评论)

Obvious 相关团队先后训练人工智能学习拉斯科洞窟的史前动物绘画技艺与 Raws 的绘画风格,最终,基于两者"创作"出新的作品。目前,已经有了 *Parietal Burner #2* 和 *Parietal Burner #3*,让人工智能将拉斯科壁画与不同的艺术家风格进行训练,进而得到不同的人工智能艺术作品。

《澎湃新闻·艺术评论》的报道称，Obvious方面认为，"AI工具现存的多样性构成了艺术创造的强力引擎，用新颖而令人激动的方式将这些工具结合使用，人们可以探索新的视觉创作的潜力"，"随着这些工具变得越来越唾手可得，我们相信一项新的艺术运动将会发生。"

二、人工智能艺术研究在帮助人类寻找创作规律

无论如何，我们得承认，人工智能在创作艺术过程中，研究了许多艺术创意的流程、规律，并将这些工作建立在深入了解分析人脑工作机制的前提下，这对于重新理解艺术创新策略及审美判断无疑是有帮助的。

有研究认为，借鉴人工智能科学的新成果，可以深入研究人类审美活动中艺术创新的机制，细致认识审美情境、多元交互、在场体验、情感计算和审美模式等复杂的感知和表达方式。这些理论研究将会有助于人们重新认识人类审美活动中的感知体验，有助于解答不同环境中主体心理变化对审美客体产生的感受差异性和美感层次性等问题，对于理解人类感性活动与智能机器人感知能力等"人—机—境"关联问题也具有十分重要的理论意义。

的确，以前对于有关创作动机、意识、情感、创新发生及审美等问题，可能业界有许多不同的看法或争论，往往是凭感觉但找不到依据，或许大数据与人工智能可以为人类提供更多科学的支撑或依据。更何况，许多艺术学习的过程就是一个从"摹仿"到"创新"的过程。如果说前面提到的"创新"已经可以参考人工智能艺术的创新策略的话，那么"摹仿"过程中怎样抓住被临摹对象的关键点，或许在这方面，人工智能与传统的艺术专业教育者会有不同的方法。特别是在追寻被摹仿对象的创作规律方面，人工智能的方法或许更加科学、高效。

未来不排除一种情况出现，即相对于传统的艺术或设计教学过程，一些所谓的创作"技能"或"技法"是人工智能发现之后被艺术或设计专业教育者掌握后引入，进而扩展了某个艺术或设计门类的创作技法。甚至，新的创作技法可能会提高这一门类艺术或设计学生的学习效率。

值得注意的是，一些人士认为，人工智能工具能够以最小的投入生产出优美的艺术作品，并且有它们独特的学习方式。DALL－E 2和Midjourney等应用软件是通过拆解开放网络上无数的图像，然后教算法识别这些图像中的模式和关系，最后以同样的方式生成新的图像。这意味着，将作品上传到互联网上的艺术家可能会

在无意间帮助培训了人工智能"艺术家"。不过,人工智能的作品既可以供人类艺术家借鉴,又可以给其他人工智能进一步"学习"提供更多的案例。只是,如果要人类去向全世界众多的案例学习的话,其效率远不如人工智能效率高。

实际上,人工智能艺术已经开始悄然兴起。2022 年中秋,《人民日报》微博发布了一条视频,其中即包含了人工智能根据古诗词绘制生成的动态"中秋满月夜"国风画卷,其中的 AI 绘画技术就是网友胡谷文利用人工智能生成,如图 6 - 5 所示。

图 6 - 5 《人民日报》发布的包含人工智能生成国风画卷的
视频(来源:《人民日报》微博,胡谷文)

未来更可能的情况是,更多的人类艺术家会采取前面提到的"人机协作"的创作方式,先使用人工智能生成一些作品,再通过自己的理解进行修改与完善,最后形成人类艺术家与人工智能两种创造力相结合的作品。

三、人工智能艺术创新对人类艺术家的借鉴及刺激

人工智能艺术的日新月异,或许给人类艺术家带来了惊讶与震撼,可能还引发了非议与指责,但是也可以给人类艺术家带来借鉴,甚至带来刺激。如果这种刺激能够使人类艺术家化为一种与人工智能对决的动力,未尝不是一件好事。

2021 年 1 月,新媒体艺术家雷菲克·阿纳多尔(Refik Anadol)和他团队的作品——量子记忆(*Quantum Memories*)在墨尔本维多利亚国家美术馆展出,如图

6-6所示。这些作品颠覆了人们通常认为的艺术形态,利用人工智能,机器学习和量子计算,将公共数据库中的大约2亿张自然图像变成了一种视觉爆炸的艺术品,展现了海洋景观的伟大。

图6-6　雷菲克·阿纳多尔及其团队作品——量子记忆(Quantum Memories)
[来源:公共空间艺术设计网,摄影:汤姆·罗斯(Tom Ross)]

人类的艺术发展有时需要更多外来的刺激,现在的刺激可能来源于正在飞速发展、与人类不期而遇的人工智能。如果一位艺术家觉得人工智能艺术水平不高,那么他可以创作更高水平的作品。不过,人工智能创作水平的提升速度要比人类学习艺术的速度快得多,很难说它们的艺术创作水平会提升到什么高度,或许在未来某个阶段会远远超过人类艺术家的水准。

邱志杰在2022年9月的采访中曾经说:"人工智能有这个可能,把新时代的艺术家逼成新时代的梵高和毕加索。我们今天无法想象的全新艺术,会因为人工智能而出现,真正伟大的作品还在路上——当然,我的观念可能是比较乐观而勇敢的。""不要忘了,当年摄影术出现的时候,也曾逼得很多画肖像画的画家纷纷下岗。但正因为摄影术的出现,才令画家们开始思考要画成什么样才是摄影不可取代的,因此我们拥有了梵高、塞尚和毕加索。"从这个意义上讲,人工智能不仅给人类艺术家带来借鉴的素材,而且还鞭策着人类艺术家去创新。邱志杰说:"我相信,今天人工智能所起到的作用,可能就像当年摄影术所起到的作用一样,它会把一些艺术家逼到悬崖边上，而这些艺术家在跳下悬崖的时候，如果不想摔死，他们只能被迫进化、长出翅膀。"

以上有关人工智能艺术相关的可能性、创造力与动机、人工智能创造艺术时的自我意识与情感、人机协作创作人工智能艺术时的主体性及人工智能艺术的价值与审美判断等问题，已经因时代的变化而来到艺术工作者面前，虽然令不少人感到有些应接不暇，但是确实需要积极了解、理解及消化，并且进行深入思考，持一种开放包容的心态，避免对一些问题妄下结论。只有更多、更深入的跨界理论探讨及实践探索，才能够促进人工智能艺术朝着更加科学、更有创新性、更具艺术及审美价值的方向进化与发展。对于人类艺术家而言，完全可以放平心态，既可以接受人工智能的挑战，创作更有创新性、更高水平的作品，也可以参考、借鉴人工智能的作品及创新策略，或者进行人机协作方式的艺术创作。

当然，人类仍然要对自己的创造力有足够的信心。只不过，如果能将人类的创造力与人工智能的创造力结合起来，或许就能有更大的创造力。

【课后作业】

1. 什么是人工智能美学？它可能涉及哪些学科？它主要研究什么问题？

2. 人工智能美学是如何进化而来的？它与机器美学与未来主义等有怎样的关联？

3. 怎样理解元宇宙美学及其中的"四力"？

4. 你认为人工智能艺术是否有与人类艺术相同价值与审美地位？为什么？

5. 你认为人工智能艺术会对人类审美判断产生哪些重要的影响？

6. 你认为哪些是人工智能美学中应该着重关注的问题？为什么？

第七章　人工智能艺术的主要种类

现今,人工智能正被逐渐应用于各种艺术领域创作的不同环节,且应用比例在不断扩大。在具体讨论时,本书按目前阶段艺术学门类下除艺术学理论外的其他六个应用类的艺术学一级学科来区分。不过,由于戏剧与广播影视的区别较大,故分别单列讨论。当然,不同门类的艺术相关学科的相关应用亦有类似或交叉之处。

7.1　人工智能+音乐

值得关注的是,世界第一位程序员、英国著名诗人拜伦之女埃达·洛芙莱斯(Ada Lovelace,原名 Augusta Ada Byron)就曾经预言机器"未来可以用来排版、编曲或是各种更复杂的用途",这或许是对人工智能与音乐结缘最早的预言。

目前,人工智能与音乐相结合的应用主要包括:人工智能作词作曲、人工智能编曲/配曲、人工智能音乐演奏、人工智能声乐表演/虚拟歌手、人工智能/机器人指挥、预测音乐大师的作曲走向、音乐与其他媒介的转换、人工智能/机器人伴奏、人工智能声乐/器乐训练等。

一、人工智能作词作曲

相对而言,人工智能作词基本类似于人工智能创作诗歌。已经有不少人工智能大模型可以生成歌词,例如前面提到的"小冰"及百度的文心大模型等。以后者为例,其生成的歌词不仅有主歌部分,还有副歌部分。

人工智能作曲主要分为几个步骤:首先,需要基于已有的音乐模型,由人类音乐老师对人工智能创作的作品打分;其次,由程序员优化创作模型;最后,通过人工智能的不断创作,人类音乐老师不断反馈,进行迭代,循环往复地提高其作曲水平。

在歌词及曲子都可以由人工智能生成的情况下,二者的组合就相对容易多了。

由于歌词对应曲子的哪些位置更合理在多数情况下是有规律可循的,那么人工智能就可以根据规律将二者结合在一起,形成完整的歌曲。

俄勒冈大学的史蒂夫·拉尔森(Steve Larson)就曾向 EMI 挑战,进行过一场人机音乐对决。当时,拉尔森提议,由专业钢琴家连续弹奏三首曲目,作曲者分别是巴赫、EMI 以及拉尔森本人,接着让观众投票是谁谱了哪首曲子。当天,数百位讲师、学生和音乐迷齐聚俄勒冈大学的音乐厅。表演结束,让观众进行投票,结果却出乎众人所料。许多观众认为是巴赫的作品是 EMI 的,认为是拉尔森的作品是巴赫的,而他们认为是 EMI 的作品,其实是拉尔森所为。

二、人工智能编曲/配曲

对于人工智能介入音乐,存在争议的地方主要在于人工智能能否理解不同音乐的常见结构,以及人工智能能否表达音乐情感。

其实,对于不同音乐的常见结构,正如本书第二章所述,人工智能艺术所研究探讨的基本问题之一,就是去寻找艺术创作中的规律,其中很重要的就是分解和流程化那些内在关系与联结,进而找到不同类型艺术创作的共性,进而明确其可模仿或可遵循的方法与步骤,然后让机器或程序来按这些方法与步骤进行"创作"。

音乐的编曲或配曲是较为有规律的。除了相关的节奏外,多种乐器的不同表现力及和弦伴奏等都有相当多的规律可循。这为人工智能学习编曲或配曲提供了极为有利的条件,不仅可以让它更快地学习编曲或配曲的方法与规律,而且可能通过它大大地提升编曲或配曲的效率。

至于音乐的情感表达,亦如本书第二章等讨论过的,已经有"情感计算"(affective computing)正在将这些艺术形式与情感的大量数据进行对照,以寻找两者之间的联系。有人将音乐情感采用 PAD 三维情感模型,即将情感分为愉悦度、激活度和优势度三个维度,在抽取出音乐特征(音符密度、节拍、变音数、最大音程、速度、大小和弦小节的比例等)并且确定了情感标注之后,就可以构建情感识别系统了。另外,音乐各分部中不同乐器的演奏强度、节奏及音高,音乐演奏时的激烈或舒缓程度,不同乐器的音色特点,以及几种乐器的组合等等,通常都可能对应着不同情感的表达。这些规律性的东西也为人工智能提供了素材。

三、人工智能音乐演奏

人工智能音乐演奏主要包括人工智能数字音乐合成演奏及人工智能/机器人/

数字虚拟人演奏乐器等方面。

人工智能数字音乐合成并演奏,可能会兼顾前面提到的作曲、配曲等功能。当然,模拟演奏时不仅需要模拟各类不同乐器的音色,还需要有较好的合成效果。目前,已经有众多 AI 音乐合成工具,如 OpenAI's MuseNet、Jukedeck、Amper Music、AIVA 和 Magenta 等,均有较强的音乐生成能力和创造性。

以 OpenAI's MuseNet 为例,它是一款由 OpenAI 开发的 AI 音乐合成工具,因其较强的音乐生成能力和创造性而引人注目。MuseNet 则基于深度学习技术,通过学习大量的音乐作品,能够生成多种风格和复杂性的音乐片段。它能够创造出充满创意的旋律、和弦和节奏,为音乐创作者带来了前所未有的创作灵感和可能性。

在演奏乐器方面,人工智能既可能表现为通过机器人演奏乐器,也可以通过数字虚拟人演奏乐器,对应的演奏乐器可能涉及键盘乐、弦乐、管乐及打击乐等。

对于机器人演奏乐器而言,其关键在于机器人手指的训练,最终能够使机器人的手指准确连贯地演奏相应的乐器。当然,不同的乐器,其特点与复杂度亦不同。从目前情况看,一个机器人演奏单个乐器的情况更多。若是交响乐队,让所有的乐手都由机器人代替则不常见。未来更可能出现一些机器人与人合奏或者两三个机器人合奏的情形。

对于数字虚拟人演奏乐器而言,其关键主要在于数字人手指模拟真人演奏时的动态效果。未来能否让数字人自动地、智能地变换指法或其他演奏方法,则可能还有一个不短的过程。

在人工智能音乐演奏方面存在的问题是,这种演奏的魅力在于二次创作,同样的音乐由不同的人演奏的效果可能有较大差别。然而,人工智能演奏目前基本都是按规定动作进行的,不太会有即兴发挥之处。

四、人工智能声乐表演/虚拟歌手

人工智能可以模仿人类进行声乐表演,即通俗意义上的唱歌,进而涌现了一批不同风格的虚拟歌手,他们甚至还奉献了不少 MV。当然,不同风格的虚拟歌手需要不同的参数进行调校。目前,基于人工智能的虚拟歌手已经可以举行演唱会了。

初音未来(はつね みく,Hatsune Miku)是世界上第一个使用全息投影技术举办演唱会的虚拟偶像,其是 2007 年 8 月 31 日由 Crypton Future Media 以雅马哈的 Vocaloid 系列语音合成程序为基础开发的音源库,音源数据资料采样日来自本声优藤田咲,而初音未来的演唱会中使用的 3D 全息透明屏幕则是一种采用了全息技术的透明投影屏幕。

又比如,洛天依(Luo Tianyi)是基于语音合成软件 VOCALOID 系列制作的一位女性虚拟歌手、虚拟偶像。其形象由 MOTH 参与设计,声源来自山新和鹿乃。洛天依声库使用基于日本雅马哈公司开发的 VOCALOID 歌声合成引擎,VOCALOID 编辑器是洛天依声库工作的载体。VOCALOID Editer 是使用 VOCALOID 声库进行音乐制作的基本应用软件,使用者通过输入音符与歌词来合成歌声,调整以改变语调,配合加载伴奏数据来完成音乐制作。

在讨论人工智能声乐表演时,歌声合成软件是较为重要的一部分。网易云音乐·X Studio 就是网易云音乐与小冰公司双方共同推出一款歌声合成软件。通过网易云音乐·X Studio,音乐人只需要输入曲谱和歌词,AI 歌手就能在几秒内进行演唱。目前,X Studio 已集结了 WOWAIDO! 厂牌的 12 位歌手,他们的声线各具特色,能够轻松驾驭流行、电子或者摇滚等多种音乐类型。基于深度神经网络算法,歌手们拥有媲美真人的动听歌声,无须复杂调节,就可以得到自然的演唱效果。该软件还可提供音高、力度、咬字发音等多维度参数的调节,让音乐人精确控制歌手表现力。

人工智能声乐表演时,不仅可能通过虚拟歌手演唱会的方式进行表演,还可能通过不同风格的虚拟歌手对一首新歌进行演绎,让观众体验到新歌演唱的效果。这种演唱的方式与邀请真人表演相比,不仅效率高,而且成本低。目前,一些平台已经可以通过支付年费的方式使用一些虚拟歌手进行不同风格的歌曲演唱。

五、人工智能/机器人指挥

随着人工智能水平的不断提升,基于人工智能的虚拟指挥或机器人指挥也可以进行乐队的指挥。

据报道,2021 年初,天津音乐学院举办了一场别开生面的新年音乐会,现场由机器人助阵指挥乐队,电子手风琴、特雷门琴、电子管乐器等多种电子乐器同台合奏。据了解,本场音乐会由天津音乐学院星空电子交响乐团出演,天津音乐学院教授朱经白指挥。天津音乐学院学生代表与机器人"天天""津津"同台演出。

2023 年 6 月 30 日,韩国国家交响乐团迎来了一位非同寻常的指挥家——EveR 6 机器人。这款由韩国产业技术研究所设计的双臂机器人,凭借其精湛的技艺,在首尔韩国国家大剧院成功引领了一场音乐会,展示了人类与机器人交互和共荣的可能性。

EveR 6 的出现不仅为传统音乐注入了新鲜元素,还探索了机器人技术在指挥艺术中的潜力。EveR 6 能够展现出指挥家细致的动作,当然,它的演出也揭示了一些局限性。有专家指出,EveR 6 最大的弱点是没有听力。指挥家在演出中需要倾听乐团的演奏,并根据乐手们的演奏情况做出调整。机器人指挥缺乏听力这一关键要素,限制了其对乐团的实时反馈和调整能力的发挥。另外也有专家指出,虽然 EveR 6 在跟对节拍上表现出色,但在指挥乐团集体奏出的能力上缺乏所谓的"呼吸"。指挥家往往通过微妙的手势和目光交流来引导乐手们,以达到集体演奏的协调。机器人指挥的动作虽然准确,但缺乏了这种人与人之间的默契和情感交流,导致在表现乐团整体演奏的能力上存在一定局限性。

不过,尽管机器人指挥在某些方面还存在局限性,但这种尝试仍然具有里程碑意义。通过结合机器人技术和音乐表演,不仅展现了"艺术+科技"的各种新的可能性,同时也为未来探索更多可能性打开了大门。

随着人工智能和机器学习的不断发展,机器人有望通过学习和分析大量的音乐数据来提高其指挥能力,并与音乐家们实现更深入的合作。此外,机器人还可以在音乐教育领域发挥积极作用,为学习音乐的学生提供指导和激励。

六、预测音乐大师的作曲走向

如前所述,人工智能可以作词作曲。它不仅可以根据某个作曲家已有的作品模拟出类似风格的作品,还可以观测出某个作品家未来作品可能走向。特别是对于一些已经过世的年轻作曲家未完成的作品,人工智能可以进行续写。

音乐家莫扎特在 35 岁时因病早逝,给世人留下遗憾:如果他的生命能够延长,是否会为世界留下新的音乐作品? 这个遗憾,或许将由 AI 来弥补。2020 年 9 月 22 日晚,上海交响乐团音乐厅举办了一场特别的莫扎特 80 岁作品音乐会。音乐会当晚共演奏 5 首曲目,前两首为莫扎特原创的《弦乐嬉游曲 KV136》第一乐章(16 岁创作)、《第 40 交响乐》第一乐章(32 岁创作),后三首为 AI 模拟生成的《莱茵河钢琴奏鸣曲》(模拟 40 岁创作)、《自由与命运钢琴合奏曲》(模拟 60 岁创作)、《阿波罗交响曲》(模拟 80 岁创作)。本次音乐会创意机构 F5 现场项目技术负责人吴俊霖介绍,团队利用一个已经构建好的神经网络,通过学习大量过往莫扎特的音乐,令它建立古典音乐的审美。基于此,这个神经网络预测出 40、60 和 80 岁莫扎特可能作出的节奏和音乐风格,完成主旋律的音符,最终创作出作品。在人工智能生成钢琴旋律后,团队邀请奥地利作曲家库尔特·施密德扩写,增加弦乐、木管乐器、铜管乐器和打击乐器。在创作过程中,留意还原了平衡和庄重和谐的音乐风格,以符合莫扎特交响乐的特点。

另一个类似的案例是,1827 年贝多芬逝世时,《第十交响曲》只有几张手稿留存,部分是简短的未竟片段。这成为人类音乐史上的重大遗憾。人工智能却"挺身而出"为人类弥补了这一遗憾。2021 年,为纪念贝多芬诞辰 250 周年,总部设立于他的诞生地波恩的德国电信公司组织了一支专家团队,来自德国、奥地利和美国的音乐家、作曲家和人工智能专家把贝多芬的草稿、笔记及其生活时代的乐谱输入人工智能系统中,通过分析和学习贝多芬的风格,利用复杂算法,加上人工调试,最后完成了贝多芬的人工智能续作。

七、音乐与其他媒介的转换

通过人工智能,还可以将音乐转换成其他媒介,或将其他媒体转换成音乐。这一想法和杨青青与本书作者联合研究的"转媒体艺术"理念较为吻合,旨在促进音乐与其他媒介间相互转换的新的可能性。

在具体转换时,不仅一种风格的音乐可以转为其他风格,而且一段音乐也可以转成其他媒介,并可能进行音乐可视化的呈现。例如,我们可以将纽约或巴黎某个建筑或街区的声音进行捕捉,然后在伦敦或上海的一个大屏幕上通过某种算法以动态影像的方式,如海浪、云朵、火焰等不同动态形式将声音加以呈现。在基于人工智能的音乐可视化中,可以将已有的音频或现场声音实时转换成影像。这样,听觉的东西就转换成了视觉的东西,音频就转换成了图像或视频。有时,还可以将一些人类未必听得到的声音(如一些超声波、次声波及植物生成的声音等)捕捉后进行可视化呈现。

音乐还可以转换为其他形式多样的媒介,例如转换为水流、砂子、磁化铁屑及其他媒介。较为原始的做法即是音乐喷泉,其根据音乐的高低与快慢,将音乐转换成不同强度与高度的水流,让观众通过喷泉感受音乐。另外,其他媒介也可以转为音乐。这其中,不仅包括可以将诗歌、小说、绘画与视频转换为音乐,还可以将某个常量(如 π 等)转换为音乐。如果思路再打开些,我们还可能将出租车的等车路径、道路上的拥堵信息及某个场所的温度、湿度等信息进行音乐化。

八、人工智能/机器人伴奏

人工智能或机器人已经可以进行音乐伴奏。这其中，既可以有普通伴奏，其伴奏中需要灵活的智能节奏跟随；也可以有即兴伴奏，你只需要给一段简单旋律，就能获得自动搭配的鼓轨和贝斯伴奏。此时，一个人加上人工智能或机器人伴奏，就可以组成一支小乐队了。即兴伴奏相对比普通伴奏更难些，这与人类碰到的问题类似。但是，人工智能或机器人可以在不断地训练下，掌握即兴伴奏的技巧，并可能最终超过一般人的即兴伴奏水平。

2022年前后，Positive Grid展示了其耳目一新的"硬件"（音箱本体）加"软件"（搭配免费手机应用软件）概念出圈的充电小音箱 Spark MINI。它可以搭配免费手机应用软件——SPARK APP。

值得关注的是，该应用软件里还有一个最有特色的智能功能——smart jam（智能模拟乐队）。乐手只需要弹奏一段任意的旋律，软件就会"学习"这段旋律的特点，然后自动搭配合适贝斯和鼓点。这么一来，有了这台音箱，一个人就是一支乐队，连枯燥的爬格子和弦练习也变得非常有意思！

另一个与伴奏相关的问题是一种反向思维应用，即从一首有伴奏的音乐中分离出背景音乐或某一种乐器的演奏，或者我们可以称之基于人工智能的伴奏提取。

人工智能提取伴奏软件具有许多独特的功能和优势。已经有相关软件能够利用机器学习和深度学习自动识别音频文件中的人声和伴奏部分，并能将音频文件中的人声与伴奏进行有效的分离，让用户轻松获得单独的伴奏音轨，从而实现更多的音乐创作和后期制作了。至于对不同乐器的识别与分享，人工智能则可以更细致地分析合奏及交响乐等多种乐器演奏的乐曲的细节，甚至可以帮助指挥迅速分辨不同乐手演奏中出现的问题，进而可以提高音乐演奏的排列效率，优化不同乐器或声部的演奏，提升总体演出效果。

7.2　人工智能+舞蹈

目前，人工智能与舞蹈结合的应用主要包括：人工智能编舞、舞蹈动作捕捉、舞蹈节目彩排、创新舞蹈动作模拟与设计、人工智能生成舞蹈影像、人工智能舞蹈交互表演、数字虚拟人舞蹈、舞蹈动作分析及训练改进建议、机器人舞蹈等方面。

一、人工智能编舞

对于从事编舞的艺术工作者或普通舞蹈爱好者而言，人工智能编舞是值得期待的，因为人工智能不仅可能为编舞提供更大的想象空间，还可能大大提升编舞的效率，其结果是让编舞这件事降本增效，甚至因此帮助普及舞蹈艺术。

人工智能编舞的基本要求是：舞蹈与背景音乐的协调。一方面，舞蹈的背景音乐风格和舞蹈的肢体动作需要一致，并能传达相似的情绪和音调；另一方面，舞蹈和背景音乐片段的节奏模式应一致，舞蹈的组织应与相应的背景音乐的结构协调。

人工智能编舞的基本过程是：寻找并给人工智能输入高质量舞蹈资源，然后进行训练并不断优化，最后生成新舞蹈的演示视频。当然，想让人工智能进行复杂且具有创新性地编舞还需要更多探索与尝试。

需要注意的是，舞蹈的流派（genre）信息较为重要，它是不同类型和风格舞蹈所产生的表现形式，在人工智能编舞中需要加以重视。不同流派的舞蹈常有不同的起源、特点和表现手段，丰富了舞蹈的多样性。然而，现有的大多数舞蹈生成方案忽略了流派信息，导致生成舞蹈不具备流派一致性（genre-consistency）。譬如，若在一段以嘻哈音乐为条件所生成的舞蹈中混入了芭蕾的舞蹈动作，则可能会严重影响这段舞蹈的视觉体验。

关于人工智能编舞，较新的进展是将一些 AIGC 工具加入编舞过程中。一些相关的人工智能编舞平台已经被允许在输入歌曲后，由系统自动生成花式舞蹈，并在动作个性化和表现力上更进一步，使系统成了"闻歌起舞"的 AI 编舞师。

二、舞蹈动作捕捉

目前，多数人工智能与舞蹈的结合过程需要用到舞蹈动作捕捉。其目的主要是将真人舞蹈演员相对规范的动作加以捕捉，然后既可以绑定到数字人舞蹈演员身上，让其跳出同样的舞蹈动作，也可以用于储备舞蹈动作数据库，供人工智能进行调用、训练或分析。

2010 年前后，上海戏剧学院的上海市多媒体演艺虚拟空间合成重点实验室（上海市虚拟环境下的文艺创作重点实验室）就开始尝试舞蹈动作捕捉的实验，用于形成舞蹈动作数据库,并进行舞蹈类数字虚拟演艺彩排及合成等尝试,已取得了一定的研究成果。

通过动作捕捉可以建立标准舞蹈动作数据库。通过相应的动作捕捉系统,可以将不同舞蹈类型舞蹈演员的若干常规动作进行捕捉,形成舞蹈动作3D模型,进而建立舞蹈动作数据库。该数据库可以用于人工智能编舞、人工智能生成舞蹈影像、人工智能舞蹈交互表演、数字虚拟人舞蹈、舞蹈动作分析及训练改进建议等方面。

有一类舞蹈连贯动作的捕捉,是通过动作捕捉系统捕捉一系列相对完整的连续舞蹈动作,或者是一段相对完整的舞蹈表演,然后将这些动作变成数据字的3D模型,再绑定到数字虚拟舞蹈演员身上,可以驱动数字虚拟人演员跳出同样的连续动作。

在舞蹈连贯动作捕捉中,还有一类实时舞蹈动作捕捉与同步。其基本原理是,由一个真人演员在后台通过动作捕捉系统被获取动作,然后同步给前台的一个数字虚拟舞蹈演员。这样,数字虚拟演员就可以与真人演员同步起舞蹈,实时感更强。

三、舞蹈节目虚拟彩排

在上述不同类型的舞蹈标准动作捕捉并建立相应的数据库之后,通过相应的系统则可能可以进行舞蹈节目的彩排。当然,这里的彩排是指在电脑上进行虚拟彩排,而非现场的舞蹈彩排。虚拟彩排将大大节省彩排的时间,提高效率。通常情况下,传统的舞蹈彩排的开始阶段,多数是边排边改,不断优化。此时,如果都在线下进行彩排,则可能会花费大量的人力成本与时间成本。特别是演员众多的舞蹈或团队操之类的表演,动用的人员及设备数量、占用的场地和时间都不少。

在舞蹈彩排的开始阶段进行虚拟彩排时,可以利用已有的舞蹈标准动作库,生成若干个演员,然后针对演员的走位与舞蹈变换的阵形进行不断进行调整、比较与优化,逐步确定最佳的走位与阵形。为了更好地在虚拟彩排时感受到节目的效果,可能在演示舞蹈走位及阵形变换的同时,增加灯光及影像效果的虚拟呈现,再结合背景音乐,呈现更全面、更丰富的舞蹈仿真效果。如果某个舞蹈节目共有10场彩排,那么至少有5场是可以在电脑中先进行虚拟彩排,让演员有时间休息。等虚拟彩排基本确定走位及阵形变化后,再让演员到现场进行实地彩排,这样效率就提升了不少。

上海市多媒体演艺虚拟空间合成重点实验室（上海市虚拟环境下的文艺创作重点实验室）就曾经在七国峰会、女足世界杯及《极境》等节目中利用相应系统进行了虚拟彩排，特别是《极境》中多媒体与舞蹈结合的虚拟展示，充分体现了虚拟彩排的高效率。

四、创新舞蹈动作模拟与设计

随着人工智能的不断发展，舞蹈编排中可能会更多地利用人工智能来进行新的舞蹈创作，并通过数字人的方式加以模拟，以便让人们可以看到创新舞蹈的仿真表演效果。其中，让人工智能理解音乐并创新舞蹈动作串接，是较为重要的环节。

斯坦福大学的乔纳森·曾（Jonathan Tseng）、罗德里戈·卡斯特利翁（Rodrigo Castellon）和 C. 凯伦·刘（C. Karen Liu）于 2022 年展示了 AI 舞蹈创作系统 EDGE，它能够根据输入音乐的韵律生成流畅的舞蹈动作。EDGE 在接受物理训练的同时，还采用了基于变压的扩散模型，再加上一个强大的音乐特征提取器 Jukebox，就可以让 AI 理解音乐了。

EDGE 可以制作带有一组舞蹈动作的短视频。除此之外，它还提供了非常适合舞蹈的强大编辑功能，包括联合调节、中间动作和舞蹈延续。EDGE 使用 Jukebox 模型将输入的音乐编码为嵌入内容。这其中，条件扩散模型学习将音乐嵌入映射到一系列 5 秒的舞蹈片段中。在推断时，时间约束被应用于多个片段的批次，旨在将它们拼接成任意长度的完整视频之前加强时间一致性。

需要注意的是，由于算力等问题，类型系统根据音乐可生成的舞蹈视频长度有限，更长的舞蹈视频则需要进行拼接。相信随着算力的提升，未来会有更长的舞蹈视频可以通过人工智能生成。

值得关注的是，人工智能可生成的舞蹈视频类型及风格仍然取决于其被训练时所学习的舞蹈素材。上述 EDGE 暂时在某种风格的街舞方面比较擅长，其他舞蹈类型与风格则仍然需要逐步学习。另外，与其他艺术及设计领域出现的问题类似，人工智能舞蹈动作是否能够称得上"创新"仍存在争议。这是因为，任何艺术与设计领域的创新都不是原有观众可以立刻接受的，或许除了舞蹈的流畅性、优美性之外，还存在和原有流派或风格传承与变化是否超过某阶段多数观众接受能力的问题。

五、人工智能生成舞蹈影像

如前所述,如果人工智能能够生成较长时间的舞蹈表演视频,那么其价值会更高。就全球的实验看,一些大胆尝试者利用动作捕捉、动作绑定与人工智能生成视频等技术相结合的方式,生成相对时间更长、表演更完整的舞蹈影像。

荣获 2022 戛纳电影短片节最佳短片的《乌鸦》(*THE CROW*,又译《舞者》)就采取了类似的方法。在这个舞蹈相关的动画中,人工智能被用来将舞者变成乌鸦。结果,戛纳的评委认为其是一部令人难以忘怀且引人入胜的作品。该作品在使用人工智能等相关技术的同时,画面是后世界末日的贫瘠景观。在此悲凉的景观中,通过乌鸦短暂的舞蹈,直至其不可避免地消亡,让人们感受到影像对未来世界末日人类自身悲哀的诉说。

据该作品的作者格伦·马歇尔(Glenn Marshall)介绍,这部作品将真人舞蹈视频素材 *Painted* 输入 OpenAI 的 CLIP,然后系统再通过图像处理中的"风格迁移"(Style Transfer),根据描述"荒凉风景中的乌鸦画"转化为动画。

从某种意义上说,《乌鸦》本质上是人工智能生成视频或影像的例子,只是由于其内容是乌鸦在荒芜的世界中表演的一段舞蹈,进而可以归为人工智能生成舞蹈影像。其主要的技术环节在于人工智能如何生成带有连贯动作的视频。另外,从基本原理上,不论是将已经拍摄的真人舞蹈视频素材作为人工智能系统的输入,还是前面提到的将真人舞蹈通过动作捕捉形成 3D 模型后再绑定数字虚拟人,都可以生成舞蹈视频或影像。

六、人工智能舞蹈交互表演

人工智能舞蹈交互表演将使得舞蹈现场表演更具实时互动感及视频冲击力。在具体实现上,相对简单的策略是在舞蹈动作固定好后,专门为该舞蹈定制相应的影像,通过让影像更好地追踪舞蹈动作达到准"交互"的观看体验。相对复杂的策略则是舞蹈动作与影像的实时交互。此时,需要有较高精度的动作实时捕捉设计,还要有强大的实时计算能力,通过某种算法,使影像与舞者的舞蹈动作进行实时的互动。

2019 年,在国家大剧院"新中国舞蹈艺术 70 年"展览中,曾经有数字交互式舞蹈《西河剑器》(创意策划:罗斌;创意导演:刘春;编舞:田湉;舞者:中国歌剧舞

剧院舞剧团 唐诗逸)以唐代舞人"公孙大娘"为题,结合动作跟踪、实时交互等科技手段,将历史文献转变为可以感知的视觉作品,感则能动,追形逐影,在数字轨迹与山水意象之间重构了西河剑器之舞。

这段数字交互式舞蹈表演促使观众在想象中重构了一个属于未来、属于科技的舞者,在影像技术中遐想公孙大娘的舞蹈气象,将文献转变为可以感知的视觉作品,试着为复兴中国舞蹈的历史气象提供新的思路与媒介。一舞剑器动四方,作品探索数字表演时空的身体化,从传统中汲取灵感,以亮剑之姿舞向未来。

对于上述相对复杂的舞蹈动作与影像实时交互的情形,还有一个不断探索、发展与提高的过程。这主要是因为,在这种情形下,舞蹈动作表演速度快、动作幅度大,加上舞蹈服装可能的柔软性,实时捕捉通常较难快速而精确,另外,将捕捉到的动作实时计算并转化为影像(通常投射在舞台背景幕布上),亦可能出现有较多画面杂乱的情况。

七、数字虚拟人舞蹈

在数字虚拟人相关技术不断发展的背景下,在高清晰度的数字虚拟不断涌现的同时,具有舞蹈表演"才艺"的数字虚拟人开始增多。所谓的数字虚拟人舞蹈和只是通过捕捉真人舞者动作再绑定到数字人身上进行表演不同,不仅要考虑如何做到数字虚拟人舞蹈动作的平滑衔接,还要研究虚拟人数字手、眼、身体如何协调,以及飘逸的服装对其舞蹈动作的流畅可能带来的限制,甚至连贯舞蹈动作的合理性、创新性及优美性等因素。

2022 年,随着新华网首个超写实数字人——"筱竹"端午节创意视频正式亮相,观众亦看到了它表演的创意国风舞蹈。超写实数字人"筱竹"采用了数字人底层技术和动捕设备,并由新华媒体创意工场优秀导演团队和设计师全程参与创意制作,是科技和艺术的完美结合,意在打造一位名如竹、心亦如竹的奇女子,一位能歌善舞,思维敏捷的才女。

据悉,类似具备舞蹈表演才能的超写实数字人通常基于以下技术:数字人扫描技术、数字人服装面料生产技术、面部捕捉技术、肌肉仿真等独具特色的优势。"筱竹"的成形就利用了时域扫描系统(Loki Creation System)、表情捕捉及表情迁移系统(Loki Emotion System)、材质扫描系统(Loki Surface System)及数字人体征数据库(Loki Dataset)。

无独有偶,数字虚拟人"苏小妹"亦展现了吟诗、舞剑及舞蹈等才艺。2022年2月1日,蓝色光标旗下首个数字虚拟人"苏小妹"在北京台春晚亮相,与青年歌手INTO1刘宇共同演绎歌舞《星河入梦》。INTO1刘宇与"苏小妹",一实一虚,两人在舞台上表现出的默契和流畅让观众陶醉于新科技与古典美交织的场景中。舞蹈之美、武术之魂,被舞者们演绎得淋漓尽致。

虚拟人舞台的筹备经过专业舞蹈老师及舞者的指导,才得以最终呈现出精巧流畅、帧帧唯美的沉浸式体验效果。该节目除了寻找有舞蹈功底的演员负责虚拟人的舞蹈动作捕捉,还需要现场表演真人舞蹈的男演员再配合虚拟人的走位,呈现出最终虚实交互舞蹈的舞台效果。

八、舞蹈动作分析及训练改进建议

如果能够通过人工智能识别舞蹈动作,对舞蹈训练过程中存在的问题进行分析,并对舞蹈训练给出改进建议,那么即使没有专门的舞蹈老师在场,亦能够提高训练水平,提升训练效率。

一种基本的舞蹈动作识别方式类似于前面提到的动作捕捉。目前的做法通常是通过让被测试的舞者穿上动作捕捉的服装,然后对其动作进行捕捉,再与标准动作进行比较,接着就可以分析训练问题所在,最后给出训练的改进建议。当然,这一套分析方法可能需要相对复杂的动作捕捉系统和后台分析系统,并且主要针对一些标准舞蹈动作。这一方面需要降低动作捕捉系统的成本,另一方面还需要后台的动作分析系统有足够的比较、计算及分析能力。对于相对复杂的连续舞蹈动作,则需要动作分析系统将这些动作进行分解,然后对其中相对标准的动作单元进行识别、比较与分析。当然,其中可能存在一些不足,比如对标准动作衔接时的流畅度与连续性较难进行识别与分析。

另一种方法是仅仅通过摄像头的图像识别来进行,其舞蹈动作识别的难度较大,因为它不像普通的人脸识别或车牌识别主要针对角度变化不大的单个面的人的面部或汽车车牌面,而需要考虑舞蹈动作表演过程中不同方位的识别。即使通过多个机位进行图像识别,仍然有不小的复杂度。

对于第二类方法,目前主要针对的是没有旋转、相对简单的舞蹈动作。此时,可以像抓拍短跑运动员那样进行摄像头跟踪式拍摄,再进行动作分解与问题发现。然而,这样就限制了此类舞蹈动作捕捉与分析系统的应用范围,存在一定的局限性。

九、机器人舞蹈

如果说前面提到的舞蹈节目彩排、创新舞蹈动作模拟与设计、人工智能生成舞蹈影像等功能主要是利用数字虚拟人进行的话,那么此处所谓的机器人舞蹈则主要通过实体人形机器人进行。

对人形机器人而言,将其皮肤制作成类似人的皮肤还不太难,然而要使其外形、关节连接及脸部表情都与人类接近还有个过程。特别是目前许多机器人的关节结构与人的关节结构差别很大,这就使得人形机器人暂时不太会完全按照人的舞姿进行表演。同时,目前人形机器人动作的平滑性与灵活性还有较大的提升空间。即使已经有机器人可以跳跃、跨越障碍甚至翻跟斗,但在相对复杂的舞蹈动作方面,还需要一段时间加以改进。

目前,可以看到的人形机器人常以群舞出现,且多个机器人动作均一致。如第二十三届中国机器人及人工智能大赛重庆选拔赛上人机器人带来的舞蹈《我爱你中国》。未来可能有更复杂的机器人舞蹈出现,但这取决于人形机器人本身性能改进的速度,特别是其中与舞蹈相关的灵活性、敏捷性等方面的发展速度。

2025 年央视春晚节目中,已出现和人表演二人转的机器人,此类技术完全可以用于更复杂的机器人舞蹈。另外,随着人形机器人的不断进步,未来将会出现人形机器人与真人进行的双人舞蹈或多人舞蹈。这是一个由简到繁、从易到难的发展过程。

7.3 人工智能+戏剧

人工智能与戏剧结合的应用主要包括:人工智能剧本生成、人工智能戏剧导演、人工智能声台形表训练、人工智能虚拟彩排、人工智能/机器人表演、智能舞台空间设计、智能服装设计、智能化妆/人物造型设计、智能灯光效果设计等。

一、人工智能剧本生成

人工智能生成剧本已不再停留在理论上,有观点认为,它有能力进入编剧及风格设定等环节,尽管其创作水平还处于初级阶段。不过,这种观点将可能随着人工智能技术的不断进化而逐步变化,甚至呈现跳跃式发展。人工智能不仅可以模仿已有剧作家,生成剧本,还可能创造性地生成新剧本。例如,ChatGPT、文心一言等在人工智能生成诗词、小说的基础上,进一步融入了相应的角色、情节、故事线索及对话等元素,以及剧本相应的逻辑性及推理性,最终可以生成完整的剧本。

近年来,已经有一批剧本智能生成平台崭露头角,如 CreativeScript、Storyline Creator 及 DeepMind 推出的 Dramatron。

以 Dramatron 为例,它包含了"联合写作"工具,当用户向它提供一句话描述中心戏剧冲突后,系统即可自动写出标题、角色、场景描述和对话。该平台能够帮助编剧进行场景设计,对场景细节进行打磨,并生成人物间的对话。又比如 CreativeScript,它擅长创造各种类型的剧本,包括喜剧、动作、爱情等。其特色在于,它能够根据不同的表演风格、场景和角色特点,生成适合演员演绎和观众欣赏的剧本。CreativeScript 还可根据用户的反馈和意见进行自我学习和优化,不断提高生成剧本的质量和创意水平。

前面提到的本相应的逻辑性及推理性,在 Storyline Creator 平台上则较为突出。该平台的创作理念是通过细致的故事线索和巧妙的情节设计,引发观众的思考和想象。它可以根据设定的主题和事件,自动生成有连贯性和张力的剧情,帮助剧作家构建扣人心弦的故事。该平台还具备强大的分析能力,能够识别和纠正剧本中的逻辑错误和瑕疵,使得整个剧本显得更加完整和精准。

再比如文心一言,也可以用于写剧本。使用者可以先确定故事的核心,包括主线故事情节、主角、背景等,在确定故事核心后,需制定具体的剧情梗概、故事发展的主要节点、人物关系、情节的高潮等,接着需要创作各个角色,包括性格、动机、行为、语言等方面。在角色和故事的基础上,需要设计不同的场景和背景,包括具体的场景、道具、服装等。总体上讲,使用文心一言写剧本需要熟练掌握剧情构思、角色设定、场景描写、台词设计等创作流程,以及灵活运用情感语言、修辞手法和特定文化背景来营造语言风格。

上海戏剧学院艺术科技与管理学院及戏文系等相关专业正在探索包含了戏剧剧本智能生成的现代"戏剧工厂"。其他一些高校也开设了戏剧人工智能或人工智能戏剧相关专业,也将人工智能剧本生成作为重要的一环。

二、人工智能戏剧导演

人工智能可以发挥作用帮助戏剧导演的环节越来越多。对于导演这个戏剧中相对工作内容较为复杂的岗位而言,未来人工智能会成为越来越得力的助手。

人工智能在助力导演方面的主要环节包括:帮助戏剧导演分析剧本,推荐可能的表达形式,分析推荐最适合的演员角色人选,推荐外景或室内场景搭建,或搭建虚拟场景。同时,人工智能还可以推荐道具组相应道具的准备和布置,可以协调现场拍摄,或采取虚拟制片方式,人们亦可以通过人工智能生成欲推荐作品的宣传方案,利用它进行自动化的精准信息推送,还可以通过人工智能方式控制协调拍摄现场的灯光、剧务、演员、摄像、录音、美术、化妆及服装等环节的工作。

未来在人工智能戏剧导演领域,可能会分为基于人工智能的现实剧院戏剧导演、基于人工智能的 VR 戏剧导演及基于人工智能的 AR/MR 导演三类。

基于人工智能的现实剧院戏剧导演又可分为由人工智能支持的传统剧院戏剧导演及特定场域戏剧导演。现实剧院的戏剧导演工作的各环节都可以得到人工智能的大力帮助,并可能因为人工智能的介入而大幅提升工作效率。

基于人工智能的 VR 戏剧导演主要针对纯虚拟舞台空间中的戏剧表演,开展导演的相关工作。此时,需要注意的是,VR 戏剧导演要考虑虚拟舞台空间、道具、虚拟演员、服装及化妆等如何协调工作。

基于人工智能的 AR/MR 戏剧导演主要针对虚实结合的戏剧表演展开导演相关工作。此时,除现实舞台的导演工作外,还要顾及叠加到现实舞台的虚拟影像甚至数字虚拟人演员等在整个演出中所起的作用,以及如何让虚拟的角色与场景同现实舞台上的角色与场景相互配合,以到更佳效果。

三、人工智能声台形表训练

声、台、形、表是戏剧表演最基本的四方面训练,分别是声乐、台词、形体和表演。声乐,是指用人声演唱的音乐形式,是以人的声带为主,配合口腔、舌头、鼻腔作用于气息,发出的悦耳的、连续性、有节奏的声音;台词,既是戏剧表演中角色所说的话语,也是剧作者用以展示剧情、刻画人物,及体现主题的主要手段;形体,指人体或人体形态体质,主要是表演中所需要的各种基本动作的训练,如拉伸、踢腿等,目的在于训练演员的身体协调性、模仿能力、各部分比例以及肌肉能力、肢体的灵活性;表演,主要指训练进行演出时所需的想象力、理解力、表现力、激情和应变能力。

在人工智能介入戏剧的声台形表基本能力训练时,主要是让它辅助这些训练,让它帮助演员发现声、台、形、表训练中的问题,提出相应的建议,以提高演员声、台、形、表训练的效率。具体来看,当人工智能辅助声台形表时,其中的声乐、台词训练相对容易,形体、表演训练相对较难。其中,人工智能辅助声乐训练前面已有所论及,与音乐学科中的声乐专业辅助训练类似;人工智能辅助台词训练接近外语口语训练,主要通过比对标准台词数据库中的读音来判断台词水平;人工智能辅助形体训练接近人工智能舞蹈训练,并且比舞蹈训练更简单一些;人工智能辅助表演训练则相对更难,因为它更加综合,特别是对想象力、理解力、表现力、激情和应变能力训练效果的识别与分析,还需要不断量化与优化。

从一个新角度看,未来还会出现针对数字虚拟演员及人形机器人演员的基于人工智能的声台形表训练。只有这些训练到位,再加上其他相对复杂的演出训练,数字虚拟演员或人形机器人演员才能在戏剧表演中有更高的表演水准。

四、人工智能虚拟彩排

接近前述的舞蹈节目虚拟彩排,戏剧也可以进行基于人工智能的彩排,有时也可以融入前面提到的人工智能辅助戏剧导演的工作中。

与舞蹈节目虚拟彩排类似的是,一方面,戏剧虚拟彩排也需要模拟演员的走位,再做出相应的调整与优化;另一方面,戏剧虚拟彩排也需要灯光及影像效果的虚拟呈现,再结合背景音乐,呈现更全面、更丰富的舞蹈仿真效果。当然,两类虚拟彩排都是为了提高彩排的效率,进而减少时间、人力及物力成本。

与舞蹈节目虚拟彩排不同的地方主要包括:第一,戏剧虚拟彩排对演员走位的要求相对更简单,也未必需要专门的标准动作数据库。第二,戏剧彩排对于布景、灯光、投影及所配合的背景音乐等要求相对更复杂。当然,还需要根据剧目的实际情况具体问题具体分析。

以上主要是针对传统的戏剧通过电脑进行虚拟彩排,至于新型的 VR 戏剧、AR/MR 戏剧的彩排则有新的变化。

就 VR 之类的虚拟戏剧而言,彩排更像是程序设计或游戏设计的调试过程,并且存在非线性叙事场景、观众漫游路径引导及为观众所提供的互动功能及行动权限等方面的问题。就 AR、MR 之类的虚实结合的戏剧而言,彩排则需兼顾传统舞台的戏剧彩排及虚拟影像的配合等方面,即需要考虑在虚拟彩排时,将虚拟影像呈现在舞台上的方式与时间,以及虚拟影像与所仿真的"现实舞台"的配合度等问题。

五、人工智能/机器人表演

人工智能介入舞台戏剧的表演,目前还在初步尝试阶段。从发展趋势看,VR 戏剧、AR/MR 戏剧、数字虚拟人及人形机器人等均可能会逐步用于人工智能表演,并率先用于戏剧表演的训练。

需要注意的是人工智能/机器人表演的类型及观看方式。目前人工智能/机器人表演要么是在虚拟空间中进行,要么是在虚实融合的现场表演中插入一段人工智能/机器人表演,要么是通过 VR 的方式转播及观看。

就 VR 戏剧表演而言,目前的技术与算力已经可以在某个空间范围里支持多个角色的参与。同时,VR 戏剧可以用于戏剧表演训练。其中,在某个戏剧的若干个角色中,有一个角色可以由被训练者"扮演",其他角色则由数字虚拟演员承担,然后可以让被训练者进行台词等方面的表演训练或彩排。就 AR/MR 戏剧表演而言,已经有越来越多的尝试。AR/MR 戏剧表演可穿插于传统现实舞台上的戏剧表演中,即演一段传统方式的戏剧,再通过手机、平板或 AR 眼镜观看或体验一段 AR/MR 片段。从理论上讲,AR/MR 片段的情节不仅需要与现场舞台的戏剧片段有一定关联,而且 AR/MR 片段在体验时需要有一些互动功能。

数字虚拟人会越来越多地充当演员,它既可于纯虚拟的基于人工智能的 VR 戏剧中承担某些角色,也可能以全息影像或裸眼 3D 的方式用于虚实结合的基于人工智能的 AR/MR 戏剧中,既可能单独表演,也可能与真人配合进行表演。

本书编者之一的张敬平老师领衔的 XR《黛玉葬花》,即利用了 MR、投影、3D 打印等技术,以及情境感知、自然交互、编辑现实等特性,为情景式舞台装置赋予"戏剧性",以此打破物理空间与虚拟空间的隔阂,是引发观众自主探索欣赏越剧表演的新颖交互体验。

人形机器人则主要用于现场舞台的戏剧表演。近年来,上海戏剧学院与上海理工大学正在合作进行相关的机器人戏剧项目实验《巨物之城》。虽然这一尝试有许多困难需要排除,但相信未来机器人表演会不断进步,逐步提高成熟度。

不论是数字虚拟演员还是人形机器人演员,都涉及它们在表演时的身体动作、表情、语言交流及情感表达等问题。当然,一直存在的一个争论是,基于人工智能的数字虚拟演员是否具有灵魂与意识,这个问题可以参考本书第四章。

六、智能舞台空间设计

人工智能在舞台空间设计上正发挥着越来越重要的作用。不仅现实舞台上已经开始使用越来越多的智能设备,舞台的大屏或投影幕布上也出现了越来越多的虚拟场景,进而形成虚实融合的舞台空间。

现实舞台上的智能设备主要涵盖灯光智能控制、布景智能控制及其他舞台设备的智能控制。这些相关设备的智能控制可以大大提升舞台的管理水平。此外,有智能话筒(麦克风)可以自动追踪演员,保证演员的声音更加真实。同时,虚实融合的舞台空间与虚拟影像以 AR/MR 的方式进行叠加,或将数字虚拟人及其他影像以全息影像或裸眼 3D 等方式呈现在现实舞台的幕布、投影幕、大屏或其他设备上。另外,还可以建立虚拟的舞台空间,如现实舞台空间的数字孪生舞台空间,以及利用 VR 方式欣赏的纯虚拟舞台空间。这些舞台空间大大拓展了戏剧表演的时空,往往还允许观众进行互动。

当然,还有一类智能舞台空间设计,是指上述各类现实或虚拟的舞台空间设计,可以通过人工智能自动生成全部或部分设计方案,或生成舞台空间中的某些元素,如生成某些布景或道具的设计图、制作图与效果图。

对于最后这类智能舞台空间设计而言,从广义角度看,还可以包括后面要讨论到的智能服装设计及智能化妆设计等。当然,这种智能舞台空间设计也需要有一个发展的过程,相信其智能设计水平会不断提升。

七、智能服装设计

服装设计是戏剧表演的重要环节,也可在人工智能的加持下,不断帮助服装设计师们开拓思路,提高工作效率。

基本的应用就是智能服装造型设计,既有人工智能根据相应输入要求(或关键词及其他描述)自动生成戏剧表演中不同角色所需的不同服装造型,也可以同时生成相应的制作图与效果图。这不仅涉及到服装的造型创新设计,还涉及对不同角色根据年代、年龄、职业等的不同服饰的理解。

新的应用包括服装智能环境感知,例如感知温度、湿度,以及感知心跳、血压等,甚至进行一些属性的智能调节,如按条件自动改变颜色、自动改变温度、自动改变形状及自动散热排汗。如果这些功能逐步实现,将为舞台上演员的表演带来更多舒适感。

当然,现代的智能服装还可以归并到智能可穿戴设备大类中。从可穿戴设备的功能看,智能服装既可以自动根据周边的温度与湿度来调节服装的颜色、温度或散热,也可以记录演员在表演中的心跳、血压的变化,进而在每次演出结束时进行表演过程的细致分析。这类似于佩戴了智能背心的运动员在比赛之后的过程参数分析。

在智能服装应用中,还可以进行虚实结合的智能换装,可以在真实穿戴服饰时,先通过相应的智能试衣镜,在自动给演员拍照并匹配演员身材的前提下,进行虚拟服装更换。甚至可以以虚拟方式呈现出不同颜色服装的舞台仿真效果。

另外,数字虚拟人的服装设计也是一个问题。虽然这种服装设计针对的是虚拟服装,但仍然需要进行设计。有趣的是,数字虚拟人的虚拟服装也可以通过人工智能进行设计,同样可以节省时间,提高效率。

八、智能化妆/人物造型设计

无论是现实世界的戏剧表演,还是虚拟世界的戏剧表演,都会涉及演员的化妆或角色人物造型设计的问题。可能有以下几类相关的设计:

第一,人工智能辅助现实世界角色的化妆/人物造型。在这方面,主要是利用人工智能自动生成戏剧中不同角色的形象、妆容等的设计图及效果图,以便提高化妆或人物造型设计的效率。同时,还可能涉及智能化妆材料、自动变色的假发、首饰,以及化妆/造型的智能建议。

第二,人工智能提供虚实结合的化妆/人物造型设计。此类功能可以让演员在真正化妆前,先利用相关设备,智能更换发型、口红、腮红等。此类系统一般会先匹配演员的脸型,既可以推荐最合适的化妆细节,也可以自己根据理解变换发型、口红、腮红等,还可以对发型、口红、腮红及眼部化妆等进行细微调整。在一切都满意后,再真正进行化妆。

第三,为虚拟世界的角色进行智能化妆/人物造型设计。对 VR 或 AR 等类型的戏剧而言,可能需要对数字虚拟演员进行与真人类似的虚拟化妆/人物造型设计。其实质是对脸部不同部位或器官选择不同的化妆效果,进而达到该虚拟角色需要的妆容或人物造型。随着时代的发展,目前已经出现了专门为数字虚拟人进行人物造型设计的捏脸师职业。当然,数字虚拟人的妆容或人物造型设计,本质上是平面或 3D 的虚拟造型及虚拟材质的搭配。

九、智能灯光效果设计

灯光效果设计对于戏剧表演的整体效果的作用非常大,它也可以充分利用人工智能,达到更高的工作效率及设计效果。智能灯光效果设计主要涉及以下三类情况:

第一,是舞台上的智能灯光设备。这个在前面的智能舞台设计中已经有所提及。智能灯光设备可以帮助灯光师更智能地进行现场舞台灯光设备的自动操作。例如,在诸如角色追光的过程,或有规律的灯光连续操作环节等,智能灯光设备显然可以大显身手。

第二,是虚拟制片现场环境的智能灯光矩阵。在后面的"人工智能+影视"一节的虚拟制片现场,需要有智能灯光矩阵去根据背景电子屏的图像及摄像机的方位来自动调节现场的灯光,使现场的光影与电子屏里光影相统一。

第三,是沉浸式戏剧演出空间的智能灯光设计。在沉浸式演出空间的灯光应用中,有一部分与上述第一条中的舞台智能灯光设备类似,还有一部分则是智能灯光可能扩展到舞台以外的整个剧场,因为沉浸式戏剧表演中舞台与观众度是相融合的。当然,对于沉浸式戏剧演出空间包括灯光设计在内的总体设计也可以交给人工智能设计。

7.4 人工智能+广播影视

人工智能与广播、电影、电视结合的应用主要包括:人工智能影视素材/主题筛选、人工智能影视导演、人工智能电视导播、人工智能虚拟拍摄/制片、人工智能虚拟场景搭建、人工智能视频生成/拍摄、人工智能视频剪辑、发布前的视频智能处理、人工智能节目主持、人工智能播音等。

一、人工智能影视素材/主题筛选

在影视前期的策划中,影视主题筛选很重要,它关系到是否受观众及市场欢迎,进而影响到影视作品的票房或收视率。如果人工智能可以帮助筛选最合适的影视片主题,不仅可以让影视制作公司少费不少脑筋,而且会带来更多的收益。

人工智能影视主题筛选通常要结合对各类相关信息大数据的抓取。在此基础上,通过相应的筛选规则与算法,可以推荐更合适或更有市场潜力的主题来拍摄。以奈飞(Netflix)的拍摄主题筛选为例,该公司不仅可以根据往年海量的观众点播信息中分析用户最喜爱的主题,还可能根据其他相关信息,综合预测迎合市场的电视剧主题。

在影视剧拍摄、剪辑过程中,需要大量素材,这也可以通过人工智能来筛选、推荐或生成。在具体操作中,人工智能需要在理解影视剧主题的前提下,分析不同场景或特效中需要的素材,然后筛选、推荐最合适的素材,或者通过人工智能生成相应的素材。从某种意义上说,人工智能影视素材/主题筛选不仅可以大节省人力与时间,降低成本,帮助影视投资或制作机构提升决策效率,或者帮助影视剪辑师或特效设计师提升制作效率,而且还可以在选取素材时核实是否存在侵权风险。

二、人工智能影视导演

类似于前面提到的人工智能辅助戏剧导演的工作方式,人工智能也能够辅助影视导演。一些影视短片的剧本和分镜头设计已经可以利用 ChatGPT 之类的平台生成。

ChatGPT 之类的人工智能应用正在逐步参与电影制作过程的多个环节,它已经能够自动生成文本、分镜,还可帮助影视制作者节省时间和资源,激发新的创意。在编写剧本的过程中,导演及其他团队可以向此类平台询问细节,它能够回答机位、演员位置、灯光位置和镜头中每个角色的情绪等多方面的细节问题。

在辅助影视导演方面,可以说人工智能将越来越深度地参与到影视导演及制作过程的每个阶段中。28 Squared 工作室的首席执行官理查德·胡安曾说:"人工智能将彻底改变我们制作电影的方式,它将自动生成文本、分镜,来帮助电影制作者节省时间和资源、激发新的创意,并真正给我们提供讲故事的新方法。"

实际上,许多导演已经感受到人工智能带来的机遇与冲击。在 2023 年世界人工智能大会(WAIC)主论坛名为"科学前沿"的会场中,《流浪地球》系列电影的导演郭帆提到,其团队做过一个测试,将人工绘制和机器生成的图像混合在一起,让导演选择他们喜欢的图像,结果第一批被刷掉的是人工绘制的图像。郭帆开玩笑说他已经在反思自我,之前对 ChatGPT 都是那种命令式地说你帮我干个这个,下回要在前面一定要加个"请",结束了之后说"辛苦了",要对人工智能好一点,给自己留条后路。他还表示:"实际上,在电影《流浪地球3》中,演员的增龄和减龄,就是年轻和变老的过程,是通过人工智能运算,经过了几百代的迭代才最终生成。此外,一些演员声音的修复也是通过这种方式实现的。所以,我们已经在实际应用中使用了人工智能技术。"

三、人工智能虚拟制片

虚拟制片就是一整套电影制片流程逻辑的革新,实现高效、安全、可控。目前的虚拟制作已经可以抛弃绿屏,通过 LED 环幕虚景与实景的结合,高效完成拍摄了。

首先,在剧本创作阶段,需要做虚拟资产(包括角色、场景、道具等)的拆分,然后进行虚拟资产的制作,再到相应的预演中系统实现剧本可视化。其次,进入执行阶段。此时,通常是双线并行,一边通过技术预演系统虚实置景,开始 LED 环幕拍摄,另一边是 CG 制作,经过计算、渲染后进入后期。整个过程实现全流程数据化,摄影机运镜、镜头焦段、景深、灯光效果、特效氛围等都能够基于预演数据在后续环节中多次迭代、优化,每一个环节都让内容得到进一步提升。具体操作时,需要在虚拟场景搭建好的基础上,配合现场的简单实景搭建,结合大屏幕和摄像机内系统的实时联动,达到虚实融合、虚拟拍摄及实时渲染,并实现虚实对焦、色调、灯光等自动匹配。

虚拟制片明显的优势在于,可以让被拍摄的角色更有现场感及沉浸感,表演更有张力;摄影师可以实时运镜,与角色实现互动,避免绿幕溢色、反射等现象,进而大大减少后期剪辑中的任务量。当然,操作者亦需要注意利用相关技术去除屏幕摩尔纹,以及通过虚拟跟焦器在虚实场景中实现自由变焦。

2023 年,上海市虚拟环境下的文艺创作重点实验室已经建设了当时上海高校面积最大的环幕,并进行各类基于虚拟制片的实验,一批师生的实验作品不断涌现,并逐步与业内进行虚拟制片相关的合作。

四、人工智能虚拟场景设计

人工智能可以辅助虚拟场景的设计,不论是上述虚拟制片中需要的虚拟场景,还是 VR、AR 或 MR 空间中的虚拟场景,以及对现实空间场景设计的虚拟方式的仿真呈现,都可能利用人工智能及 UE4/5 等引擎平台提升设计的效率。

对于虚拟制片中所需的虚拟场景,如果虚拟资产(素材库)中已有相关的基本对象素材(如山、石、树木、房屋等),则可以利用这些素材快速进行虚拟场景的搭建。如果没有现成的素材,则需要对这相应的对象或物体进行 3D 建模。当然,在具体建模时,为了减少复杂度进而提高运算速度,不排除可以用 2D 对象来模拟 3D 对象,如全景图或材质贴图等方式。如果场景中需要大海、河水、湖泊等水体,则可以使用一些流体插件以提高场景搭建速度。另外,还需要对虚拟场景中的光线、材质等做相应的调整。

对于 VR、AR 或 MR 空间中的虚拟场景,其基本逻辑类似于虚拟制片中的场景搭建。影视作品所需要的 VR、AR 或 MR 空间中的虚拟场景,可以根据具体情况进行搭建,有的同样可以利用虚拟资产中的素材,有的则需要自己进行 3D 建模。

对于现实空间的场景设计,主要是指在具体搭建现实场景前,先通过电脑进行虚拟方式的设计及仿真呈现,其基本逻辑仍然同上。可以适当打开思路的是,如果现实空间的场景根据虚拟设计搭建完成,则还可以使虚拟空间场景成为现实空间场景的数字孪生。

五、人工智能视频生成/拍摄

传统的短视频、中长视频(含网络剧等)主要由人工完成策划、剧本撰写、拍摄、剪辑、审核、发布及上传等工作,这是因为过去网络视频/短视频的创作与内容生产更多地依靠个人灵感、经验及相关的操作技巧。目前,人工智能介入视频的创作与生产,正在深入其中多个环节,如智能模板创作与批量生产,智能合并、摘要及拆分,智能语音、字幕及弹幕,智能画质及风格处理,背景音乐与画面智能配合,智能格式转化、标签、标题及封面推荐,基于 VR/AR 的短视频智能生产,基于虚拟人的短视频智能生产,以及基于无人机的短视频智能生产等。

人工智能视频生成的发展亦引人注目。人们可以通过案例库的训练自动生成静态图片,再合成为动态影像;或者通过给定的静态图片直接生成动态影像;还可以将给定的数据、PPT 自动转换成视频。人工智能在视频创作与生产中的主要价值在于提升短视频的创作与生产效率。该技术推动了一种全新的内容生产方式的形成,人工智能"打造网络视听新生态,智能化程度大为提升。此外,人工智能在简化编辑、剪辑制作、画面'降噪'、图像增强等方面具有突出优势,从而加速了内容生产过程"。人工智能使得生产流程走向自动化和智能化,可以将"最耗时和重复、机械化的流水线作业交由机器完成,视频制作周期大为缩短,显著降低人力、时间成本,提升了工作效率和经济效益。"

人工智能短视频创作与生产的价值在一些案例中已有所体现。以新华社的"媒体大脑"及升级后的"MAGIC"智能生产平台为例,它们以大数据处理技术、智能算法技术以及人机协作技术为核心,自动产出成品视频内容。由于无人机的成本下降和不断普及,它在短视频创作与生产中被越来越频繁地应用。随着无人机技术的不断进化,人工智能在无人机中的应用给拍摄带来了更多便利。较为突出的基于无人机的短视频智能生产技术类有大疆智图、大师镜头、焦点跟随(如聚焦、热点智能跟随及兴趣点环绕)等应用。

此外,随着最新的 AIGC 工具的飞速发展,已经有越来越多的 AIGC 工具可以根据文本或图片自动生成视频,甚至可以自动添加字幕,变换不同的语言或方言。另外,一些 AIGC 可以利用数字虚拟人生成解说类或教育类的视频。

六、人工智能视频剪辑

人工智能可以介入视频剪辑的多个方面,主要包括智能合并、摘要及拆分,智能语音、字幕及弹幕,智能画质及风格处理,背景音乐与画面智能配合等。

视频的合并、拆分及摘要都可以充分利用人工智能技术,以大大提升短视频的生产效率。可利用多模态内容理解技术进行精彩内容识别、定位、剪辑、合理聚合以实时产生精彩集锦,对视频进行不同维度的智能拆分,也可对新闻视频进行智能化拆条,高效产出更多独立素材。

智能摘要主要基于深度学习(Deep Learning)算法,智能分析长视频中每个镜头的内容和风格,找出各镜头中的场景、人物和活动等的内在联系,提炼并汇集重点信息,以短视频形式呈现,该技术已经应用于电视、互联网等行业。另外,有时在进行智能摘要时,人工智能还能帮助短视频自动选取封面。

视频智能语音的首要技术是语音识别技术,它主要是为了高效、准确地识别短视频中的语音,并生成中间文字结果。人工智能在提升语音识别准确率上发挥着重要作用,高水平的智能语音识别已经可实现毫秒级实时识别音频流。短视频中的语音识别可以大幅提高字幕的生产效率。同时,这一技术还可以实现视频直播中实时字幕的自动生成。利用视频直播字幕,能直接将主播说话内容实时转写为字幕呈现在屏幕上,或者进行二次字幕编辑。

短视频智能语音还涉及智能语音合成及智能翻译。智能语音合成不仅可以将识别后的语音合成为其他趣味音效,还可以实现语音变声,并进行部分方言、民族语言、不同外语的语音合成,甚至还能够模仿具体某个人的声音。高水平的平台还能实现方言、民族语言及不同语种间的翻译。

而短视频智能弹幕技术除了对弹幕中可能的不良文字进行智能判断、识别及过滤外,还可以实现弹幕自动在画面中人物头部的背后穿越。

此外,人工智能可以为视频的画质提升提供有力帮助,主要涉及清晰度提升、曝光度优化、降噪、色温优化、色调优化、饱和度优化及画面虚化等方面。这些人工智能功能有的是嵌入相关拍摄设备中发挥作用,有的则是通过相应的工具自动或半自动地完成。视频智能风格化处理类似于"滤镜"功能,以使短视频呈现出某类风格。不少短视频软件(如抖音、快手及 Bilibili 等)在拍摄短视频时还有较多的风格设置,有的甚至有"美颜"功能可供选择。

随着人工智能技术的不断发展,目前的短视频背景音乐与画面的配合完全可以智能化地自动完成。在人工智能为短视频选择背景音乐时,需要通过对短视频内容的识别与分析,然后才能相对合理地推荐音乐。当然,如前所述,人工智能也可以为短视频专门创作背景音乐。

七、发布前的视频智能处理

人工智能介入视频/短视频发布前的处理主要涉及:智能格式转化、标签、标题及封面推荐等技术,其目的同样是为了提高效率。

由于不同场合的需要,人工智能可用于不同格式视频/短视频的智能转换,可能涉及不同尺寸、不同分辨率以及横屏竖屏间的转换。在将任意视频图像尺寸进行转换、将传输的低分辨率视频转换为高清视频时,需要利用深度学习算法。例如,商汤科技的"视频超分辨率"功能即可实现这一目标;又比如,珍岛集团的"臻视"即支持下载大屏播放,如蓝光超清 1080P 分辨率,支持下载 MP4 文件格式,可在宴会 LED 大屏播放。

视频/短视频智能标签生成技术基于大规模多标签算法,通过对视频中视觉、文字、语音、行为等信息进行分析,结合多模态信息融合及对齐技术,实现高准确率内容识别,自动生成文本标签,帮助提升智能营销传播中视频搜索和推荐的精准度。例如,商汤科技的"短视频标签"即可实现类似的功能;又比如,珍岛集团的"视频内容分析"功能即可基于自然语言处理将识别结果进行多次校对和关键字提取,得到精准的标签。

科学合理高效的标签对于管理视频、视频上传时的关键词填写及扩大视频的传播都非常有利。目前,一些平台已经开始建立系统化的智能标签。例如,阿里云的"智能标签"功能就使用了媒体标签体系,根据多模态融合理解结果对媒体文件进行智能化打标签,输出多维度视频标签信息。其中,"智能标签提取"集成了自定义过滤、标签去重、标签合并、权重排序等算法,可提供准确、实用的智能打标能力;"多维度标签输出"结合理解结果及标签体系,可输出多维度视频标签,包括视频分类标签、人物标签、物体场景标签、文本标签等。

同样,合理的智能标题及封面推荐也非常有利于提升视频的吸引力。智能标题可以通过机器学习及其他技术,从大量传播面广的短视频中学习标题模式,进而生成推荐标题。例如,字节跳动旗下"巨量创意"平台的"标题推荐工具"即可以在设置行业及关键词后,一键智能生成投放标题。视频智能封面是通过对视频内容的理解,结合画面美学和海量生产数据,选出最优的关键帧或关键片段作为视频封面,提升视频点击转化及用户体验。比如,阿里云的"视频智能封面"功能即可智能地选出最优的关键帧或关键片段作为视频封面,并支持提取静态图片封面、动图封面(GIF 动图)、封面视频三种形式。

八、人工智能节目主持

人工智能节目主持主要是以数字虚拟人为前提,基本功能是对节目主持人的造型、声音类型及主持风格进行设计,或提供若干个数字虚拟节目主持人,由用户进行选择;或允许用于对性别、造型(包括发型、服装、配饰等)、声音类型及主持风格等进行参数设置。

人工智能节目主持人需要以基本的肢体动作为模型,或者通过训练使其掌握一些基本动作。前面提到过,数字虚拟舞蹈演员在动作捕捉后可以绑定相应动作,那么人工智能节目主持的身体动作也可以利用类似方法,且相比舞蹈动作要简单一些。只是,人工智能节目主持人通常在讲话时还需要有些轻微的头部及身体移动,否则会显得较为僵硬。同时,人工智能节目主持人需要有基本的口型、表情模型,以使其在讲话时表现出与人类一样的口型、表情,同时还需要伴随一定节奏的眨眼动作。

在具体应用时,人工智能节目主持人通常有几类不同的应用。一类是通过给定的主持文本,由数字虚拟人讲出这些文本,并配合合适的口型、表情变化,以及眨眼及身体轻微移动。这些主持的内容,既可以插入到虚拟会议的相关环节,也可以通过大屏、全息影像或裸眼 3D 等方向呈现在现实世界会议的相关环节。另一类更节省成本但有一定实时效果的方式是,由真人在后台驱动现场的数字虚拟人节目主持,其原理类似于动作捕捉,但往往后台的真人替身需要使用脸部口型及表情捕捉设置,然后将声音、讲话时的身体动作、口型与表情一起同步给前台的数字虚拟主持人。

还有一类应用是仿真主持人,可结合仿真虚拟、骨骼绑定、语音合成等技术,模仿真实的主持人。以央视《经典咏流传》第二季节目中的仿真撒贝宁为例,它基于人工智能技术,以主持人撒贝宁为原型,通过扫描他本人来创建 3D 模型、获取细节特征,经过后期的数据修补和局部细化,并依据智能人脸识别技术辅以动作训练,建立起撒贝宁智能化、个性化的语言模型库及动作库,再基于深度学习仿真撒贝宁的语气、语调。

可以预见的是,短期内的人工智能节目主持的难点主要在于灵活的应变能力。除了对会场或节目现场上出现的具体情况能否灵活处理的问题外,还有对会场或节目现场与主题相关的背景知识是否能够熟知的问题。

九、人工智能播音

人工智能介入播音后,出现了 AI 虚拟主播。AI 虚拟主播主要是利用语音合成、图像处理、机器翻译等人工智能技术,实现多语言的新闻播报,并支持由文本到视频的自动输出。AI 虚拟主播主要包含 AI 合成主播、虚拟形象、合成声音、直播系统、效果定制、AI 技能定制功能。

AI 虚拟主播中一部分技术类似于上面的人工智能节目主持人,同样需要运用人脸合成技术、语音合成技术以及多模态合成技术等现代技术打造虚拟主播,代替原有的真人主播,可以 24 小时全天候"不知疲倦"地连续工作,并且在文本输入正确的前提下,播报内容时不会出现任何差错,进而极大地提高新闻生产的效率。新华社联已推出了 3D 版的 AI 合成主播"新小微",SMG 也推出了二次元虚拟主播"申苏雅"。

相对人工智能主持人,人工智能播音对数字虚拟播音员的面部模拟要求更高。虚拟主播技术主要包含从声音到面部动作的建模和基于面部动作渲染两大部分。其中,从声音到面部动作建模整合了基于深度学习的 3D 人脸及姿态、人脸关键点、隐式表达等多种表达技术,进而可以输出与语音高度匹配的面部动作序列;基于面部动作渲染则基于神经渲染技术,最终合成音唇同步且逼真的虚拟主播视频。以新华智云的虚拟主播为例,它属于轻量级、超逼真的主播形象定制。2021 年 1 月,新华智云的虚拟主播技术定制设计的两款人工智能虚拟主播亮相江西日报社"赣鄱云"APP 和江西广播电视台"赣云"APP,名字分别为"悦悦"和"小燕"。

同样,我们也可以制作出某个真人播音员的超写实数字虚拟化身,可以使之与真人在播报新闻时的神态和声音几乎完全相同,拥有强大的新闻播报能力,让观众难辨真假。另外,我们也可以将多个知名播音员的声音进行融合,创造更加独特的播报声音。

7.5　人工智能+戏曲与曲艺

人工智能与戏曲、曲艺结合的应用主要包括:人工智能修复戏曲/曲艺影像资料、人工智能分析不同流派唱腔特色、人工智能生成曲艺台词剧本、人工智能复活已故戏曲/曲艺大师、人工智能分析戏曲/曲艺演出效果、人工智能/机器人表演戏曲/曲艺等。

一、人工智能修复戏曲/曲艺影像资料

在戏曲、曲艺及其他艺术领域,常常有较多老旧影像或视频资料,其中多为黑白及低分辨率,有修改为彩色及高分辨率的需要。对老旧影像资料的修复与老旧图像的修复原理是类似的,只是老旧影像资料的修复的工作量要大得多。

老旧影像、视频的人工智能修复,是一种通过人工智能技术来对视频进行修复、提升画质的方式与过程。在修复时需要先将相关的影像转换为数字化的视频,再使用 waifu2x、Topaz Video Enhance AI 及 VEAI 等之类的视频修复软件。在使用修复软件时,通常先将数字化的要修复的视频导入,然后选择修复选项,如可以根据个人需要选择画质提升、噪点修复、去除抖动等选项,其后即可以开始修复视频,

完成后存储为高清、彩色的更高质量的视频。在人工智能修复戏曲/曲艺影像或视频过程中,提升画质是其中的一个重要环节,通过清晰度、对比度、细节等方面的提升,可以让视频更加清晰鲜明。同时,清晰度也是修复中常见的需求之一,通过降低噪点、增加细节等方式,尽可能显著提高视频的清晰度。例如,2021 年,网民"大谷 Spitzer"即用人工智能上色修复了 1958 年《穆桂英挂帅》的戏曲影像。在这些影像资料中,对戏曲服饰而言,需要更准确地上色才能更好地还原其文化内涵。于是,该修复者尝试使用了 RIFE,Deep-Exemplar-based-Video-Colorization 等一系列最新人工智能项目,结合手绘,完成了这个片段的修复。相信随着时间的推移,人工智能参与的此类影像修复会有更好的效果、更高的效率。

需要注意的是,老旧影像视频的人工智能修复是一项不断发展的技术,在实践中需要不断尝试和优化,才能达到理想的效果。在具体修复时,应该根据视频的类型和细节情况选择不同的算法和参数。另外,在修复过程中需要有性能较高的计算机及显卡,同时注意保护视频隐私和版权,避免因侵权等问题带来的不利后果,建议使用正规的授权软件进行处理,同时注意做好修复前后视频内容的保存与备份。

二、人工智能分析不同流派唱腔特色

戏曲与曲艺中有不少流派,每种流派在唱腔等表演方面都有自己显著的特点。例如,中国京剧"四大名旦"中,虽然梅兰芳、程砚秋、尚小云、荀慧生唱的都是旦角,但唱腔风格迥然不同。过去,判断戏曲、曲艺不同流派的唱腔及表演水准主要通过经验,现在可以通过人工智能进行判断。当然,这需要对人工智能进行大量戏曲与曲艺唱段的训练。我们可以利用人工智能分析大量不同流派戏曲/曲艺的表演片段,去发现不同戏曲/曲艺流派的表演特点及表演规律。这可能要比纯人工判断、总结更加客观、科学,并可能发现一些过去戏曲、曲艺从业人员未曾发现的特点与规律。当然,这种分析总结能力有一个发展过程,不可能一蹴而就。

如果人工智能能够更客观地总结、发现不同流派戏曲、曲艺的表演特点与表演规律,则有利于提升戏曲、曲艺的教学效率。同时,我们也可以利用类似于前面的舞蹈、戏剧等的人工智能动作与唱腔分析功能,及时发现戏曲、曲艺学习排练过程中的问题,并由人工智能给出相应的改进建议,这也有利于戏曲、曲艺教学效率的提升。

三、人工智能生成曲艺台词剧本

在曲艺领域,需要不断产生新的节目。此时,人工智能生成台词剧本的效率或许要比人类作者高出不少。从本质上,曲艺节目的台词剧本生成的原理与戏剧台词剧本的生成是类似的。其中,相声之类的曲艺节目比戏剧更强调捧逗与哏对之间的对白台词。在文心一言的"AI 达人创造营第二期"中,就已经有了基于PaddleHUB 实现人工智能相声生成的实验项目。该项目基于 PaddleHUB 完成文本对话生成类任务,以相声逗哏生成介绍如何使用自己的数据集完成匹配文本的生成任务。该项目收集了多个来自网络的相声文本,经处理过后存为 TXT 格式文件,形成相声数据集。然后,将逗哏作为输入,捧哏作为输出构建匹配数据集。

目前,文心一言已经推出"相声剧本生成"创作工具,可以根据用户提供的主题和需求,从大量的相声段子中筛选并生成符合要求的相声剧本。其相声剧本生成的步骤如下:

第一,确定主题和需求:需要明确相声的主题和需求,例如搞笑、讽刺、娱乐等。

第二,输入关键词:根据主题和需求,输入相关的关键词,例如场景、人物、情节等。

第三,筛选相声段子:系统会自动从大量的相声段子中筛选出符合主题和需求的段子。

第四,生成相声剧本:系统根据筛选出的段子,自动组合成符合要求的相声剧本。

第五,调整和完善:根据实际需要,可以对生成的相声剧本进行调整和完善。

需要注意的是,在人工智能生成曲艺台词剧本时,输入的关键词要准确无误,以便系统能够准确地筛选出符合要求的段子。同时,系统筛选出的相声段子可能不止一个,需要根据主题和需求进行合理选择。我们需要注意的是,创作时要尊重传统。虽然人工智能可以自动生成相声剧本,但创作者仍要尊重相声的传统和规律,避免出现不合适的段子和内容。

四、人工智能复活已故戏曲／曲艺大师

如前所述,数字虚拟人不仅可以诞生虚拟演员与偶像,也可以为真人演员与偶像设计超写实(或全真)数字化身或其他风格的化身。只不过,后者既可以为在世

的演员与偶像设计数字化身,也可以将已故的演员与偶像通过数字虚拟人"复活",当然通常是对戏曲、曲艺领域曾经的大师进行数字化"复活"。

从本质上讲,如果数字虚拟人对应的是戏曲或曲艺领域大师是超写实或全真的数字化身,那么数字化身可以算是真实人的数字孪生。在已故戏曲/曲艺大师被"复活"之后,既可能让其在虚拟舞台空间表演,也可能让其以全息影像或裸眼 3D 等方式呈现在现实舞台上。

被"复活"的戏曲/曲艺大师在表演时,既可能表演其生前曾经表演过的片段,也可能表演具有其风格的新片段。对于后者,通常是将与已故大师流派风格相同或类似的年轻演员的唱腔进行录制,并利用人工智能转换成与大师的声音接近的音色,将年轻演员的身手动作表演等方面进行动作捕捉后绑定在已故大师的数字虚拟人身上。这样,已故大师数字化身表演的其流派风格的现代新唱段就展现在观众眼前了。另外,如果进一步训练到位的话,这些数字化身还可能与观众互动,或接受记者的采访。例如,2021 年,在北京梅兰芳大剧院剧场,随着一束光照向舞台,京剧大师梅兰芳熟悉的声音响起,穿着大褂的他缓缓走向观众,令世人仿佛穿越时光。这就是"数字梅兰芳"复现项目的成果之一。

复现京剧大师梅兰芳,是中央戏剧学院、北京理工大学共同发起的"数字梅兰芳"项目成果。在北京高校"卓青计划"支持下,该项目通过高逼真实时数字人技术,对京剧大师梅兰芳先生进行复现,形成在外貌、形体、语音、表演等各方面都接近真人的"梅兰芳孪生数字人"。项目团队希望借此为传承传统文化插上现代科技这双"隐形的翅膀"。据悉,该项目采用 Vicon 光学运动捕捉系统对梅派表演艺术家表演时的面部表情、动作等数据进行采集,然后以梅派传承人作为"中之人(指操纵虚拟主播进行直播的人)"驱动人物模型表情、身形体态的数字化重建。实验室中央搭建起庞大的球形设备,安装着 36 台相机和 162 组可控 LED 灯,通过毫米级的精度捕捉,将梅派传承人的一颦一笑记录下来。

五、人工智能分析戏曲/曲艺演出效果

如前所述,人工智能可以用于分析戏曲或曲艺节目的表演水平,进而用于判断演出效果之好坏。在具体操作过程中,既有类似于前面舞蹈或戏剧中对于声台形表等基本功及连续表演的动作与唱腔捕捉,通过与标准表演数据库片段进行比对判断演出效果的,也有利用人工智能抓取网络上的相关数据,分析不同戏曲/曲艺

节目的总体效果的。

对于利用人工智能分析网络上的数据,可以让人工智能自动抓取网上不同平台上戏曲或曲艺节目观众的评价,分析这些不同评价的性质,以统计好评、中评、差评的比例;可以根据这些判断分析不同人群对相关戏曲、曲艺节目的接受程度,以分析节目的总体口碑。

实际上,这些方法则可以给相关的戏剧/曲艺节目进行总体打分。这些分数或许比人类的戏剧专家的判定更加客观与准确。当然,在利用人工智能对具体的节目评分时,或许在较长一段时间内,还会同时参考人类评委的判断。

在人工智能分析过程中,还可以根据现场的观众反应,甚至结合网络上不同时段的评价数量与性质,分析不同戏曲/曲艺节目的各个高潮点。这有利于在戏曲、曲艺节目的剧本创作、表演等环节及时发现值得发扬的地方及需要改进的地方。

另外,利用人工智能还可以分析戏曲、曲艺节目的网络传播状况。其中,既有对相应节目的传播速度、传播范围及传播路径的分析,又有在前述网络传播过程中体现口碑的同时,对连续多场演出时观众及市场的变化趋势的检测。甚至,如果有巡回演出的话,还能对不同地域的观众反应、人员构成、消费层次及消费水平等指标进行分析。

六、人工智能/机器人表演戏曲/曲艺

虽然人工智能/机器人表演戏曲与曲艺似乎听起来有些像"天方夜谭",但是人工智能或许可以逐渐让它变成现实。实际上,人工智能/机器人表演相声之类的曲艺已经有了相应的尝试,并且取得了一定的表演效果。

2017 年 12 月,在天津卫视的《笑礼相迎》新年特别节目上,机器人小艾与相声演员李丁联合表演了相声《人工智能》。节目展现了人工智能在医院、机场等公共场所逐渐得到应用的社会新趋势。2022 年 2 月 1 日,在大年初一播出的 2022 新春相声大会节目《名片》中,知名青年相声演员董建春和李丁与优必选熊猫机器人优悠进行了合作演出。在憨态可掬的外表下,熊猫机器人优悠向李丁发出了一连串关于年龄、收入、存款的灵魂拷问,又凭借古灵精怪的回答让董建春"大呼过瘾",现场还表演起了国风太极。

《笑礼相迎》是新春相声大会首次启用人形机器人相声演员。节目在继承"说学逗唱"的传统基础上新增科技元素。而熊猫机器人优悠综合视觉、听觉、触觉、环境多通道感知的多模态情感交互,配合肢体、表情和灯光,对李丁和董建春的"插科

打诨"对答如流,相声"功力"可圈可点。

2022 年 8 月 12 日,在南京市文化产业资源共享会开幕式的数字文化精品路演环节中,世界首款戏曲机器人"艾鳎"吸引了众多目光。它借助动作捕捉技术和真人演员同台,模仿着演员的身段,唱起了昆曲《游园惊梦》。该机器人由江苏省演艺集团联合国内多所高校联合开发。经过两次迭代,开发团队已经不再追求让机器人像人,机器人就应该是"赛博表演艺术家",有鲜明的辨识度反而会增加传统与科技的"混搭"效果。

这一点在举行戏曲进校园活动时表现得尤其明显,小朋友们也许不认识一位戏曲名角,但是一看到机器人就两眼放光,机器人表演戏曲时学生们兴奋得又是欢呼又是尖叫。从这个角度看,新形式的人工智能/机器人对于传统优秀文化中的戏曲/曲艺在年轻观众的传播与传承中发挥了重要作用。

据相关报道,在该机器人戏曲表演中,比动作更难解决的是服装问题。在"艾鳎"之前,世界上的机器人从不穿衣服,这主要是因为衣服产生的牵扯感会让机器人在运动时误以为遇到障碍物,常会停止工作。同时,衣服影响散热,容易导致机器人宕机。此外衣服还会影响配重,容易让机器人失去平衡而摔倒。然而,作为戏曲机器人,充满现代感的机器人金属外壳会使观众将其与传统昆曲艺术区隔开来。为了让"艾鳎"穿衣服,开发团队经历无数次尝试与失败后,终于找到一种空气层面料,它能够尽可能地减少机器皮肤和衣物间的阻力,在不影响机器人动作和平衡的前提下,解决"艾鳎"表演时的"着装问题"。

7.6 人工智能+美术与书法

人工智能与美术、书法结合的应用主要包括:人工智能生成绘画、人工智能生成书法、人工智能书法识别、人工智能书画分析、机器人现场绘画书法、人工智能书画练习辅助系统、人工智能书画鉴定等。

一、人工智能生成绘画

近年来,人工智能应用中最活跃的莫过于 AIGC。该技术在生成绘画方面的发展速度让世界普遍为之惊讶。

以 Stable Diffusion、Disco Diffusion、Midjourney 及 DALL‑E2/3 等为代表的 AI 绘画工具风靡全球。国内百度的"文心一言"的智慧绘图及 ERNIE‑ViLG 文生图、盗梦师等类似的 AI 绘画平台亦不断成长。即使是没有绘画基础的普通网民,亦可以通过输入一段文本描述,选择生成风格和分辨率,模型即可以根据输入的提示词自动创作出符合要求的图像。人工智能不仅可以生成绘画作品,也可以用于插画、绘本、动画的原画及平面设计中作品的生成。

由于 AI 绘画工具的使用门槛越来越低,且易用性不断提升,使得更多绘画基础差或基本没有绘画基础的人亦可以创作出相应的作品。对于绘画基础较好的用户而言,还可以利用 AI 绘画工具代替一些低水平的重复劳动,将时间用在更有创造性的环节上。

当然,在使用 AI 绘画工具时,艺术素养、鉴赏力及审美判断水平更高的用户更有可能生成更好的作品。上海戏剧学院创意学院的研究生们就尝试用 AI 绘画工具生成了医圣张仲景的系列绘本。

目前,AI 绘画在模仿已有风格上已经较为成熟,可以提升相同风格作品的"创作效率"。AI 绘画在"原创性"上则仍然在做各种尝试,特别是对于有创新特点不同流派美术作品的生成还需要深入探索。

当然,对于绘画作品的创新,画家们也持不同观点。在未来,人工智能与绘画之间将呈现出更多相辅相成的格局。一方面,人工智能的绘画创新,需要总结绘画领域的创新规律,如创新点、创新速度及观众可接受程度;另一方面,人工智能生成的绘画因其丰富的可能性可以为画家提供更多的参考。

二、人工智能识别与生成书法

人工智能的书法识别应用已经有了相关实验探索。这使得人们既有可能利用人工智能识别书法作品中难以辨认的文字,也有可能利用人工智能生成书法作品。

人工智能识别书法相比一般文字识别系统的识别工作难度更大,因为书法作品中行书、草书等文字并非规范字体。特别是甲骨文等相对古老的文字,其识别难度更高。更何况,有时书法中一个字有多种写法,识别难度就会大大增加。

2019 年数字中国创新大赛(DCIC)的"文化传承——汉字书法多场景识别"通过 AI 对不同场景(博物馆字画作品、碑刻、楹联、匾额等)中的书法文字识别,充分展现了此类功能。人工智能技术提供了将书法艺术推广及为社会与文化普及服务的一条路径。至少，书法中的文字辨认有了人工智能的参与，会为人们欣赏书法作品带来便利。

对于人工智能创作书法作品，目前的困难与争议不少。一方面，人工智能与机器人拿毛笔书写普通文字意义似乎不大，因为不同字体的一般需求通过计算机打印早已经可以解决问题；另一方面，对于人工智能或机器人创作书法而言，虽然其对笔法的学习相对轻松，对字形、间架结构的模仿亦不难，且有助于发现书法的一些规律，但是人工智能创作书法时对整体章法的把握、气韵及笔势的呈现则相对困难。

当然，未来人工智能在生成书法上进行更深入的高水平实验也未尝不可能。毕竟，至少书法作品的"章法"意味着有一定的规律与法度。如果再加上更丰富的优秀书法作品训练库，相信人工智能在气韵及笔势等方面亦会不断进步。

三、人工智能书画分析

如果人工智能能在上述绘画、书法作品的生成与识别方法不断进步，并逐渐掌握其中不同绘画或书法流派的风格特点与规律，那么对于绘画与书法进行相应的大数据分析将成为可能。同时，人工智能还可以分析大量优秀书画作品中不同绘画方面的创作特点。随着该技术的不断进化，其书画分析水平也应该会不断提高。

在人工智能进行书画分析时，需要对书画分析指标进行界定，既包括普通的分析标签，如时间、年代、画作种类、主题及作者等信息，也包括书画具体要素的分析标签，如造型、构图、色彩、光影、风格及技法等方面的指标。

例如，清华大学美术学院副教授向帆与软件架构师朱舜山，曾经将数字视觉化技术应用到了全国美展的图像研究当中，其前提就是要从 7 届全国美展、2 276 张入选及获奖油画作品中，分析获奖作品的特点，一探获奖作品的创作特点。该项目中得出了一些过去书画界不为人知的秘密。例如，历届入选作品命名也许可以透露出创作的主题。最热门的中文词汇是：家园（18 次）、暖冬（8 次）、无题（4 次）。目前大概有 10 件以中华人民共和国成立为题材的作品。以上题目本身也许是对全国美展题材最普遍的概括，涉及表达的内容、主体及角度。

该项目还发现一些与入围获奖相关度很高的因素，例如：大画幅、获奖经历、暖红调、中年审美、家园故土等。除了这些还有什么呢？该团队负责人称尚没有来得及对2 276张画面做详细的语义标注，因此他们把 Award Puzzle 交给公众，提供一种新的观察方式,帮助大家发现属于自己的答案。

虽然该项目是 2016 年前后进行的,但是其对书画分析的过程及一些结果还是令人眼前一亮。随着现在人工智能技术的飞速发展,类似的分析可以做得更精细,或许可以得出更多真人绘画工作者无法观察到的结论。

四、机器人现场绘画/书法

近年来,媒体曾经有过几次机器人现场绘画的报道。当然,对于机器人绘画与机器人书法而言,其呈现与发展的状况总体上有所不同。

关于机器人绘画,较为有亮点的是机器人自动随机绘画,其方法类似于程序自动随机绘画。程序自动随机绘画通常是利用某些随机函数或噪波函数控制某些参数,让每次屏幕上所谓的"画笔"的移动方位及颜色等方面均呈现出随机的结果。

如果有实体机器人的随机绘画,则要在上述程序自动随机绘画基础上,考虑如何根据程序驱动机器臂的随机移动,如何用机械臂持握画笔,以及如何触发颜色的切换,或让机械臂持画笔蘸不同颜色。如果还要让实体机器人调颜色,难度则要大很多,目前暂未有现实案例。

目前,对机器人随机绘画的质疑主要在于,其绘画的逻辑与章法何在?当然,如果是随机算法驱动其绘画,其结果更像是抽象绘画。只是,如果让其进行写实绘画,那何不用计算机直接打印图像?除非是要用机器人进行绘画教学,然而其难度更大。

同样,机器人现场写书法是否具有必要性也存在争议。虽然目前多数的机器人现场书法表演也可能如同绘画一样,通过后台程序驱动机械臂持握毛笔进行,但是通常书写字体的还是来自计算机已有的字库。几乎没有机器人可以体现书法创作中的气韵与章法。

对机器现场写书法表演的质疑同样在于,这类装置几乎没有存在的必要,因为如果只是要书写的结果,只需直接打印即可,除非是为了演示书法教学,但其难度依然非常大。

实际上,一些人对机器人现场绘画或书法的最大期望是书画创作的创新,这或许是一个非常大的挑战。如果是为了这个目的,可能未必需要通过机械臂来驱动创作,或许直接利用人工智能在电脑中进行创作创新实验,效率可能更高。

五、人工智能书画练习辅助系统

如果前面几种关于人工智能在绘画、书法领域的应用得到一定程度发展的话，那么就能够发现更多不同书画类型的创作规律，能够在分析书画作品的基础上分析书画学习者练习作品的优点与不足，并通过人工智能给出问题所在，提供改进建议，为他们提高书画练习效率，这未尝不是好事。

这一类系统可以称之为书画练习辅助系统。它可以针对基础性的绘画与书法练习进行辅助指导。该系统在让人工智能进行了足够数量的绘画或书法训练之后，其主要应用环节包括识别练习者的作品、分析作品好坏、指出作品不足、提供练习改进建议等。

相对于书画学习较高的成熟阶段，此类书画练习辅助系统更适合初学者。这是因为，一方面，书画初学者学习的内容相对简单规范，可以拆解为具体的量化分析指标，在对比标准书画库的基础上作出习作准确与否的判断；另一方面，它主要对书画学习的基本细节（如用笔、间架结构等）进行判断，而暂时可以不用考虑作品整体的气韵与章法。

当然，随着时间推移以及人工智能书画分析水平的不断提升，人工智能可能会在书画学习的高级阶段及成熟阶段创作时对作品展开更全面地分析，进而为更高水平的书画学习提供辅助指导。

另外，这类书画练习辅助系统完全可以增加练习进度及水平增长的轨迹记录，不仅可以让练习者看到自己书画生涯的成长过程，还可以将大量用户的书画练习数据进行分析，为其他练习者提供更科学的指导。

六、人工智能书画鉴定

人工智能在绘画、书法领域的一个应用在于书画鉴定。虽然，书画鉴定有其复杂的一面，有相当多的要素需要兼顾，但是人工智能仍可能在其中一些环节发挥重要作用。

其一，人工智能可以从绘画或书法结构上鉴定作品。如果前面提到的人工智能书画分析能力与水平发展到一定程度，其中就包含了对某些书画流派特有的结构分析，进而可以作为书画鉴定的重要参考之一。特别是一些书法作品有较为明显的结构特点，人工智能完全有可能对其加以分析及判断。

其二，人工智能可以从书画作品的用笔、用墨上鉴定。通常，一个流派或一个书画家的作品中的用笔或用墨往往具有较为突出的特点,可以让人工智能作为依据分析与判断作品的真伪。在绘画领域,用墨不仅有方法与规律,而且不同流派与画家的作品也呈现出不同的用墨方法。在书法领域,不同书法类型及不同书法家的用笔特色亦较为明显,亦是某些书法流派或书法家身上特有的元素。

其三,人工智能可以从书画作品的题词落款上进行鉴定。不论是绘画还是书法,通常有落款,而且一个画家或书法家的落款一般只有数量有限的几种,并且相对识别度较高,这为人工智能进行书画鉴定提供了另一个有利条件。

其四,人工智能可以对书画作品的印章、印泥进行鉴定。一方面,书画作品印章的图案可以让人工智能通过图像识别,与画家标准印章数据库进行比较,因为一个画家的印章数量是有限的,且图案相对固定,虽然每次盖章可能会有局部颜色的不均匀,但对识别与鉴定妨碍不大;另一方面,对于书画作品的印章上的印泥,可以让人工智能对其年代加以鉴定,以判断印泥的生产年代是否与作品所处的年代相符。

最后,人工智能可以从书画作品用纸(或材料)的年代上鉴定。对于书画作品而言,其承载的用纸或其他材料(如帛画等)可以通过人工智能对其年代加以鉴定,进而判断其是否与书画作品创作的年代相符。

当然,还可能有其他的人工智能书画鉴定环节。虽然以上某个单一环节未必能够完成确定鉴定的结果,但是如果将几个环节的鉴定指标加以综合,则可以因人工智能鉴定而大大提高对于书画鉴定的准确度。

7.7 人工智能+设计

人工智能与设计领域结合的应用主要包括:人工智能生成海报/广告、人工智能生成封面、人工智能生成 logo/标识、人工智能生成包装设计图、人工智能生成建筑设计图、人工智能生成环境设计图、人工智能生成室内装修设计图、人工智能生成 UI/网页布局、人工智能生成 PPT、人工智能文创衍生品设计等。

一、人工智能生成海报/广告

人工智能生成海报/广告类似于前述的 AI 绘画。目前,AI 绘画平台或工具已经不断涌现,并且已有众多的图片可以由这些平台或工具背后的人工智能生成。

毋庸置疑的是,AI 绘画工具当然可以用于图形类海报/广告的人工智能生成。

目前,除了已有的众多国内外用于生成图片类营销内容的 AI 绘画工具,还有一些数智化平台自带的系统与工具,可以根据监测到的不同用户的不同需求自动生成相应的有针对性的海报或 HTML5 营销内容。此类平台会根据需要监测与指标分解,结合海报/HTML 模板库及需求指标分析创意组合算法,自动生成海报或 HTML5 图片类广告。在系统运行过程中,还会不断进行创意组合优化及渠道组合优化。

当然,在人工智能生成的图形海报/广告后,可以根据需要进行一定程度的筛选及再加工,或者补充一些广告所需要的信息,还可以进行二次创作。一些企业甚至可能会鼓励网民进行二次创作,以扩大品牌的影响力。

人工智能生成海报/广告的技术在不断进化。2023 年,谷歌为美国的广告商和商家推出了一套基于 AI 的产品图像生成工具,商家在提供了产品图之后,只需输入想要使用的图像提示,就能利用"文生图"功能免费创建新的包含产品的图像。

据悉,该功能可用于更改商品背景或将背景变为纯色等简单任务,也可以用于在特定场景中展现商品等更高级的任务。例如生成一张冬季相关图片,可以通过"产品被放置在雪地上,周围有松树枝或松果"这样的指令。此外,这套工具还可借助生成式 AI 来帮助改善低质量图像,无须用户重新拍摄,还可以移除容易分散用户注意力的背景。

实际上,基于人工智能的广告创意层出不穷。雀巢旗下乳制品品牌 La Laitière 就在品牌宣传中使用了约翰内斯·维米尔的油画作品《倒牛奶的女佣》。2022 年 9 月 La Laitière 发布视频,记录了在 DALL‑E 2 的"Outpainting"功能帮助下,这幅油画作品被慢慢拓展开来的过程:画面中不再是倒牛奶的女佣独自一人——左右突然多出了十几个围观倒牛奶的"观众"。原来单调的场景也变得丰富生动起来:天花板的横梁、挂在墙上的锅碗瓢盆、桌子下探出头来的小孩……La Laitière 让消费者看到了画外可能存在的一种风景,也引出了其品牌的标语" C'est si bon de prendre le temps(花时间品味美好的愉悦时光) ."。

二、人工智能生成封面

人工智能生成封面的方法亦类似于前述的 AI 绘画及 AI 生成海报/广告。当然,所谓的封面与传统封面类似,包括杂志封面、书籍封面、唱片封面等,以及与封面相关的封套、腰封等,都可以通过人工智能生成。

与上述人工智能生成绘画或普通图片不同的是,人工智能生成封面时,要考虑杂志、书籍或唱片的内容,要根据内容的不同生成不同风格的封面设计图。当然,有时杂志的主题及重要文章、书籍的章节、唱片的歌曲名称等都可以成为人工智能生成图片时的关键词或 Prompt。同时,对于人工智能封面的生成,可能需要考虑到文字字体、颜色与排版的问题,以及需要添加一些标准信息(如出版方 logo、图书系列 logo、二维码等)。不过,只要有规律,就无法难倒人工智能。

2022 年,《三联生活周刊》在出到 1 200 期时,做了一次有趣的艺术实验——从过往 1 200 张封面中选出 12 个代表不同时代的封面,融合 AI 技术和艺术家费俊的创意,生成了 12 张人机协同创作出来的 AI 封面,并同步发行了 AI 封面对应的数字藏品。

怎样在抽象的机器学习生成物与直观的视觉表达之间寻找平衡,是本次创作的难点。费俊和他的团队经过了反复的尝试,决定融合 AI 生成的一片片"时间切片",构建出一座既致敬历史又面向未来的数字雕塑。象征历史的立方体和"时间切片",结合"超链接"的交互方式,共同构成了一个具有时空穿越感的视觉结构。费俊将这种结构称为"时空虫洞",他表示:带有"AI 封面"的这些立方体散发出不同色彩的光芒,有一种蓬勃的生命力,代表《三联》一直以来为读者提供内容价值,构建丰富的精神世界。

虽然这一案例有艺术创意的成分,但它真实地运用人工智能为杂志生成了封面。其基本方法与原理完全可以用于一般杂志、书籍或唱片封面的设计。未来封面设计领域的效率也将因人工智能应用比例不断增加而提升。

三、人工智能生成 logo/标识

人工智能生成 logo/标识正在不断流行与普及,大大提升了这一领域的设计效率,并且由于人工智能生成结果的多样性,也使得 logo/标识的设计作品显得更为丰富,让用户有了更多的选择。

用人工智能生成 logo/标识,相应的风格与要求需要用 Prompt 进行合理的描述。以较常见的线条描边风格为例,这种风格的 logo 具有简洁、现代、抽象的特点,通常以线条的形式勾勒出物体或形象的轮廓,强调形状和结构,而不涉及过多的细节和阴影。它常常使用单一的线条或简单的几何图形,营造出清晰、精炼的视觉效果。其 AIGC 的 Prompt 可能是：Line art logo of an apple, white color, minimal, dark color background。又比如,新潮渐变风 logo 通常采用动态、流动的渐变效果,通过色彩的渐变变化,营造出充满活力和变化的视觉效果。这种风格的 Prompt 可能是：Geometric Gradient logo, colorful geometric design gradients, modern graphic design, abstract, featured on behance。其他如极简扁平风 logo、玻璃感立体风 logo、传统日系风 logo、赛博朋克风 logo 等方式,都有一定的规律及可套用的 Prompt。人们甚至还可以让人工智能生成 3D 卡通风 logo 或 3D 粘土拟物风 logo 等形式。

同时,一些 AI 图标设计生成器平台已经出现,以"标小智"为例,在基本构思之后只需要输入简单的 AI Prompt,或进行不同元素的选择,如选搭配合适的 logo 字体与颜色,几秒内,AI 就能帮你生成独一无二的 logo/标识,而且能以矢量方式保存并编辑,甚至能以多种文件格式下载 logo 文件,还有反色 logo、黑白单色 logo 等文件以供下载。

四、人工智能生成包装设计图

从理论上讲,包装设计图上主要呈现图案与文字,因而上述的人工智能生成图形、海报、广告及封面等的方法均可以用于包装设计。只是,包装设计通常还要考虑被包装物品的形状,因此有对应的包装盒及其展开图。在展开图中,既要考虑如何包装及如何裁剪展开图,又要考虑如何在接缝的地方进行扩展印刷,甚至要考虑如何节省材料。最后,包装设计通常还需要有三维效果图。

目前,人工智能包装设计已经可以快速生成相应的设计图。当然,现阶段一些包装设计还需要设计师们通过对 AI 生成的图像进行进一步调整和优化,例如通过迭代修改画面描述、调整控制参数等方式,使包装设计的外观更贴近实际,线条更流畅,颜色更丰富,画面更具美感,这相当于"二创"。不过,随着人工智能的进化,人工智能在包装设计工作中的所占比例会不断提升。

无论如何,设计师借助人工智能在包装画面创意和风格形式上能够缩短包装设计与绘制的周期,同时降低设计成本,提高设计效率。需要注意的是,即使设计师可以在人工智能生成的包装设计图上进行"二创",我们仍需要高度重视包装设计的创意与审美。

随着人工智能的迅猛发展,利用该项技术的包装设计正在以惊人的速度推动包装行业的创新,并极大地提高了包装设计的效率。钟薛高雪糕、黄鹤楼文创设计、梵高酸奶盒等引人瞩目的案例,都展示了 AI 与人类合作创造出的奇妙包装设计。另外,结合大数据算法及其他技术,AI 在包装界也展现出了无限可能。

2023 年 3 月 29 日,在上海的新品发布会上,"钟薛高"3.5 元一支的雪糕新品"Sa'saa"亮相。该产品的亮点不仅是在价格上,更重要的是其包装设计完全由 AI 利用大数据算法和设计软件进行,两者配合,进行快速计算并出图。这个项目极大地节省了人工设计的时间,仅用 2 小时就能完成整套包装设计。无独有偶,在黄鹤楼系特色包装中,AI 发挥了重要作用,应用于茶叶盒、奶茶杯等食品包装设计中。另外,日本 PLUG 株式会社开发的"Package Design AI"不仅精于包装设计,可以在 1 个小时内完成 1 000 组商品包装的设计方案,而且还能分析包装在市场的受欢迎程度。该 AI 系统可以根据近 20 个设计关键字(如可爱、简单、醒目等)进行排序,并以热成像的形式展示结果。

五、人工智能生成建筑设计图

在人工智能生成建筑设计图时,除了一般意义上的图形与图纸外,整体建筑造型创意及建筑物细节设计上都有人工智能应用的影子。目前阶段看,通用的人工智能在建筑造型创意上更胜一筹,专用的建筑人工智能在建筑物的细节设计上能力更强。

在 Stable Diffusion、Midjourney 等通用人工智能进行建筑设计时,主要有两类人工智能功能操作方式。一类是利用关键词或 Prompt 生成形式各异的建筑造型构想,且可能出现异想天开的惊人之作,这种方式通常可以对建筑风格、绘图视角、周边环境、配景人物等进行描述,甚至可以输入关键词"隈研吾""安藤忠雄"等以生成特定建筑师风格的建筑。另一类是让人工智能将人类的简单建筑设计草图自动转换为精细的立体造型图。另外,效果图的绘制亦是 AI 的强项,AI 不仅能快速出图、快捷增减图面要素、修改图面细节、一键切换日夜景,而且现在已有越来越多的 AI 工具可支持用户自定义训练模型。甚至通过一些自主训练的模型,AI 还可以生成建筑分析图。

专用的建筑人工智能设计平台又分为几类。例如,针对城市建筑规划,可以使用黑鲨 AI(BlackShark)之类的平台,它们利用 AI 建立整个地球的数字孪生模型,训练数据来自全球的 2D 卫星和航拍图像,通过机器学习,可以建立包含地形高度、建筑、基础设施、植被在内的大型 3D 模型。还有专门用于建筑室内设计的人工智能平台。通常,此类平台允许设计师预先输入不同房间的面积需求和周边土地约束,软件就能自动生成几个户型图,点击即可查看详细的设计效果。这类平台中甚至有支持多人在线协作的,如 Maket.ai,如果设计师想对生成的结果进行变更,只需要涂涂抹抹,AI 就能理解设计师的意图,完成修改。一些专门的基于人工智能的建筑设计软件还引入相关的标准和规范,用于约束 AI 生成的设计结果,比如净面积要求、房间大小要求及净高要求等,以保证设计的合规性。预先输入这些要求的参数,然后在平面图上画出一条线代表建筑的长度走向,生成建筑的过程就可以全自动完成了。一些平台还可以帮助设计师在二维平面的设计基础上自动生成一个三维模型,和一套详细的报表。相应的平面和立面图则可以导出到 CAD 里用于出图。在人工智能的辅助下,整个过程中设计师可能不用画一张图,也不用进行一次计算。

也有专业的建筑类人工智能平台可以将设计师的设计蓝图转换成三维效果图。其本质是将草图模型生成渲染图。例如 Veras 即是一款由 AI 技术驱动的可视化插件,其工作基础类似于 Midjourney 等,通过关键词对其进行二次增强渲染。不同的是,Veras 不会从根本上改变建筑的形态和体积,这一点,其他通用的 AI 平台或插件很难做到。Veras 还可以通过开关按钮告知 AI 需处理的图片是否为室内或者鸟瞰等,以便更好地识别,并达到更优质的渲染效果。与通用的 AI 相比,它还可以进行局部渲染功能,即允许在设计师感觉总体满意、局部需要修改时,不用渲染整张图,只要框选不满意的部分,输入新的 Prompt,就能实现局部替换。

六、人工智能生成环境设计图

环境设计涉及室内外的人居环境设计与环境营造。人工智能可以将前面人工智能在图形、建筑、包装等多方面的设计能力相综合的基础上,提供更多、更有想象力的设计图。相对于传统环境设计以实用性与审美性见长,人工智能环境设计在创造性与创新性上的表现则更为突出。

人工智能环境设计分为通用人工智能平台和用于环境设计及环境设计专用的人工智能平台两类。当然,对于室内环境设计与室外环境设计还有不同的设计需求。

就通用人工智能平台用于环境设计而言,其丰富的设计结果让人耳目一新。

利用 Stable Diffusion、Midjourney 及文心一言中智慧绘图等平台,设计师只需要提供一些基本的设计要求和参数,比如环境或空间的相应尺寸、功能需求、风格喜好等,AI 就能根据这些信息生成出符合要求的效果图。

就环境设计而言,人工智能不仅可以自动感知或捕捉周边的环境,进而自动生成环境的基本图形,而且还可以类似于前面的人工智能建筑设计那样,将环境设计蓝图自动转换为渲染图或效果图。对于室外环境设计,人工智能除了可以生成一些更富有想象力的环境设计效果图,还可能以更深入的方式来模拟仿真相应的包括植物、山石、水域及其他环境物在内的不同室外环境的动态状况。对于室内环境设计,AI 不仅能够自动调整房间的布局和比例,还能根据不同的风格和材质,为设计师提供多种不同的效果图以供选择,或者为设计师提供环境设计创意参考与灵感。

值得关注的是,一些基于人工智能的其他技术也在应用于环境设计。以虚拟现实技术为例,在环境艺术设计中运用虚拟现实技术既可逼真地将艺术设计直观展现出来,也能保障技术预算的精确性特点,还能提升设计双方的互动性与有效性。此外,增强现实、混合技术的应用也在环境设计中开始逐步普及。设计师可以手持平板电脑或手机(未来可能会让客户戴上增强现实眼镜),在所观察到的室内外环境中叠加想要的环境设计虚拟影像,以虚实融合的方式观看环境设计的效果。

七、人工智能生成室内装修设计图

在上述讨论之后,读者一定会想到人工智能可以用于生成室内装修(家装或工装)设计图。很显然,人工智能介入这一领域,不仅可以提供更丰富的设计选择,提高家装效果图出图效率,为家装设计行业注入新的活力和创意,而且可以为更多普通用户提供更多简易直观的视觉体验,同时也为室内设计领域的设计师提供更多的发展机遇,带来效率的提升。

如果开始是想天马行空地进行室内装修设计,那么可以利用通用人工智能平台,将所希望的房间类型、装修风格、装修物品、色调等要求通过关键词或 Prompt 加以描述,或许会有许多意想不到的装修设计效果图。

类似于前面提到的一些应用,在室内设计时,可以通过手机或平板电脑拍摄毛坯房的基本结构,上传照片,输入基础性描述,即可根据实际场景生成众多的风格参考效果,供用户加以选择,以实现可生成的家装效果图的所见即所得、个性化和多样化。

在专门的室内设计人工智能平台方面,国内的无界 AI、晨羽 AI 等 AI 绘画类应用均可在家装设计领域发挥重要的作用。过去,室内设计师出一张图,先要用 CAD 软件画出三维空间图,再导入建模软件,然后是渲染器渲染等步骤。然而在人工智能介入室内设计后,游戏规则改变了。AI 室内设计让普通人也可以在设计这个细分的垂直领域大展身手。人工智能室内设计平台允许设计师在实际场景里用 AIGC 做概念设计图,在与消费者沟通时,双方能高效完成装修方案的沟通。一些平台还能够将家居家装、商业空间、地产建筑等全空间领域进行 AI 设计生成。

笔者较为认同三维家 3D 产品总监曹健提出的观点。他认为 AIGC 让设计师画图的时间少了,他们反而可以去学习更多知识,比如加强对材料的了解,对施工工艺的创新等。设计师要学的知识非常多,绘图只是一种设计思维的视觉表达的技能,它不应该成为设计师花时间最多的技能,设计师应该利用 AI 修炼设计思维。

八、人工智能生成 UI/网页布局

目前国内外有很多热门 AI 绘图工具,其中既有 Midjourney、Stable Diffusion、文心一言中智慧绘图等通用的 UI(用户界面)/网页布局人工智能生成工具,也有专门的 UI/网页布局设计的人工智能平台,如 GalileoAI、Uizard、Superflow、Noya、Digram 及 Appicons AI 等,通常允许用户通过直接输入文字生成相应的 UI 界面设计。

在人工智能进行具体的生成 UI/网页局面设计过程中,需要根据不同环境的不同要求尝试相应的关键词或 Prompt。以智能手机第三方应用程序(App)的人工智能 UI/网页布局设计为例,通常需要先描述 App 的种类(如购物类、出行类、餐饮类或运动类等)及所适应的平台(如 iPhone,iOS 等),可能还需要增加商品的图片,以及描述 UI 配色需求、UI 风格需求、页面类型(如首页、登录页、商品展示页、支付页等),然后再让人工智能自动生成相应的设计结果。

在专门的 UI/网页布局人工智能设计平台中,Galileo AI 及 Superflow 各有所长。前者能够自动识别和分析设计师提供的素材,提高设计一致性,并提供智能反馈和建议。后者提供了直观的 UI 流程图编辑界面和丰富的工作流模板,使设计师能够轻松创建和共享复杂的 UI 流程。

在涉及交互的 UI/网页布局人工智能设计中,可以尝试 Uizard、Noya 及 Digram。Uizard 是一款创新的 UI 设计工具,利用机器学习和自然语言处理技术实现了无代码设计。它允许设计师通过简单的手绘草图或文字描述来生成交互式 UI 设计。Noya 则是一款创新的 UI 动效设计工具,专注于为用户界面增添生动的动态效果,它提供了丰富的交互动画和过渡效果。Digram 专注于可视化设计和交互演示,为用户提供丰富的预制元素和组件库。

在涉及 UI/网页布局中的功能图标设计,类似前面的 logo/图标设计,但需要设计更统一时,可以尝试 Appicons AI,它将为设计师提供快速创建和优化图标的可能:通过人工智能生成图标及自定义选项,以实现快速生成、自动适配和高质量的图标输出,提高 UI 设计师的工作效率,并确保不同尺寸终端和不同平台上功能图标视觉效果呈现的统一性。

九、人工智能生成 PPT

人工智能生成 PPT 可以大大提高 PPT 制作的效率,节省时间成本。在要求不高的情况下,若干页中等设计水平的 PPT 可以由人工智能在几秒钟内快速生成。目前的人工智能生成 PPT 的工具主要包括微软的 Capilot,WPS AI,美图 AI PPT,boardmix,以及 Gamma 等。

2023 年 3 月,微软发布了由 AI 驱动的 Microsoft 365 Copilot,它将大模型(LLM)与 Microsoft Graph 和 Microsoft 365 应用中的数据相结合,打破了传统办公软件的方式,能自动生成文档、电子邮件、PPT,让 Word、Excel、PowerPoint、Outlook、Teams 等,让办公软件的效率提升多倍。

由 OpenAI 的 GPT–4 提供支持的 Copilot 将与 Microsoft 365 应用程序并排,作为聊天机器人出现在侧边栏中。该 AI 助手允许 Office 用户召唤它,生成文档中的文本,基于 Word 文档创建演示文稿(PPT),它甚至能够帮助用户使用 Excel 中的数据透视表等功能。Copilot 本质上是一个聊天机器人,人们甚至可以通过聊天要求它基于 Word 文档创建 10 张 PPT,只要用户说出自己的想法,即可一键生成。

据悉,中国的 WPS 也推出了类似的 AI 工具——WPS AI。在 WPS 更新至最新版本,并登录用户的 WPS 社区账号后,点击工具栏上的 WPS AI 图标,即可启用该功能。用户只要告诉 WPS AI 主题和页数等信息,就能够自动生成大纲,点击即可一键生成完整 PPT。WPS AI 还可以帮助用户优化 PPT 的布局和设计。在编辑模式下,点击 WPS AI 的图标,在输入框中描述需求后,WPS AI 将为用户提供相关的布局和设计建议。用户可以根据需要选择并应用到幻灯片中。另外,还有其他丰富的拓展功能,如扩写正文、改写正文、单页美化、生成全文、演讲备注等。

美图 AI 制作 PPT 只需输入一句话,AI 即可帮用户生成一套包括标题、大纲、内容、配图的完整 PPT。该平台可针对 PPT 中的上下文,根据用户输入的指令补充更多内容,同时提供丰富的素材、氛围装饰、背景图等供选择,可在 AI 生成的基础上继续调整颜色和字体等,并支持在线分享和在线演示,也可下载为 PPT、PNG、PDF 等格式的文件到本地。

Boardmix(博思白板)是一款基于云的 AI 设计软件,允许创建用于各种目的的自定义演示文稿、AI 绘画,AI 生成思维导图等。该平台有一个模板库,可以使用各种布局、颜色、图像、文本、字体等进行编辑。同时,它提供 AI 支持的内容助手,可以帮助用户轻松快速地创建演示文稿,并进行在线共享,还有团队协作工具允许与其他团队成员协作实时处理演示文稿。

Beautiful AI 亦是一款 PPT 自动生成工具,支持自动设计布局,用户可以自行设计 PPT 的布局和风格,进行智能配图,自动匹配和推荐相关的图片和图表,让 PPT 更加生动和直观,它支持多种主题模板,可定制更符合自己的品牌形象和风格,并实时协作,支持多人同时编辑和分享演示文稿。

Gamma 是一个人工智能驱动的平台,可以简化令人惊叹且引人入胜的演示文稿的创建。它拥有一系列预建模板,用于销售和营销、初创公司推介材料、提案、投资者报告、项目启动等,并嵌入基于上下文的动图(GIF)、视频、图表、网站链接等,使 PPT 的内容更具吸引力,它内置的分析功能可分析观者如何与用户的幻灯片互动,通过应用内评论、快速反应、标签和事件驱动的通知促进实时协作,还可以利用嵌套卡片和内置的拖放编辑器轻松创建详细的 PPT。

十、人工智能文创衍生品设计

近年来,人工智能文创衍生品的设计也有不少进展。一方面,一些与数字藏品设计类似的文创衍生品可以通过人工智能生成,其原理与前面提到的人工智能绘画与人工智能视频生成类似;另一方面,部分人工智能绘画平台在生成绘画后会自动提供一些现成的文创衍生品设计图。

人工智能生成文创衍生品,其基本原理仍然类似于前面的人工智能自动生成绘画、海报、封面、logo、包装设计及视频时使用的原理。同样,其生成过程既可能用人工智能生成平台,也可能使用文创衍生品专用的人工智能设计平台。

人工智能绘画平台在生成绘画后自动生成部分文创衍生品设计图,虽然是一个附加的功能,但选择绘画的哪些局部图案用于不同类型的文创衍生,仍然需要人工智能合理的算法支撑。例如,有的 AIGC 平台可在生成绘画生成后自动提供这幅画应用在手机壳、马克杯、帆布包、胸卡或抱枕的设计图,有些还可以进行 DIY 定制。当然,不同形式的文创衍生品的要求不同。有些是平面的,有些是立体的,有些是静态的,有些是动态的。平面且静态的文创衍生品人工智能设计更接近绘画、海报、封面及 logo 的自动生成。立体且静态的文创衍生品人工智能设计接近自动生成包装设计。动态的文衍生品人工智能设计接近视频自动生成或 3D 产品动态展示设计的自动生成。

另外,基于人工智能的文创衍生品在以数字藏品形式出现后,不仅因为人工智能的介入而显现出较高的设计效率,对于文创/衍生品数字化来说也是较好的实现途径。毕竟,随着时代的发展,人们对实物的文创衍生品需求逐步下降,而对数字化的文创衍生品有了更多的向往。此外,数字化的文创衍生品——数字藏品不仅可以让收藏者更容易存储、携带及欣赏,而且还可以在区块链技术的支持下,更好地管理数字化文创衍生品的版权及交易过程,进而使得数字藏品开发者获得更多的权益。

【课后作业】

1. 人工智能艺术主要有哪些种类?

2. 人工智能与音乐领域的结合有哪些主要应用方面?未来这些应用方面会怎样发展?未来音乐领域还会怎样进一步应用人工智能?

3. 人工智能与舞蹈领域的结合有哪些主要应用方面?未来这些应用方面会怎样发展?未来舞蹈领域还会怎样进一步应用人工智能?

4. 人工智能与广播电视领域的结合有哪些主要应用方面?未来这些应用方面会怎样发展?未来广播电视领域还会怎样进一步应用人工智能?

5. 人工智能与戏剧领域的结合有哪些主要应用方面?未来这些应用方面会怎样发展?未来戏剧领域还会怎样进一步应用人工智能?

6. 人工智能与戏曲、曲艺领域的结合有哪些主要应用方面?未来这些应用方面会怎样发展？未来戏曲与曲艺领域还会怎样进一步应用人工智能？

7. 人工智能与绘画、书法领域的结合有哪些主要应用方面？未来这些应用方面会怎样发展？未来绘画与书法领域还会怎样进一步应用人工智能？

8. 人工智能与艺术设计领域的结合有哪些主要应用方面？未来这些应用方面会怎样发展？未来艺术设计领域还会怎样进一步应用人工智能？

第八章　元宇宙中的人工智能艺术

随着人工智能的发展,它与正在兴起的元宇宙有了越来越多的结合。元宇宙以极大的包容性将过去包括人工智能艺术在内的各种艺术形式囊括其中,形成了"艺术元宇宙"等概念。

8.1　艺术元宇宙基本框架及特征

在探讨艺术元宇宙的发展之前,需要对于艺术元宇宙的基本框架及特征有一个基本的理解,这有助于对元宇宙中人工智能艺术的理解。

一、艺术元宇宙中的基本框架

从总体上看,艺术元宇宙的框架分为三块,即纯虚拟(数字原生)世界、数字孪生(极速版真实世界)及虚实融合(高能版现实世界)。艺术元宇宙可以兼容过去各种类型的数字艺术、新媒体艺术,并将艺术作品、艺术家、艺术机构(含中介)、艺术场馆等一起容纳到元宇宙基本框架中,并结合元宇宙艺术家社区及元宇宙艺术交易市场将各类对象进行连接或联系,如图8-1所示。

第一,纯虚拟世界的艺术元宇宙。主要包含纯虚拟的艺术机构、纯虚拟的艺术家及各类化身、纯虚拟的艺术作品及纯虚拟的艺术场馆等。纯虚拟的艺术家及各类化身可以创作纯虚拟的艺术作品,这些作品既可以在纯虚拟的艺术场馆展出,也可以在艺术场馆的数字孪生中展示,还可以被加载到实体艺术场馆或其他物理场所。另外,纯虚拟世界的艺术可以通过VR眼镜等设备进行三维虚拟方式的作品呈现及体验。

第二,数字孪生的艺术元宇宙。主要包含现实世界艺术家的全真模拟化身及

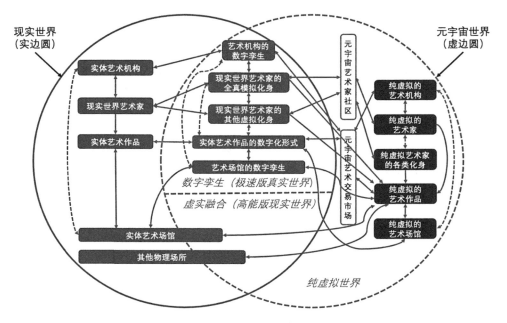

图 8-1　艺术元宇宙基本框架

其他虚拟化身、实体艺术作品的数字化形式、艺术场馆的数字孪生、艺术机构的数字孪生等。现实世界的艺术家及其各种化身亦可以创作虚拟艺术作品。艺术场馆的数字孪生中,既可以展出数字化的实体艺术作品,也可以展出纯虚拟的艺术作品。

第三,虚实融合的艺术元宇宙。这主要指虚拟信息加载到物理世界上,形成虚实融合的高能版现实世界。如前所述,其主要表现形式是将纯虚拟的艺术作品加载到实体艺术场馆或其他物理场所,目前可能要通过诸如 AR 眼镜等相关设备来欣赏,或者通过不同方式的裸眼 3D 使观众体验到数字虚拟人呈现在现实世界里,甚至与真人进行合作创作或互动。

在元宇宙概念出现之前,传统的互联网已经让我们以"旁观"平面场景的方式进行了时空拓展,我们可以通过随时体验内容获得时间的相对自由,可以通过线上巨大的存储获得空间的相对自由,并且网络视频与短视频让我们可以自由变换所观看内容的时间进度,线上的互联网多数可以实现在平面的空间里相对自由地漫游。

元宇宙概念的出现让我们能以"跳进"三维场景的方式进行更大程度的时空拓展,除了继续获得时间自由外,既可以以三维的身体沉浸于三维的纯虚拟世界,也可以沉浸于现实世界人或物的三维数字孪生虚拟世界,还可以将虚拟影像或虚拟人叠加到现实世界,进而形成三种基本的元宇宙世界三维空间,并可以在其中漫游甚至互动,获得更多空间自由,进而获得更加沉浸的体验。

二、艺术元宇宙发展概况

"元宇宙(Metaverse)"一词来源于 1992 年美国著名科幻大师尼尔·斯蒂芬森小说《雪崩》,其中有这样一段描述:"戴上耳机和目镜,找到连接终端,就能够以虚拟分身的方式进入由计算机模拟、与真实世界平行的虚拟空间"。

总的来说,元宇宙基本特征包括:沉浸式体验、低延迟和拟真感,这让用户具有身临其境的感官体验;虚拟化分身,现实世界的用户将在数字世界中拥有一个或多个 ID 身份;开放式创造,用户通过终端进入数字世界,可利用海量资源展开创造活动;强社交属性,现实社交关系链将在数字世界发生转移和重组;稳定化系统,具有安全、稳定、有序的经济运行系统。

虽然艺术元宇宙尚处于初级发展阶段,但从事各种类型艺术的艺术家与相关机构都在积极努力尝试,各类新技术、新空间及新平台在很大程度上促进了艺术创作中持续不断追求的尝试各种新的可能性。

从目前的发展看,不论是视觉艺术、听觉艺术、文学艺术、戏剧艺术、舞台空间艺术、戏曲曲艺艺术、舞蹈艺术、雕塑艺术到摄影艺术等,还是娱乐性相对强的音乐会/演唱会、动画、漫画、影视、广播等,抑或是放在文旅演艺等,都在向元宇宙大步进发。本节将以第一方面作为重点讨论对象。

以 NFT、VR/AR/MR(也合称 XR)、数字虚拟人、大数据、人工智能、虚幻引擎、云计算、物联网等为代表的新技术,为艺术元宇宙的发展提供了良好的技术支撑。在此基础上,艺术家与相关机构充分发挥想象力,积极尝试创作了各种富有创意的元宇宙相关的艺术作品,极大地丰富了艺术世界的种类与数量,并因为 NFT 之类的技术让艺术品的版权保护得以根本性改变。

"艺术+科技"已经被越来越多的人士认可,不仅在高等院校的相关专业发展中成为最重要的理念之一,有关的专业也迅速成长,而且在艺术元宇宙相关领域不断被实践与探索。人工智能等各类新科技助力艺术元宇宙的发展,使得各种新艺术的产生得以成为可能。

三、元宇宙中艺术的主要特征

元宇宙中艺术的主要特征表现为以下四个方面：

第一，沉浸体验感更强。更强的沉浸式体验是元宇宙中艺术的最重要的特点之一。由于 VR/AR/MR（也合称 XR）技术的普及与制作成本的下降，加上艺术家们的无限创意，以及越来越逼真的场景设计，有时再配合相关的体感设备，使得越来越多元宇宙中的艺术品呈现出更强的沉浸体验。

第二，互动体验更普遍。元宇宙中，除了部分静态的作品外，带有互动功能的艺术作品开始变得普及。通常，在本身就对互动功能有较好支持的 VR/AR/MR（合称 XR）及其他相关技术支撑下，加上体感设备的普及，使得互动在元宇宙中的艺术中较为普遍。

第三，人机协作创作增加。有较多元宇宙中的艺术作品是通过人机协作的方式完成，这其中的各种程序、算法、大数据、人工智能、虚幻引擎、云计算、物联网及加密技术等功不可没。其中，较为典型的有生成艺术、人工智能艺术、数据艺术、程序艺术、算法艺术、加密艺术、服务器艺术等。

第四，艺术时空大大拓展。元宇宙化的艺术表现中常常采用非线性及多分支叙事，这体现了艺术呈现时间上的变化与拓展。同时，元宇宙化的艺术在前面提到的三种不同的艺术元宇宙中极大地拓展了艺术呈现的空间，可以有更大、更广泛的虚拟空间被开发及利用。从理论上讲，相对实体的演出空间而言，虚拟的空间没有了艺术空间、演出档期及展示场地面积等方面的物理限制。

第五，虚实融合更广泛。元宇宙化的艺术中，既可以在现实场所中出现虚拟角色，并可能与真人联合呈现，也可以在虚拟场所中看到真实角色或他们的化身，这意味着艺术元宇宙往往是虚实融合的。值得注意的是，在元宇宙化的艺术体现虚实融合的同时，还可以看到以虚强实的特征，这对提升线下艺术观赏体验无疑有极大的帮助。

第六，确权技术保驾护航。NFT 等确权技术的快速发展与趋向成熟，为艺术确权及艺术价值与影响力的提升带来了良好的技术支撑。过去长期困扰艺术领域的作品被非法复制、艺术家权益受损等现象，可能因 NFT 等技术而得到根本性改观。NFT 和区块链是元宇宙的基石，元宇宙为 NFT 提供了应用场景。NFT 可以运用到艺术品、音乐、电影、戏剧、建筑、文学、体育、游戏等领域,这种收藏品的购买多出于身份象征和美化生活空间的目的。而元宇宙的深度沉浸式体验让 NFT 的使用更贴近真实生活,提升了它的使用价值。

8.2　不同类型艺术的元宇宙化应用

不同类型艺术的元宇宙探索与应用实践已经迅速在高校、相关研究机构及艺术相关行业展开。下文将探讨一些正在开展的不同类型艺术的元宇宙化应用及案例。

一、视觉艺术的元宇宙化应用

对于视觉艺术而言,元宇宙化应用可分为平面及三维两种。前述的生成艺术、人工智能艺术、数据艺术、程序艺术、算法艺术、加密艺术、服务器艺术等新作品中,平面视觉艺术作品占多数。目前阶段,自动生成的视觉艺术作品在模仿已有作品风格上有长足进步,但在创新性上的进步仍然十分有限。

2021 年 3 月 11 日,数位艺术家 Beeple(原名:迈克·温科尔曼,Mike Winkelman)的艺术品《每一天:前 5000 天》(*Everydays: The First 5000 Days*)在佳士得拍卖行以 6 934 万美元的价格落槌,成了世界上第一件在传统拍卖行出售的纯数字作品,刷新了数码艺术品的拍卖纪录,如图 8-2 所示。

这幅作品由数字艺术家 Beeple 从 2007 年开始每天作图一张,最终把 5 000 张图片拼接成一个 316 MB 大小的 JPG 文件,并将其制作为 NFT。作为在世艺术家作品拍卖史上价值第三高的艺术品,《每一天:前 5000 天》的起拍价仅 100 美元,然而,这样的起拍价大大低估了收藏家们的热情。

不得不指出的是,目前如火如荼的 NFT 数字藏品中,多数亦是平面或三维的视觉艺术。无论 NFT 数字藏品市场多么火热,其对应的数字藏品本身仍然需要视觉艺术家们创作与设计(除了传统绘画的数字化)。另外,VR 方式的三维空间作画使得传统绘画体验的平面本质被颠覆,艺术家可以真正体验到三维空间的视觉艺术创作乐趣。

图 8 - 2　Beeple 作品 *Everydays: The First 5000 Days*
（来源及版权：Beeple）

二、听觉艺术的元宇宙化应用

对于听觉艺术而言，除了声乐及乐器演奏等之外，作曲领域还有不少新的应用，主要分为两类：一类是作曲或生成歌曲，主要通过深度学习之类的人工智能来完成；另一类是配曲，主要通过全部或部分人工智能的方式，对已有的音乐自动生成不同声部、不同种类乐器的乐谱，甚至可以自动生成合奏的效果。

除此之外，听觉领域的元宇宙化音乐已经出现了 3D 音乐、机器人主持、交互多媒体、人工智能伴奏、虚拟现实音乐欣赏、机器人指挥、机器人演奏及机器人演唱等形式，并且已经有以人工智能模仿著名音乐家创作歌曲为演奏曲目的音乐会，未来还可能出现更多的新的听觉艺术元宇宙化应用。

2021 年 11 月 18 日，美国著名歌手贾斯汀·比伯（Justin Bieber）在虚拟娱乐平台 Wave 举办了一场元宇宙演唱会，通过自己的虚拟形象演唱了最新专辑 *Justice*

中的歌曲,如图 8-3 所示。粉丝可以前往 Wave 平台观看演唱会,也可以在比伯官方 YouTube 账号观看实时直播。值得一提的是,贾斯汀·比伯自己便是 Wave 平台的投资人之一,但他并非是第一个举办虚拟演唱会的歌手。

图 8-3　贾斯汀·比伯的虚拟演唱会(来源于 JUSTIN BIEBER 虚拟演唱会)

不同于洛天依等虚拟偶像的演出,Wave 打造的虚拟演唱会变现能力更强,而且通过与 Roblox 等游戏公司合作,在 3D 视觉效果和互动内容质量上也上了一个台阶。同时,Wave 开发的虚拟演唱会受众范围非常广,既能在 VR 设备上观看,也能面向其他媒体平台,这对走向主流人群和商业变现来说非常重要。

曾因写诗、绘画而引起大量关注的人工智能小冰,也在音乐领域进行了长时间的探索。"小冰实现了从灵感的触发、作词、作曲到最后输出的完整过程。上海音乐学院的老师们通过大量测试,认为小冰具有音乐专业本科毕业的水平,为它颁发了毕业证书。"

三、文学艺术的元宇宙化应用

对于文学艺术而言,元宇宙化应用主要是对小说、诗歌、散文或相关剧本等文学形式的自动化或半自动化创作。这一领域的元宇宙化仍然处于初期尝试阶段,与视觉艺术有类似的情形是,自动生成的文学艺术作品在模仿已有知名文学家的作品风格上更强,而在创新性上的进步仍然不大。

有一种观点认为,也许人工智能生成的文学作品更像碎片化明显的荒诞派文学作品。当然,不少专业人士对此持不同意见,他们认为明显没有逻辑的作品不能简单地归为"荒诞派",而更可能是人工智能目前写作水平有限所致。不过,在对诗或对对联方面,人工智能或许还是有相对高的"文学水平"的。一些在线对对联及写诗的人工智能程序已经表现不俗。实际上,对于风格特色明显的文学家或剧作家而言,人工智能通过类似 GAN 方式生成文学作品或剧本的难度越小。

当然,如同其他艺术领域一样,文学艺术也需要不断发展与创新。人工智能创作文学艺术作品时也不得不考虑这个问题。或许 GAN 之类的方式生成文学艺术时会更加好地应对这一问题,或许会为人类文学艺术发展及创新提供一种新的借鉴。

四、戏剧艺术的元宇宙化应用

对于戏剧艺术而言,元宇宙化应用主要是沉浸式戏剧。沉浸式戏剧主要通过 VR/AR/MR(合称 XR)等技术,创造虚拟互动的沉浸感戏剧体验,其叙事方式与互动颠覆了传统戏剧的观演关系,观众/用户在体验中不是按照传统的所有观众固定的叙事顺序,而可以为每位观众提供不同的选择,体验不同的非线性叙事。另外,观众可以在基于 VR/AR/MR(合称 XR)等技术的沉浸式戏剧中进行相应体验,可能充当其中一个角色,与其他事先设计好的虚拟角色进行合作表演,如对话或其他互动。因此,如何提供合理的互动是元宇宙化沉浸式戏剧需重点考虑的问题。还有一种情形是,虚拟的戏剧演员及机器人演员也可以通过全息及其他裸眼 3D 技术也可以出现于现实的戏剧舞台上,进行现场表演或与真人戏剧演员进行合作表演。

2022 年 5 月 24 日起,中国移动咪咕再度与上海大剧院携手,联合打造"巡演零号站·VR 未来剧场"第二季,为观众呈现多部来自海内外的高品质艺术作品。双方通过云服务算力网络及 XR 技术优势,落地线上互动新场景,打造中国大陆剧院行业首个"线上沉浸式互动戏剧"《福尔摩斯探案:血色生日》,该戏剧于 2022 年 6 月 18 日上线,如图 8-4 所示。

图 8-4　首个"线上沉浸式互动戏剧"《福尔摩斯探案:血色生日》海报(来源:一点资讯—中国移动官方账号)

为了提升观影真实感，打造沉浸式观看体验，移动云 VR 持续发力 XR 黑科技，构建赛博朋克未来剧场观影模式，通过搭载"场馆仿真"效果，打造天台高楼等多种未来感科技场景，以科技力量无限拓展了场景，带来异次元新潮体验，让观众能置身在风格迥异的环境之中尽享经典剧目。

五、影视艺术的元宇宙化应用

虽然不少观众从电影《头号玩家》《失控玩家》等中对元宇宙有了更多认识，但是元宇宙电影不等于影视元宇宙。元宇宙电影是以元宇宙为题材的电影，是已经被剪辑好的视频，与观众缺少智能化和互动性。影视元宇宙则是在影视领域的元宇宙技术、应用、平台及相关衍生产业等。

实际上，电影及电视剧本身就有元宇宙的基本元素——虚拟性及沉浸性，所以影视元宇宙化应用有广阔的应用空间。直接在元宇宙中观看影视节目并不是什么新奇之事，但元宇宙化的影视艺术可能会利用新技术在节目制作的前期、中期及后期有更多的发挥。在影视元宇宙化应用中，影视节目制作的前期，可能会有人工智能辅助进行电视节目需求预测、节目素材的发掘，并可能会有人工智能辅助影视剧本的生成。在影视节目制作的中后期，可能会有虚拟制片、实时渲染、数字角色、语音智能合成、图像智能识别、实时调色、背景屏多卷轴一体化、电影云及人工智能特效生成等方面的工作。

值得注意的是，由于元宇宙化影视节目（如 VR 电影或 VR 电视节目）往往具有沉浸性，可能允许用户选择个性化的观赏角度，这就使观众在一些元宇宙化影视节目中体验了类似游戏的"漫游"行为，现加上可能提供相应的互动，那么游戏与电影的界限将越来越模糊。

六、舞台空间艺术的元宇宙化应用

对于舞台空间艺术而言，元宇宙大大拓展了舞台空间的范围。舞台空间不仅从过去的线下搬到了线上，实体舞台及相关物品变成了虚拟的舞台、虚拟的布景、虚拟的道具及虚拟的灯光，更变成了"水平 360 度+垂直 360 度"的四周全环绕空间。同时，观众数量及可上演的剧目数量也扩大了成千上万倍。

无论如何，元宇宙为舞台空间艺术创作提供了无限广阔的天地。元宇宙的各种其他艺术（如戏剧艺术、戏曲艺术、曲艺艺术、舞蹈艺术及各类演唱会、音乐会等）

呈现时也都需要相应的舞台空间设计。现实世界的舞台也可以通过相关的技术达到虚实融合的状态,电视直播时还可以将这种虚实融合的舞台同时出现在电视机前的观众眼前。另外,虚幻引擎、实时渲染及虚拟制片等相关技术的出现,让现场的舞台空间变得更加智能化与虚实融合化。不仅舞台上的许多布景可以由高清大屏呈现,可以添加许多虚拟景物,而且可以在摄像机推移过程中使表演者身后的虚拟舞台背影影像发生方向移动或景深变化,并且使现实的灯光实现实时变化,以使现实光影与舞台背景虚拟影像的光影同步、同向变化。

需要提及的是,舞台空间艺术的元宇宙化过程中,通常还会存在舞台灯光设计、舞台形象设计、舞台道具设计及舞台服装设计等方面的元宇宙化问题。

2022年6月3日晚,数字人谷小雨联手张韶涵登上浙江卫视音乐节目《天赐的声音》的舞台,共同演绎了由宋词改编的经典歌曲《但愿人长久》。二"人"以歌会友,在虚实结合的AR舞台上,再现苏轼笔下关于山水、花鸟的想象和诗家情怀。据悉,谷小雨是国内首个使用虚幻引擎在广电AR实时舞台实现实时渲染的超过200万面数的高精度写实虚拟人,如图8-5所示。

图8-5 数字人谷小雨联手艺人张韶涵合作表演(来源:浙江卫视)

谷小雨由腾讯互娱知几(以下简称"知几团队")与浙江卫视联合打造,其"人设"是烟雨江南的"女儿"。为最大程度还原宋韵时期的人物风貌,知几团队参考了大量宋代历史文献资料,对谷小雨的外形进行了精心设计,上身以改良褙子、宋抹叠穿,袖口造型以西湖荷叶为灵感。下身则大胆搭配镭射材质短裙,外搭不对称垂感的水墨印花长裙,而印花的灵感则来源于南宋李嵩的《西湖图》。

七、戏曲及曲艺艺术的元宇宙化应用

对于戏曲及曲艺艺术而言,其元宇宙化应用类似于戏剧艺术及舞台空间艺术。已经有一些"VR+戏曲/曲艺"、"AR+戏曲/曲艺"或"XR+戏曲/曲艺"之类的应用探索,有利于戏曲/曲艺的传播与传承。另外,为了更好地虚拟呈现戏曲/曲艺,也有不少项目进行了相关种类戏曲/曲艺的动作捕捉,并设计了不少虚拟演员。特别是一些可以通过虚拟人复还的已故戏曲/曲艺大师形象,通过真人驱动或人工智能驱动的方式,让大师的虚拟人进行戏曲/曲艺表演。其中前者需要同流派的弟子进行后台表演,并可能需要进行一定的声音处理,后者则需要录制足够数量的同流派演员的演唱片段,再经人工智能训练使大师虚拟人能够进行相应的表演,并需要注意身体、表情、眼神及肢体动作等方面的配合。

国家文化和旅游科技创新工程项目"基于XR的沉浸式传统戏曲创新研究"通过扩展现实(XR)等技术联结"演员、观众和空间"三个重要元素,在真实空间中进行沉浸体验、交互叙事的戏曲创作研究,结合表演艺术、舞台艺术、计算机动画、空间设计、人工智能等方面的研究与创新实践,将沉浸式空间与实时数字视听内容结合,以新媒体艺术装置的形态呈现。通过人工智能系统动态分析观众注意力和情绪反应等行为,并将分析结果实时反馈到戏曲的表演与呈现,实现"观"与"演"的互动。最后,总结和梳理沉浸式XR戏曲的剧本设计、创作方法与流程等方案,提供一个可复制交互叙事戏曲演出艺术新模式。相应方案面向下一代观众,制定一套智能沉浸式XR空间戏曲展演技术解决方案,形成可消费可示范推广的基于传统戏曲文化与表演的新型娱乐展演业态,推动传统戏曲文化与表演的创新发展(如图8-6)。

目前,戏曲及曲艺艺术的元宇宙化应用需要面对的问题是,如何在提供戏曲/曲艺新体验的同时,让年轻观众体验到原汁原味的戏曲/曲艺精髓。

八、舞蹈艺术的元宇宙化应用

对于舞蹈艺术而言,其元宇宙化应用又与上述戏剧艺术、舞台空间艺术及戏曲/曲艺艺术相类似。特别是,不同种类舞蹈节目的动作捕捉为舞蹈动作建模及虚

图 8-6　上戏创意学院"XR+戏曲"实验项目示意图(来源：上戏创意学院)

拟呈现舞蹈带来了极大的方便。当然，舞蹈节目与许多艺术类似，都需要创新，如何促进那些不属于经典动作的新动作的出现，促进编舞和舞蹈的发展，仍然具有不小的挑战。

由于动作捕捉技术的普及与成本下降，可以用各种相关动作捕捉技术将优秀演员的舞蹈表演加以记录，然后通过至少两种方式应用到元宇宙化的舞蹈艺术中：一种是将舞蹈动作编排后赋予数字虚拟舞蹈演员，进行相应的表演；另一种是将数字虚拟舞蹈演员请到现实舞台上，与真人舞蹈演员共同表演。另外，目前的技术还可以做到真人舞蹈演员驱动虚拟人做出与其相同的动作，进而观看到真人舞蹈演员与数字虚拟舞蹈演员相配合的舞蹈。

2021 年 12 月 22 日晚，国家大剧院建院十四周年线上特别策划节目播出，王亚彬、黎星两位特约艺术家分别表演的舞蹈节目《无·境》《晷迹》首次使用 XR 技术，呈现亦真亦幻的艺术效果，为观众带来完全不同的观看体验。这次阿里文娱与国家大剧院联合出品的两档舞蹈节目，由帧享数字影棚承制拍摄，如图 8-7 所示。

国家大剧院相关负责人表示，随着时代发展和科技进步，近年来虚实结合的视觉技术不断涌现。剧院也希望与时俱进，探索新的艺术表现形式，将艺术表演以全新的方式呈现给观众。艺术家们与工程师们共同合作 3 个月，总共设计 6 个场景，输出近百张设计图，完成了一次关于艺术与技术融合的新探索。

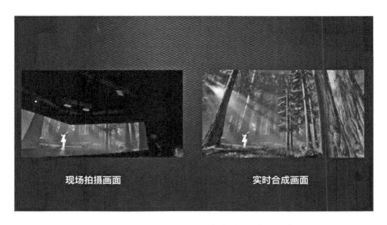

图 8 - 7　国家大剧院首次运用 XR 技术展现舞蹈(来源:光明网)

九、雕塑艺术的元宇宙化应用

对于雕塑艺术而言,元宇宙化应用一方面打破了传统雕塑只能在现实世界存在的格局,不仅可以在元宇宙中出现传统雕塑的数字化形式或数字孪生,而且可以出现纯虚拟的雕塑;另一方面,元宇宙中的数字雕塑也未必是传统雕塑静态的形式,完全可能出现各种动态的雕塑。

元宇宙世界中的雕塑还可以配合 3D 打印将虚拟雕塑变与实体雕塑,进而实现雕塑从虚拟世界走到现实世界。此外,在欣赏实体雕塑时,人们可以通过 AR 或 MR 等功能,让虚拟影像呈现在现实世界中,不仅可以用于辅助雕塑讲解,还可以在影像里对雕塑本身进行新的诠释。另外,还有一种虚实融合的可能,即让数字雕塑与实体雕塑同时同地呈现。

值得关注的是,元宇宙应用中的数字虚拟人正好可以成为数字化雕塑的新的应用领域。数字虚拟人的造型设计不仅需要雕塑这一立体造型艺术的基本设计要素,还可以使用更多虚拟材料。而动态化的数字雕塑则可以使一贯表态的雕塑有一种全新的面貌,并使其与数字装置的界限不断模糊。

十、摄影艺术的元宇宙化应用

对于摄影艺术而言,元宇宙应用也开始了初步尝试。不论是传统照片的数字化,还是数字照片,都可以展出。既可以在线下展览馆的数字孪生中展出,也可以在其他纯虚拟空间展出,还可能在线下展出时通过 AR、MR 及数字虚拟人的方式,丰富摄影展的观看体验。

2022 年 6 月 9—10 日 14∶00—16∶00,首个元宇宙公益生态摄影展展出。此展览是为青海称多县举办的珍稀动物公益摄影展,网易瑶台联合网易星球,为每位观众随机发放数字藏品门票,有 20 款珍稀动植物影像首次以数字藏品形式出现,如图 8-9 所示。

图 8-8　首个元宇宙公益生态摄影展展出场景(来源：网易瑶台)

从本质上看,此次元宇宙摄影展览是沉浸式虚拟摄影展。观看展览的网民不仅能以专属虚拟分身云看展,助力守护青海珍稀动植物,还能获得网易星球联合发布的门票与盲盒。据悉,本次元宇宙摄影展参展的虚拟形象可以智能捏脸、专属定制,线上逛展时还可以体验实现"虚拟交友",并可在微博互动时有获得好礼相送的机会。

当然,摄影艺术的元宇宙化应用的另一种重要应用是,摄影作品通过 NFT 数字藏品方式的出现,也使得摄影作品的价值提升提供了新途径。毕竟,过去的摄影作品中能够有相对高售价的情况很少,限定数量的摄影作品还经常存在私自加印的情况。那么,NFT 数字藏品式的摄影作品恰恰在提升售价及保证每件摄影作品的独特性上最为擅长。

十一、建筑设计的元宇宙化应用

元宇宙会影响几乎所有艺术形式,但对建筑艺术增益非常之多。对于入住元宇宙的个人来说,构建虚拟房屋以感受"在家"时,一定不是现实中的居家活动。一定程度上说,建筑在元宇宙中是一种建筑艺术,而并不是单纯的居所概念。在元宇宙中,既可以为现实世界的建筑建立相应的数字孪生或镜像,也可以充分发挥想象力,在虚拟空间中搭建现实世界没有虚拟建筑。许多现实世界用户的数字化身可以徜徉其中,在那里工作、学习、互动及生活,举办展览,开展业务。

据环球网科技综合 2022 年 4 月 29 日的消息,由中国建筑师、MAD 建筑事务所创始人马岩松创作虚拟建筑主体的"Meta ZiWU 元宇宙誌屋"在希壤元宇宙世界正式亮相,如图 8-9 所示。

图 8-9 虚拟建筑"Meta ZiWU 元宇宙誌屋"(来源：百度希壤)

实际上,这一在希壤元宇宙世界中最新亮相的地标性建筑物,一经出场便自带明星光环。马岩松在"Meta ZiWU 元宇宙誌屋"中所表达的"有机生长"的设计理念,也与百度希壤所一直期待的在元宇宙世界中"无限生长、代表未来"的宏远愿景不谋而合。马岩松希望人们能彻底忘记现实世界因为建造所产生的局限,给"建筑"赋予新的属性,一种与人的感官、行为、情绪和精神紧密相连的生物体,与每位观众一起展开想象,质疑和批判现实世界习以为常的"合理性"。誌屋的"建筑"以有机的状态自然生长,没有核心筒、楼板、建筑结构和任何传统意义上的物理空间,也没有立面的概念。它的表皮像海洋生物的皮肤,半透明又闪闪发光。"建筑"内的空间都是一个个岛屿和气泡,没有重力的约束,在"裙房"的穹顶下和所谓"塔楼"的半透明通道中漂浮,建筑内是一个全新的时空,随着时间和内容不停变幻。

8.3 艺术元宇宙化的路径与趋势

艺术元宇宙或元宇宙化艺术应用的不断探索及快速发展,虽然令一些艺术工作者产生了担忧,却也得到了艺术相关领域人士的关注,甚至促使大家更多地静下心来思考可能的应用路径及未来的发展趋势。

一、艺术元宇宙化的组合路径

有以下几类艺术元宇宙化的组合路径值得关注:

第一,传统艺术家参与元宇宙的路径。传统艺术家完全可以从元宇宙中获得相应的红利,该路径的基本组合是:传统艺术家+各类化身+创作各类艺术作品(含虚拟作品)+参与元宇宙艺术家相关社区+参加元宇宙中各类艺术展览或表演+参与元宇宙相关艺术交易。

第二,纯虚拟艺术家(虚拟偶像)的应用路径。纯虚拟艺术家(虚拟偶像)本身就是在元宇宙中成长起来的,它有先天基因,更容易在元宇宙找到应用路径,该路径的基本组合是:纯虚拟艺术家(虚拟偶像)+各类化身+创作各类艺术作品+参与元宇宙艺术家相关社区+参加元宇宙中各类艺术展览或表演+参与元宇宙相关艺术交易。

第三,现实世界艺术机构参与元宇宙的路径。现实世界艺术机构可以通过在元宇宙中建立相应的数字孪生开展相关的业务,该路径的基本组合是:现实世界艺术机构+艺术机构数字孪生+推广艺术家+参与元宇宙相关艺术交易。

第四,纯虚拟艺术机构参与元宇宙的路径。纯虚拟艺术机构亦是元宇宙环境中创造的,它更加可以利用元宇宙开展业务,该路径的基本组合是:纯虚拟艺术机构+推广纯虚拟艺术家(虚拟偶像)及各类化身+参与元宇宙相关艺术交易。

第五,现实世界艺术场馆参与元宇宙的路径。现实世界艺术场馆亦可以通过在元宇宙中建立数字孪生,通过合作开展业务,其路径组合为:现实世界艺术场馆+艺术场馆数字孪生+与艺术机构的数字孪生或纯虚拟的艺术机构合作+展出各类艺术作品(数字化的实体艺术或虚拟艺术)。

第六,纯虚拟艺术场馆参与元宇宙的路径。纯虚拟艺术场馆又是元宇宙中成长起来的一类角色,它有无限广大的展示空间,可以接纳数量巨大的艺术作品展现或呈现,其路径组合为:纯虚拟艺术场馆+与纯虚拟的艺术机构合作+展出各类虚拟艺术作品+加载到现实世界的艺术场馆或其他物理场所。

需要提醒的是,以上每一类组合路径中,既可能是全部的组合,也可能是部分的组合。

二、艺术元宇宙化势不可挡

元宇宙为艺术发展提供了最需要并且是几乎所有种类艺术创作中最宝贵的东西——各种新的可能性,同时也为艺术作品的有版权保护的广泛传播提供了有利的平台,并可能为艺术家、艺术机构(含中介)及艺术场馆带来可观的收益,这便大大促进了艺术元宇宙的发展,使得艺术元宇宙化成为大势所趋,并且势不可挡。

第一,艺术元宇宙为艺术创作提供了各种可能性。艺术元宇宙提供了新平台、新空间,并且有众多新技术支撑,同时是下一代的新媒体。前述的三种艺术元宇宙(纯虚拟世界、数字孪生及虚实融合)为艺术创作带来了前所未有的各种可能性,将极大地激发艺术家及各种艺术爱好者的艺术创作灵感,进而丰富世界艺术品宝库及艺术品市场。

第二,艺术元宇宙促进了艺术作品的传播与体验。艺术元宇宙为各式各样的艺术作品的传播提供了越来越丰富的渠道与平台,有利于艺术作品的广泛传播及影响力的提升。同时,艺术元宇宙为艺术作品的体验提供了越来越多的方式与方法,有利于艺术作品被受众(或艺术欣赏者)更广泛地接触及更深入地理解。

第三,艺术元宇宙将为艺术产业带来更多的收益。艺术元宇宙在促进艺术作品传播与体验的同时,还通过相关的技术确保了艺术作品版权的保护,更好地从技术上防止艺术作品的侵权现象出现,进而确保了艺术家(即艺术创作者)及其经纪人的权益,从而有利于艺术产业的全环节、全产业链合法收益的增加。

三、艺术元宇宙化的多元化趋势

艺术元宇宙化的多元化趋势主要表现在以下几个方面:

第一,艺术家身份及形象的多元化。现实世界传统的艺术家的身份开始多了起来,既可能在元宇宙中有其全真模拟化身,还可能有若干个其他形象的化身,亦可能是某个虚拟艺术家背后隐藏着的策划与驱动者。如果说艺术家的全真模拟化身保留了其原本的形象特征,那么其他化身则使其有了更多不同的形象。

第二,艺术创作者及创作方式的多元化。之所以使用"艺术创作者"一词,实际上是想说,元宇宙中五花八门的艺术作品未必全都来自专业的艺术家,也有大量的业余艺术爱好者加入艺术品的创作中。甚至,不少纯虚拟的艺术创作者一起贡献作品。其中,有许多作品可能是由机器、程序或人工智能生成的,又或者是人类与它们协同创作完成。甚至,艺术家创作时可能是戴着 VR 眼镜或 AR 眼镜,在纯虚拟或虚实结合的环境中创作。

第三,艺术作品呈现方式的多元化。进入元宇宙时代后,艺术作品已经不仅仅是看得见、摸得着的实体,还有实体艺术作品的数字化形式,以及纯虚拟的艺术作品。以 NFT 数字藏品为主的艺术交易方式背后意味着,纯虚拟的艺术作品比例将不断增加。也就是说,不仅是艺术作品的呈现方式发生变化,欣赏体验的方式及收藏的方式都发生了根本性的变化。

第四,艺术场馆展览方式的多元化。现实世界的艺术场馆可以融入元宇宙中。一种方式是艺术场馆在元宇宙中以数字孪生的方式呈现,以与线下场馆基本相同的结构虚拟呈现在元宇宙中,并展出数字化的实体作品或纯虚拟的艺术作品;另一种方式是虚拟作品加载到现实世界的艺术场馆或其中的实体艺术作品上,形成虚拟融合。

四、艺术元宇宙的展望和建议

从创意角度来说,艺术家应该是最先与元宇宙相拥的一部分人群。那么艺术家拥有非凡的想象力是否就足以去迎接元宇宙的来临了呢?答案是一个大大的NO。或许,艺术家们要做到以下七个方面,才有资格去领略元宇宙的蓬勃生机。

第一是观念的改变:鉴于元宇宙的实用性,艺术创作的目的更应该是为了让使用者去获取更多美好的体验,特别是创造出现实世界不能给予的美好的视觉、听觉或其他感受。

第二是手段的改变:创作不能再停留在物理材料上,而必须与数码工具、计算机软件和程序相结合。新技术为艺术创作提供了更多平台、工具及手段。

第三是产出的改变:创作不能停留在 2D 和物理装置,而必须能形成 3D、动态,配合声光,甚至把自己的艺术创意给到计算机让它自主随机生成不同的作品。

第四是角色的改变：创作不再是单打独斗，艺术家更应该变为团队的一分子，自己主要从事艺术创意的导入，提供艺术底稿，而把技术、故事交给其他团队伙伴。

第五是模式的改变：艺术家不应再依赖于一幅幅实物作品的销售，而是要靠卖版权（NFT给原创作者的永远收益分成权利）、卖数量（版权周边开发形成的次级NFT销售）、卖版权许可（版权NFT的许可权交易）等多重商业动作来实现自身艺术价值的最大化。

第六是场景的改变的多元化：需要更多的艺术元宇宙的应用场景，并根据不同的艺术形式或类型来设计各种应用场景，设想更多的虚拟形态或虚实融合的场景，并可以利用NFT为各类艺术作品赋能。

第七是"创意为众王之王"：这个口号是陈永东教授提出的，它不仅强调重视"内容为王"，还强调重视"技术为王"与"营销为王"，即将"内容"、"技术"与"营销"三方面综合考虑，用最合适的技术打造体验最佳的内容，并设计合理的商业与营销模式，将营销内容平滑地融入内容。

【课后作业】

1. 什么是元宇宙？怎样理解艺术元宇宙及其三个世界？
2. 元宇宙中艺术主要有哪些鲜明的特征？
3. 艺术元宇宙化主要有哪些应用类型？
4. 艺术元宇宙化主要有哪些组合路径？
5. 艺术元宇宙有哪些未来的发展趋势？
6. 人工智能可以在艺术元宇宙发展的哪些环节发挥重要的作用？

第九章 利用人工智能传承及转化优秀文化

传统文化艺术的创造性转化和创新性发展是当前的热门研究领域,利用人工智能及一些新的转化思维可以对该领域的研究提供有价值的策略参考。

在转媒体(Transmedia)经过多年理论研究与实践之后,已经渐趋成熟,可以结合人工智能的发展,为中华优秀传统文化艺术的转化、发展与传播提供相应的策略与方法。在转媒体的视野下,传统文化艺术的转化可以从输入端、转换器及输出端三大环节进行研究与探索,并结合时代的发展产生相应的策略。

9.1 基于转媒体的文化艺术转化概述

转媒体的创造性转化方法由上海戏剧学院杨青青提出,并由杨青青及陈永东等老师进行了全面深入的理论探讨及教学科研实践。转媒体理念与人工智能技术的结合,可以用于优秀文化艺术的传承与转化。

一、转媒体相关概念及理念

"转媒体"一词对应的英文是 Transmedia。虽然国外有些地方也出现了这个词,但其含义与本书中的转媒体有一定区别。本书中所指的"转媒体"可以理解为一种或几种媒体信息转换为另一种或几种媒体信息。转媒体还可进行多层转换,进而形成转媒体链。

转媒体可以引申出转媒体艺术(Transmedia Art)概念,即从一种或几种媒体转为另一种或几种媒体艺术,如图 9-1 所示。转媒体及转媒体艺术的转化理念完全可用于转化、传播与传承各类优秀传统文化与艺术。

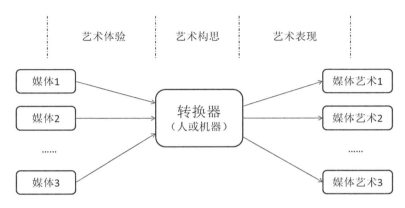

图 9 - 1　转媒体及转媒体艺术示意图(作者绘)

转媒体的转换过程可以分为三个层面:

- 一是输入端,即接触或发掘一种或几种媒体的环节;
- 二是转换器,即进行艺术转换的环节,它既可能是人,也可能是机器;
- 三是输出端,即生成另一种或几种媒体形式内容的环节。

随着时代的发展,不论是转媒体的输入端、转换器,还是输出端,都有了新的变化。输入端及输出端有了更多的媒介,转换中机器参与的比例不断增加,特别是人工智能的参与为新时代的转媒体艺术带来了更多的技术支撑。

转媒体的转换过程不断将过去、现在及未来的信息加以融合,这也可以大大促进目前的媒介融合。麦克卢汉曾经指出:任何媒介的"内容"都是另一种媒介。人谋求将自然转换为人为技术的漫长革命,我们一直称之为"运用知识"。"运用"的意思是从一种材料转换成或跨越进另一种材料。

在利用转媒体理念进行传统优秀文化的传承与创造性转化过程时,转换与融合是同时进行的,或者说:转换中有融合,融合中有转换。

二、转媒体:"媒体的转换"或"觉的转换"

从以上讨论可以得出一个基本结论:转媒体的本质是"媒体的转换"或"觉的转换"的理念。用于体验、捕捉或输入的原始媒体(输入端),其背后实际上是各种"觉";它们转成另一种或几种媒体形式内容(输出端),本质上也是另外的一种或几种"觉",如图 9 - 2 所示。

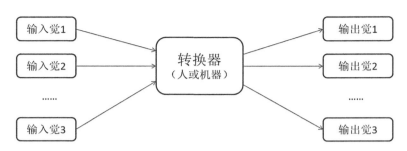

图9-2 转媒体"觉的转换"（作者绘）

麦克卢汉曾有著名的观点：媒介是人体的延伸，任何一种新技术或新媒介的出现，都是人的一种新的器官的延伸。转媒体"媒体的转换"或"觉的转换"的理念与麦克卢汉"媒介是人体的延伸"的观点正好相呼应。从某种意义上讲，更多合理有机的"媒体的转换"或"觉的转换"会更加促进"人体的延伸"范围的扩大。

实际上，历史上曾经有许多学者及研究者的观点与转媒体的思维相接近。尼葛洛庞帝曾提到："多媒体领域真正的前进方向，是能随心所欲地从一种媒介转换到另一种媒介。""它必须能从一种媒介流动到另一种媒介；它必须能以不同的方式说同一件事情；它必须能触动各种不同的人类感官经验。"黄鸣奋也曾指出："不少艺术家敏锐地意识到数据自由转化的重要性，并由此入手进行艺术创新，实现图音互变、声文互变、图文互变。"这里的"互变"与"转化"的含义是接近的，"互变"的对象也正是各种不同的媒体或媒介。麦克卢汉还曾提到："两种媒介杂交或交会的时刻，是发现真相和给人启示的时刻，由此而产生新的媒介形式。"其实，中国《易经》中的"易"字也有变易、转换的含义。变易，指变化之道，万事万物时时刻刻都在变化。

三、基于转媒体的优秀文化转化基本思路

基于转媒体的艺术创作很早就有，例如作诗、作画、音乐喷泉及各种滤镜等等，其实都是转媒体艺术的案例。在某种意义上，基于转媒体的艺术创作理念可以解释所有的艺术创作过程。转媒体艺术既可以用于理解人类历史上过去、现在及未来的艺术创作过程，也完全可以为中华优秀传统文化艺术的转化、发展与传播提供相应的策略与方法，进而极大地促进人类艺术的传承与发展。

国家艺术基金2015年度传播交流推广资助项目"转媒体艺术展——中国传统

工艺(京剧服装)当代创意作品展"、国家艺术基金 2019 年度资助项目"中国传统十字挑花艺术展"等都充分利用转媒体艺术的理论对传统文化艺术进行了创造性的转化与创新性的发展。此外,许多新的优秀文化转化项目开始借用转媒体的理念。

基于转媒体的传统文化艺术的转化主要可以从输入端、转换器及输出端三个方面研究相关的策略,并在此基础上延伸出转媒体转换链及相关的传播策略。

基于转媒体的优秀文化转化的基本思路分三个层面:

第一,从输入端层面入手,可以研究优秀传统文化艺术相关主题的筛选策略,创新性发展及 IP 化文化艺术中特色主题,并注意搜索式的素材获取及主动式的输入调节。

第二,从转换器层面入手,可以设计基于人工智能的优秀传统文化创造性转化的策略,利用程序化及智能化的艺术创作手段,重视在线化及协作化的艺术创作模式,重视跨界式及混搭式的文化创意思维,并注意精简化及抽象化的文化元素提取。

第三,从输出端层面入手,可以设计优秀传统文化被转化后可呈现的方式,应重视多元化及高清化的媒体输出选择,重视数字化及移动化的媒体存在形式,重视沉浸式及互动式的媒体综合体验,并注意泛媒化及融合化的媒体呈现组合。

"转媒体"是一种理解文化艺术创作与传播的新思维,可以促进传统文化艺术的创造性转化和创新性发展。如果这三个层面能够紧密衔接,将有助于在媒体不断进化、转化过程中更好地对传统优秀文化进行传播与传承。如果将转媒体理念与人工智能结合进行优秀文化转化,那么亦可以称为基于"转媒体+人工智能"的优秀文化转化策略。以下按上面的思路,分三个层面进行讨论。

9.2 基于输入端的优秀文化转化策略

在基于"转媒体+人工智能"的传统文化艺术转化过程中,输入端策略主要涉及优秀主题的筛选与挖掘、特色主题的发展与 IP 化、创作素材的有效获取等方面。

一、筛选与发掘传统文化中的优秀主题

世界文明中有许多优秀的传统文化,中华优秀传统文化更是源远流长,博大精

深。习近平总书记曾指出:"这些思想文化体现着中华民族世世代代在生产生活中形成和传承的世界观、人生观、价值观、审美观等,其中最核心的内容已经成为中华民族最基本的文化基因。"因而,中华传统文化艺术中蕴含着许多值得认真筛选与发掘的优秀创作主题。

上海戏剧学院的转媒体艺术研究团队就发掘出了京剧服饰、十字挑花、中国汉字、青花瓷及中国水墨画等中国传统文化艺术中的优秀创作主题。前面提到的国家艺术基金 2015 年度传播交流推广资助项目《转媒体艺术展——中国传统工艺(京剧服装)当代创意作品展》,也将中国国粹——京剧的元素大量加以吸收,如图9-3所示。

图 9-3　发掘京剧服饰的转媒体艺术展(来源:上海戏剧学院)

实际上,2010 年上海世博会上中国馆内动态版的北宋画家张择端的《清明上河图》仍然让许多人记忆犹新。澳门回归 20 周年之际,澳门艺术博物馆与故宫博物院携手展出的数码版北宋王希孟的《千里江山图》则让人耳目一新。它们都选择了中国古代绘画作品为切入点。

当然,目前的中华优秀传统文化的创作主题仍然存在发掘不足、某些主题重复创作等问题。在人工智能及大数据等技术不断发展的背景下,有望通过新技术来筛选出优秀的值得转化的文化元素或文化 IP。

　　中国故事主题、元素及素材的筛选，除了人工之外，目前各类新技术也为智能发现提供了更多的便利。有学者指出，"中国有着五千年的悠久文明历史，故事内容资源丰富，但并非所有故事都能够展示最真实的中国，并非所有元素都能够转化为向世界讲述中国的好故事。"那么，哪些中国故事及元素才更合适呢？人工筛选的工作量巨大，而大数据、云计算、人工智能及知识库等新技术为中国故事主题及素材的智能发现提供了有力的技术工具。特别是，人工智能及大数据技术还可以分析潜在用户的需求，预测新的市场趋势。

二、创新性发展及 IP 化优秀文化中特色主题

　　虽然世界及中华文明中的传统文化艺术有众多的优秀主题可发掘，但仍然需要创新性发展，并注意对相应的特色主题进行 IP 化。传统文化可能受到历史条件的限制，其内容不可照搬或全盘继承。

　　习近平总书记曾强调对于传统文化要"坚持古为今用、推陈出新，有鉴别地加以对待，有扬弃地加以继承"，"创新性发展，就是要按照时代的新进步新进展，对中华优秀传统文化的内涵加以补充、拓展、完善，增强其影响力和感召力"。

　　这就需要在进行传统文化艺术中优秀主题的创作时，深入理解主题及其中的独特魅力与核心价值，取其精华，去其糟粕。例如，中华传统文化中提倡的"己所不欲，勿施于人"及"天行健，君子以自强不息"的思想值得保留，而对"三从四德"等封建思想则应抛弃。同时，为了对传统优秀文化艺术中的特色主题或元素的可持续发展与开发，还需要注意它们的 IP 化，加强版权保护。例如，中国的京剧是一个大 IP，京剧脸谱或京剧服饰是中等 IP，而利用它们转换出的作品或产品则可以成为衍生 IP。又比如，故宫文创依靠传统文化加持，把一件件寻常可见的简单商品转变为创意热潮，构建起了中国历史文化商业版图和一个坚守多元化交流以及自我 IP 价值发掘的产业链。"微故宫"微信公众号中有"故宫文创馆"及"故宫微店"，至少分了 8 类：铜器馆、御器馆、综合馆、陶艺馆、丝绸馆、故宫美妆、故宫首饰、影像馆等。其中，多数都是衍生的 IP。

　　随着文化数字化的迅速发展，以及数字藏品的兴起，其中许多数字藏品需要有 IP 化的传统文化主题。2021 年 12 月，上亿传媒与故宫宫苑合作发行的《国潮故宫冰嬉图》系列 NFT 数字藏品即以故宫藏画《冰嬉图》为基础。该数字藏品 NFT 分为 8 款，以局部静态展示，集齐 3 张同款静态《国潮故宫冰嬉图》可合成《国潮故宫

冰嬉图》局部动图,集齐 8 张不同《国潮故宫冰嬉图》动图可合成《国潮故宫冰嬉图》完整动图,如图 9-4 所示。

图 9-4 《国潮故宫冰嬉图》NFT 局部(来源:上亿传媒,故宫宫苑)

有一些中国故事主题、元素或素材可能被人工筛选忽略,却可能是国内外网民喜闻乐见的。此时,基于新技术的智能发现也许可以大显神通,还可以智能发现部分缺失的中国故事主题、元素或素材。有一些看起来暂时冷门的中国故事主题或元素,可能蕴含着更深刻的中国精神、中国价值及中国力量,或许是中国故事主题中的"蓝海"。

三、搜索式的素材获取及主动式的输入调节

新媒体时代的信息量暴增,出现了信息多元化及海量化的显著趋势,这既为传统文化艺术的转化提供了大量的创作素材,但也存在如何高效获取素材的问题。除了传统的接触自然、体验生活式的线下素材获取外,还需要有高效的线上素材搜索获取技巧。目前的线上信息获取方法中,除传统的搜索引擎外,微博、微信等社交平台也可以进行搜索。同时,维客类应用(如维基百科、百度百科等)也提供了大量的信息素材。当然,还有不少综合类和垂直类的网站、手机应

用也可以帮助提供素材。值得注意的是,目前许多搜索引擎已引入 AI 功能,不少 AIGC 平台(如 DeepSeek、文心一言、KIMI 等)也支持文本式问答。这些都为搜索素材带来了便利。

现代的文化及艺术创作者可接触的信息素材要比古代人多得多,但是创作素材的高效获取仍需一定技巧,且存在素材的版权问题及素材付费的成本问题。对转媒体的输入端,还可以采取主动式的输入调节。例如,上海戏剧学院的转媒体艺术教学研究中,在输入媒体的调节中实验了梦境先行法:给定一个创作主题后,让学生先睡觉做梦半小时,醒来后根据梦境进行相应的创作。学生普遍反映,做梦给艺术创作带来了更多的灵感,作品的呈现也显得丰富得多。

实际上,有许多扩大输入媒体内容及扩大不同"觉"的方法。例如,在搜索素材时,可以有意识地覆盖多种媒体形式,如基于某个传统文化主题的文字、图片、音频、视频、动画、VR、AR、MR 及全景图等。这些不同媒体形式的内容可以更好地激发创作者的听觉、视觉等,甚至可以有意地增加嗅觉、味觉及触觉等多种感觉。

在传统文化艺术的转化中,有意识地调节输入,既可能为创作转换提升效率,又可能为创作转换带来许多未知的可能性或灵感。

当然,在素材获取及主动式的输入调节时,更多、更高质量的素材及输入媒体内容将为基于转媒体理念的优秀文化转换及呈现打下更好的基础。

9.3 基于转换器的优秀文化转化策略

在基于转媒体的传统文化艺术转化过程中,转换器的策略主要涉及机器更多地被利用、在线化及人机协作化的创作、新的创意思维及新的文化元素提取等方面。

一、程序化及智能化的艺术创作手段

毋庸置疑,在基于转媒体的传统文化艺术转化过程中,人是一种最重要的转换器。至少在过去,绝大多数的艺术都完全依靠人来完成。然而,在现代社会,艺术创作过程中的转换器不仅是人,也可以是机器,甚至是人与机器的配合。

在新媒体时代,可以借助更多的软件、硬件或人工智能,帮助人类进行相关的

文化艺术创作,并且未来在传统文化艺术的转化过程中,程序化及智能化的机器化创作手段必然会越来越多。

其实,不论是音乐喷泉,还是各类图像处理软件中的各种滤镜,都是程序化的机器转换。在上海戏剧学院研究生章博亮的系列毕业作品中,参观者将所选图片发送至服务器中,通过电脑终端系统,将设计完成的莲花纹样(青花瓷的一种图案)"打印"在酸奶上,如图9-5所示。

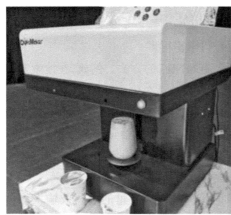

图9-5　青花瓷图案通过程序打印在酸奶上(来源:章博亮毕业作品《青花》)

另外,近年来兴起的3D打印等新技术也有程序化的特性,如可以通过建立京剧脸谱的仿真数据,对其模型进行3D打印。当然,也可以利用程序或人工智能的其他方法,生成京剧脸谱的头像类NFT数字藏品,以满足更多国粹爱好者的个性化需求。

随着人工智能的发展,其参与文化艺术创作的比例将逐渐增高,如人工智能现在已经可以写剧本、写诗、写歌配曲及作画。当然,AI创作的音乐、剧本或小说,离真正的艺术恐怕还有距离,何况艺术创作更多依靠的是并无规则可循的灵感与悟性。也有从事AI研究的学者认为,如果我们希望有朝一日AI可以媲美人类的创造力,就不应该把创造力神秘化,而应更深入地研究人脑创造性思维的机制。

传统文化艺术转化的智能化过程中存在的难点是:如何归纳、总结传统文化艺术中的核心元素与规律,制定相应的转化规则,进而"教会"人工智能相应的转化步骤,并对其加以适当的条件限制。

二、在线化及协作化的艺术创作模式

随着云计算及相应的 SaaS（Software as a Service 的缩写，意为软件即服务，即通过网络提供软件服务）模式的普及，在线化已经成为艺术创作的新模式，将对传统文化艺术的转化发挥重要的作用。例如，许多图像、视频、音频的处理剪辑通过手机应用即可完成，许多滤镜及处理功能也越来越简单易用。又比如，在一些传统文化艺术转化成动画过程中，经常有大量渲染工作，目前就可以采取基于云计算的渲染平台，其明显优势在于：海量并发、弹性伸缩、用户隔离、按量付费、管理灵活及自定义镜像。

协作化也是未来传统文化艺术转化过程中的创作模式，目前主要有两类：一类是人与人的协作，即团队协同创作；另一类是人与机器的协作，即人机协作创作。需要指出的是，即使在现代社会中机器参与了艺术创作，机器本身的设计及机器创作的程序设计仍然是由人来完成的，至少目前是这样的。

2022 年 7 月 21 日百度世界大会上，百度首席技术官王海峰展示了基于飞桨文心大模型"补全"后的《富春山居图》。AI 补全部分与现存画卷风格统一，山水脉络和谐。如图 9 - 6 所示。

图 9 - 6 "补全"传世名画《富春山居图》残卷（来源：《杭州日报》）

据悉，文心大模型先是学习了大量中国山水画，掌握了构图、用墨、笔触等，实现了从山水画"小白"向"大师"的进阶；然后，具备"大师"水平的文心大模型再针对黄公望的《富春山居图》进行单样本学习，就能够更快速地掌握这幅传世名作的精髓,让补全的画作与现存真迹风格一致。

华裔加拿大多学科艺术家和人机艺术研究者钟愫君(Sougwen Chung)认为,人机协作的核心是"一种集体创作的感觉——艺术家、数据集、机器和算法过程的动态和设计之间的协作"。

另外,还有一种传统文化艺术在线及协作式艺术表演方式是在线实时同步演奏乐曲,已经有一些艺术家、高校及演出机构进行了尝试。随着更高速的 5G 的逐渐普及,这种实时同步演奏可以减少甚至避免租用网络专线即可实现。

三、跨界式及混搭式的文化创意思维

传统文化艺术的转化中需要有新的思维,其中跨界与混搭是最重要的两个思维。

跨界思维是指要有意识地跨出自己的专业,多了解其他领域的东西,多接触其他领域及专业的人士,便于发现更多行业交叉点,进而发现更多跨界的机会。

混搭思维则是将表面上看起来关系不大的事物混合起来形成一个新的文化或艺术的种类。混搭主要有两种类型,一种是不同领域的东西混搭,另一种是同一领域的东西混搭。后者相对容易,前者相对较难。

多种媒体的跨界混搭可以极大丰富艺术的表演形式。杨青青教授 2019 年 12 月在纽约曼哈顿第五大道的马丁·E.西格尔剧院展演的《杨青青四个梦》(*Qingqing Yang's Four Dreams*)中,即将戏曲视频媒体、行为表演和杨青青老师的水墨绘画进行了跨界混搭。而 2014 年在上海戏剧学院举办的中国上海国际艺术节青年艺术创想周上的节目《向迈克尔·杰克逊致敬》则是西方摇滚歌舞与中国传统京剧的跨界混搭,如图 9-7 所示。这一混搭方式再次以无可辩驳的演出向人

图 9-7 《向迈克尔·杰克逊致敬》的混搭思维

们证明：艺术是相通的。此次演出也向人们显示了混搭式文化创意思维的巨大魅力。

2022 年 9 月 9 日，正值中秋佳节前夕，上海机场德高动量广告有限公司再度联手数字内容平台 OUTPUT 于上海浦东、虹桥国际机场系列数字媒体呈现艺术家杰西·伍尔斯顿（Jesse Woolston）的 CG 世界名画系列作品《星夜旅程》（*Colour Theory*），灵感来自后印象派画家梵高的代表作——《星月夜》，如图 9-8 所示。

图 9-8　杰西·伍尔斯顿 CG 世界名画系列作品
《星夜旅程》（来源：腾讯网）

该作品结合梵高原作并受到物理学的启发，数字艺术家杰西·伍尔斯顿找到了一种特别的方式来强调画作中的星夜漩涡，并将之变成由色彩粒子组成的波浪，以裸眼 3D 的方式重构了梵高眼里星月夜中的漩涡，物理化模拟了梵高的想象世界。将绘画幻化成海浪粒子，不失为一种不错的跨界式转化。

著名昆曲演员张军从 2011 年开始探索演出"水磨新调"，大胆运用西方电子音乐改编昆曲，融入摇滚和说唱，也是典型的跨界混搭思维的体现。

又比如，中秋节与皮影戏表面上看没有交集，但是中秋因月而起，皮影因夜而兴，两者就有了联系；当月亮崇拜与皮影戏碰撞在一起的时候，就产出了新的民俗：一者为中秋演皮影戏，一者为中秋月下刻皮影。

四、精简化及抽象化的文化元素提取

在传统文化艺术的转化过程中,往往需要在传统文化艺术的主题中提取有价值的文化元素,此时经常使用精简化与抽象化的手法。精简化就是要将复杂的文化元素精炼简化,寻找最具代表性的部分。简化也是一种设计潮流,弃繁就简可以让图形变得更简洁、更具辨识度。抽象化就是要将一些相对直白写实的文化元素进行概括或抽象。

传统文化艺术中经常有复杂的图形或纹样图案,很可能需要进行精简化及抽象化。在"转媒体艺术展——戏剧服饰艺术的当代创意"项目中,即在对京剧服饰中的"蟒"、"帔"、"靠"、"褶"及"衣"等结构布局及造型设计研究的前提下,对其纹样图案中的色彩、线描造型进行简化提取,并在其当代设计应用及图案矢量化纺织品纹样设计中进行抽象化处理。

上海戏剧学院在教学实践中,提取了大量中华传统图案纹样,进行了数字化及矢量化处理,并与现代工艺结合,用微喷的形式在现代工艺装饰材料地砖上制作成的 100 幅完全不同样式的作品,其中每幅图案的中央以红色印章的形式绘制了 100 个不同的二维码,二维码经过扫描识别以后,即可以引领观者前往欣赏 100 篇完全不同的戏曲视频资料,如图 9-9 所示。

图 9-9　中华传统图案纹样在地砖上的呈现

　　2021 年 11 月至 2022 年 5 月,上海市徐汇艺术馆举办了"妙像焕彩化境入微——西藏日喀则地区 13—15 世纪壁画专题展"。由徐汇艺术馆和上海大学上海美术学院数码艺术系合作的实验仍在持续进行:通过大数据的涌动,一组组全部由传统元素构成的全新壁画,正由人工智能逐渐"创作"生成。此次项目将前期整理的 2 000 多张壁画素材输入机器学习,人工智能将生成全新的"古老壁画",其中有大数据提取图案及色彩组合的环节(如图 9 - 10 所示),因而人工智能绘制壁画的红蓝绿黄配色和现实中的文物十分接近。

图 9 - 10　大数据提取壁画色彩组合(来源:上观新闻)

　　又比如,有关项目以闽南建筑文化作为主题进行元素提取和创作,将闽南民居山墙外围上的装饰形制及纹样化繁为简,并将简化后的纹样再转换到产品(如书签)上。

　　另外,在一些无明显纹样图案的实物进行文化元素提取时,可能需要将实物简化或抽象为图案。例如,颇具东北特色的文创产品装饰瓷盘系列《兽》在设计时选取了东北颇具代表性的鹿、虎、狼、熊等动物元素作为题材进行设计,将这些动物造型与现代装饰相结合,采用了青花线描的手法。

9.4　基于输出端的优秀文化转化策略

在基于转媒体的传统文化艺术转化过程中,输出端的策略主要涉及输出媒体选择、呈现形式、受众体验及媒体组合等方面。

一、多元化及高清化的媒体输出选择

习近平总书记曾指出:"创造性转化,就是要按照时代特点和要求,对那些至今仍有借鉴价值的内涵和陈旧的表现形式加以改造,赋予其新的时代内涵和现代表达形式,激活其生命力。创新性发展,就是要按照时代的新进步新进展,对中华优秀传统文化的内涵加以补充、拓展、完善,增强其影响力和感召力。"那么,基于转媒体的传统文化艺术的输出则需要跟随时代的脚步,以最新的形式呈现,其中多元化及高清化是较为突出的两个趋势。

多元化输出的媒体形式可以有多种,可能是文字、图形、音频、视频、动画及装置等形式,且应与时俱进。不同的媒体还可以进一步运用到各类物品或文创及衍生品上。高清化是指音频、图像/视频等的高品质化。高清化的音频也称高保真(High Fidelity,Hi-Fi),在音乐领域指重放声音与原来的声音高度相似。高清化的图像指高分辨率的图形图像。高清化的视频分为720p、1080p(相当于2k)、4k高清视频与8k超高清视频等。许多传统文化艺术中的音频在呈现时,或文字、图形等元素在以图像或视频中呈现时,都需要更清晰的收听与观看效果(包括一些图案局部放大仔细观看时的效果),因而高清化也成为传统文化艺术高品质转化的趋势之一。

目前,许多传统文化艺术类网站及手机应用都在逐步提供更多高清化的图像及视频,甚至可以进行相关展品的360度旋转、全景式、VR、AR及MR等方式的观看。以故宫为例,可进入其官方微信公众号下的"云游故宫"功能,其中就有AR及全景方式的游览故宫的方式,且为高清的图像方式呈现,如图9-11所示。

优秀文化元素或主题被转化后所呈现的形式,不仅需要更加多元化,更加高清化,而且越来越提倡以3D的方式加以呈现,使用户有更加真切的感受。同时,需要注意的是,在以新的形式呈现优秀文化元素或主题时,需要在条件允许的情况下,最大限度地满足用户的体验,简化使用流程,方便用户操作。另外,在提供同样的功能及体验的前提下,应尽量少用系统资源。

图 9-11　多种方式"云游故宫"（来源：故宫博物院官方微信公众号）

二、数字化及移动化的媒体存在形式

传统文化艺术转化输出中的数字化主要有三方面：数字化保存、数字化分析及数字化呈现。移动化则指转化输出的数字化呈现时，要尽量提供移动化观看或收听的方式。

数字化保存可将一些濒临消失的优秀传统文化艺术进行数字化转换，在方便查询的同时，也可以减少原始文物因频繁暴露或被接触而造成的损害。日本就通过文化遗产的数字化提升了对其传统文化的有效保护，尤其是对一些珍稀古籍文献和历史遗迹的保存，避免了文化遗产"藏而不用"的尴尬境地。

中国传统戏曲同样需要数字化保存，包括对戏曲人物脸谱、道具、服装的图像记录和剧本的文字扫描，对舞台、剧场的数字记录，对演出习俗、演出活动的视频记录，以及对唱词、唱腔的数字音频库的建立。江苏省在相关研究时就借助目前世界先进的 3D 快速动画技术，一方面将演员的脸谱照片快速制作角色形象，另一方面利用快速动画捕捉技术完成动作捕捉实时效果，最终制成 3D 动画，进而利用已有研究成果——昆曲影像数据库系统平台，结构化数据，形成昆曲表演艺术 3D 动画库。

数字化分析是指对一些高价值的传统文化艺术类别中的相关信息(如尺寸、重量、年代、作者、典型纹样及颜色范围等)建立电子数据库及图形矢量化处理,然后进行相应的统计与分析。例如,"基于大数据的传统戏曲服饰纹样数字化分析与再设计系统研究"项目即对大量传统戏曲服饰纹样建立了数据库,然后进行数字化分析,最后进行相应的再设计。

数字化呈现是指传统文化艺术转化的输出形式多采用数字化形式,前面提到的多元化中的许多形式即为数字化内容。

在数字化的同时,移动化的访问已经成为大趋势,要让受众能够通过手机及平板电脑等移动设备进行随时随地的访问。在这方面,故宫博物院及上海博物馆等都提供了网上观看展览的手机应用,或通过官方微信公众号的相应功能提供移动观展、看微电影、听音频等功能,或提供加载在公众号上的文创销售的微店或小程序。

2022年中秋佳节,飞桨文心大模型牵手国潮,将 AI 作画玩出了新花样。飞桨上线了"文心赏月"主题 H5,只需输入文字描述词即可生成不同风格的专属国风美图和海报,让每个人在手机上即可体验到 AI 的超强创造力,使人几乎无门槛地感受到来自科技和文化的厚赠与祝福,如图 9-12 所示。

图 9-12   在手机上利用 AI 生成的国风美图海报(来源:
本书作者利用飞桨 AI 工具"文心赏月"生成)

有人可能说,人工智能在创作艺术时需要复杂的软硬件,但是在可能的情况下,还是应尽可能让用户能在手机或平板等移动设备上使用,并且尽量减少资源耗费及运行时间。例如,上述国风美图生成时即提示,输入文字后约 30 秒即可生成作品。目前,许多 AIGC 平台的运行速度亦在不断提升。

三、沉浸式及互动式的媒体综合体验

随着新技术的发展,传统文化艺术转化后的输出媒体往往提供沉浸式及互动式的体验。沉浸式体验主要指通过声、光、电、投影、装置或 VR（Virtual Reality,虚拟现实）、AR（Augmented Reality,增强现实）、MR（Mixed Reality,混合现实）及相关辅助设备提供的身临其境的体验。其中,VR、AR、MR 和多数新型装置都具备互动的功能。

沉浸式及互动式的媒体体验可以为受众带来更好的传统文化艺术体验,促使人们更积极地参与其中,易于给人们留下更深刻的印象。日本即通过 VR 技术让观众可以欣赏到其建筑物国宝"犬山城"城下町、城郭及天守等多处的自然风光。

VR 技术营造的全景视频及互动性也改变了传统戏曲的观赏体验方式。全景视频技术强调沉浸式体验,观赏角度是以观看者为中心环绕的 360 度全景。利用该属性对戏曲表演艺术进行再创造与再表达,可以打破戏剧舞台的"第四堵墙",令观众置身演员演出场所的环抱之中。

舞台（表演空间）对于观者（影像视角）,也不再是由一个平面相分割的两端,而是相互融入的完整空间。沉浸式体验是新艺术应追求的重要特点之一,亦是包括人工智能艺术在内的元宇宙化艺术最重要的观众体验特色之一。

即使是传统戏曲,也已经在使用 VR、AR、MR 等方式在提供沉浸式观赏体验。以西游 VR 推出的 VR 戏曲表演《霸王别姬》片段看（如图 9 - 13 所示）,用户不仅有了"水平 360 度+垂直 360 度全新的观看视野",而且可以从不同角度加以观看。

国家文化和旅游科技创新工程项目"基于 XR 的沉浸式传统戏曲创新研究"亦是此类应用案例之一。该项目通过扩展现实（XR）等技术联结"演员、观众和空间"三个重要元素,在真实空间中进行沉浸体验、交互叙事的戏曲创作研究。结合表演艺术、舞台艺术、计算机动画、空间设计、人工智能等方面的研究与创新实践,将沉浸式空间与实时数字视听内容结合,以新媒体艺术装置的形态呈现出来。通

图 9 - 13   VR 戏曲表演《霸王别姬》截图(来源:西游 VR,720 云,Bilibili)

过人工智能系统动态分析观众注意力的变化和情绪反应,并将分析结果实时反馈到戏曲的表演中,实现"观"与"演"的互动。

该项目梳理沉浸式 XR 戏曲的剧本设计、创作方法与流程等方案,提供一种可复制交互叙事戏曲演出艺术新模式。面向下一代观众,制定一套智能沉浸式 XR 空间戏曲展演技术解决方案,拟形成可消费、可示范推广的基于传统戏曲文化与表演的新型娱乐展演业态,推动传统戏曲文化与表演的创新发展。

澳门艺术博物馆与故宫博物院联合展出的"千里江山图 3.0"就是将原作结合数码互动科技呈现,通过运用实时分层渲染、时间变化系统等技术,呈现出日出至傍晚的动态景象,并根据观众的肢体动作作出相应反应。

另外,一些互动体验也可以通过游戏的方式,如故宫出版社推出的互动解谜游戏书《谜宫》系列,其中的第二部《谜宫·金榜题名》以游戏互动体验的方式,将故宫博物院院藏文物、历史档案、解谜游戏、文艺创作巧妙地融为一体。在体验过程中,读者不仅能领略到中国风解谜游戏的乐趣,还能"亲自"侦破一件咸丰年间震惊朝野的科举大案,多类型配合增加互动阅读体验,完美视效增进信息交互,虚构创作的情节穿插以真实历史的词条解释,给读者营造一种全新的文化体验。

四、泛媒化及融合化的媒体呈现组合

"泛媒体"是指,对于传统文化艺术转化后输入的媒体形式可能使用各种媒介,不论是新型的电子媒介,还是过去未曾用过的非电子媒介。不仅如此,一些看似平常的普通物品,也可以将其变成媒体呈现的元素。华裔艺术家康怡(Red Hongyi)就做过各种材料的尝试。比如,她用一次性筷子拼出人的头像,用睫毛膏及唇彩绘作了"水墨画",用黄瓜及其他食材作画,还用咖啡杯子底部的咖啡渍作了一幅人像画。

随着技术的进步,一些原本普通的物体可能会增加电子屏或新型媒体的展示材料,使"万物皆媒体"成为趋势,也使传统文化艺术转化输出时的媒介有了更多可能性。以柔性电子屏为例,它不仅可用于手机,还可用于人体皮肤、服装、背包、电器、家具及建筑等各种物体表面。那么,这些覆盖了柔性屏的物体当然也可以承载包含传统文化艺术相关内容的媒体信息。

在2022北京冬奥会开幕式的《立春》节目中,近400名武校学生挥舞10米长的柔性杆的表演精美绝伦,表达了"野火烧不尽,春风吹又生"的意境,让观众大饱眼福。如图9-14所示。

图9-14 2022北京冬奥会开幕式的《立春》节目(来源:央视新闻)

实际上,柔性杆由每位演员手控开关,可以发出白色、绿色的灯光。这种以众多柔性杆出现的"道具",有时可以看成"草",有时可以看成"竹",还可以看成其他物品,本质上亦是一种"媒体"。

　　文化艺术融合化的媒体综合表现已经成为趋势。此时,既需要选择合理的媒体呈现形式,又要注意各个媒体的呈现组合,特别是一些综合性的媒体呈现,还需要注意现代形式与传统内涵有机而巧妙地融合。

　　故宫博物院在将现代设计技术、理念与传统文化相结合的过程中,打破以往的思维惯性,价格上让大众消费者消费得起,在外观上提取现代元素,迎合了现代传播的审美需求,在内容上古今融合,凸显趣味性,改变了人们对于故宫深宫冷院的固有印象。

　　在泛媒化及融合化进行媒体组合呈现时,要兼顾人的多种不同感觉。以章博亮的毕业作品《青花》为例:第一,在视觉上,作品将主屏置顶部,打破传统的观展方式,使参观者仰视其中,通过四周镜面的反复折射,将再设计的传统纹样以新颖的展示形式呈现在世人面前,并将青花图案用于人工智能风格化生成绘画;第二,在听觉上,配合数码科技及程序,将传统连纹转换为的现代音乐;第三,在味觉和嗅觉上,利用食品打印技术,使参观者通过网络平台定制个人专属酸奶,将青花纹样打印在酸奶之上;最后,参观者可亲手制作以青花为主题的糖果,DIY创作出个人内心中的青花纹样,鼓励更多观众融入作品。如图9-15所示。

图9-15　章博亮作品《青花》的多种媒体组合(来源:章博亮)

　　此外,"媒体融合"还可以促进内容生产、发布等环节上的效率提升,用于呈现传统文化艺术的相关媒体将在各个环节更加紧密地发生融合及组合。"融合化"亦与本小节开始提到的"多元化"相辅相成。多元需要融合,融合导致多元。

【课后作业】

1. 什么是转媒体及转媒体艺术？其本质是什么？它是否可以理解传统艺术？

2. 从转媒体艺术思维看，优秀传统文化的传播传承及转化可分为哪几大环节？有怎样的基本思路？

3. 从转媒体的输入端角度看，优秀传统文化转化有哪些策略？

4. 从转媒体的转换器角度看，优秀传统文化转化有哪些策略？

5. 从转媒体的输出端角度看，优秀传统文化转化有哪些策略？

6. 人工智能在转媒体艺术转化的三大环节中分别可能承担怎样的作用？

第十章　人工智能艺术的版权
管理及升值

随着人工智能艺术的不断涌现,人工智能艺术作品的版权归属、版权管理及权益升值等成了几个需要重点关注的问题,并会对未来人工智能艺术能否繁荣有序地发展,其价值与意义能否得以发掘与提升产生重要影响。

10.1　人工智能艺术的版权管理策略

从理论上讲,人工智能艺术的版权管理基本可以归入 NFT 数字藏品的管理。NFT 数字藏品是一种非同质数字资产,其所有权被永久、去中心化地记录在区块链上,具有不可替代、不可分割、独一无二等特点,它在某种程度上解决了传统相关领域的防伪难题,并可能成为品牌的文创衍生品,甚至创造出新的 IP(Intellectual Property,知识产权)。

NFT 数字藏品是目前元宇宙艺术及人工智能艺术应用中的热门类型,其基本的支撑技术及所声称能达到的性能并非无懈可击,侵权行为仍然存在,需要相应的治理对策。

一、NFT 数字藏品与人工智能艺术版权归属

近年来,NFT 数字藏品的发展非常迅速,其背后的主要推动原因之一是相关案例引发的热潮。2021 年 3 月,数字艺术家 Beeple 耗时 14 年的作品 *Everydays: The First 5000 Days* 以 6 934 万美元的价格在佳士得上售出。后来,各类大平台、各种品牌、明星、艺术家等纷纷入局 NFT 数字藏品,引发了大量的关注,有段时间甚至频繁出现 NFT 藏品"秒光"的现象。

然而,从 2022 年中开始,NFT 数字藏品开始不断走弱,目前还处于恢复期。同

时，由于现阶段国内数字交易政策的限制，国内数字藏品主要以联盟链为主，相对公链技术更可控，在合规方面更具优势，加上实名认证、内容审核等方面严格要求，能够在一定程度上防范投机炒作和金融化的风险。不过这也意味着，目前国内的NFT数字藏品原则上只能首次购买收藏，不能进行二次交易。

人工智能艺术的版权归属是人工智能艺术发展过程中必须重视的基本问题。如果版权归属不清楚，那么谁该享受其版权带来的收益则会成为未来的大问题。值得关注的是，2023年3月16日，美国政府发布的《联邦公告》中称，根据美国版权局（USCO）发布的法规第202部分，AI自动生成的作品不受版权法保护。而《中华人民共和国著作权法》规定的"作品"是"文学、艺术和科学领域内具有独创性并能以一定形式表现的智力成果"，作品构成要件包括：文学、艺术、科学领域的智力成果，具有独创性，以一定形式表现。或许人工智能艺术能否构成作品并拥有版权的关注点在于，AI生成内容是否属于智力成果，是否具有独创性。

从理论上讲，现阶段AI绘图软件仍然听从人类的指挥，是人类利用一些AIGC工具，有时还给人工智能一定数量的训练素材，然后根据自己的需求让人工智能生成的若干内容，并根据自己的判断力选择了若干内容中的某些结果，并未形成真正意义上的独立思考和创造能力。从这个角度看，目前多数AI图画仍是人借助AI工具产生，并未脱离人的智力成果范畴。同时，人的基本训练素材提供、人的基本需求描述及人在选择时的审美判断力，都与AIGC的使用者关系密切，并未违反美国版权局认为的版权法仅保护"建立在人类创造力基础"上的"智力劳动的果实"。

因而，本书认为，AIGC的使用者应该拥有其利用AIGC所生成的内容的版权，或者至少是所生成内容的版权方之一。之所以说是"版权方之一"，是因为AIGC平台的开发方、被训练素材的版权方也可以分别成为AIGC所生成内容的版权方之一。

二、NFT数字藏品版权管理存在的问题

NFT数字藏品版权管理中的主要问题是规范性及风险防控，特别是后者，问题较多。目前，即使国内NFT数字藏品暂时不允许使用公链，较好地控制了炒作风险，但仍然存在其他几种风险。

第一，存在NFT数字藏品被随意下载并被多次非法上传的现象。就目前元宇宙所使用的网络技术而言，包括OpenSea在内的国内外许多NFT交易平台上的数

字藏品是可以随意下载并保存的。甚至,还有一些用户在下载他人的数字藏品后,原样或稍加修改后再次上传变成其发布的"新的"数字藏品。

第二,存在 NFT 数字藏品被盗窃进而侵权的现象。这一现象已经屡见不鲜,名人的数字藏品被盗的可能性更大。例如,据报道,2022 年 4 月 1 日,周杰伦的数字藏品(无聊猿 BAYC #3738)被盗,此 NFT 数字藏品被盗之后 1 个小时之内便分别以 130 ETH、155 ETH 等的价格被多次转手。这表明,任何技术理论上都存在漏洞,NFT 技术也不例外。

第三,NFT 数字藏品未经授权的"二创"存在侵权现象。目前,有一些机构或网民随意将网上的 NFT 数字藏品下载后进行"二次创作",其中不乏侵权的情况。有的机构或网民甚至将没有获得授权的所谓"二创"的内容发布到 NFT 相关平台上,以抄袭或假冒原作藏品的方式获得非法收益。

第四,存在 NFT 数字藏品"铸造权"模糊冲击 NFT 财产权利正当性的现象。这种现象主要是指,不具备"铸造权"的一方擅自铸造了 NFT 数字藏品。2022 年 4 月 20 日,杭州互联网法院依法公开审理了原告奇策公司与被告某科技公司侵害作品信息网络传播权纠纷一案。原告奇策公司经漫画家马某授权,合法享有"我不是胖虎"系列作品著作权财产性权利,其发现被告经营的某"元宇宙"NFT 平台上有用户铸造并发行"胖虎打疫苗"NFT。最终,法院判决被告立即删除涉案平台上发布的侵权 NFT 作品,同时赔偿原告 4 000 元。

第五,存在 NFT 数字藏品发行方或交易平台倒闭而造成藏品价值归零的风险。NFT 数字藏品市场存在一定的风险,出现藏品发行方或交易平台倒闭的可能性是存在的。同时,随着某些领域数字藏品发行过热的情况出现,部分发行方或平台方倒闭的风险亦会增加,甚至会出现卷款潜逃现象。那么,谁来保证数字藏品收藏者的利益?

三、NFT 数字藏品版权管理策略

对于 NFT 数字藏品被随意下载并被多次上传及被盗窃进而侵权的现象,应主要通过技术进行防范,涉及的治理策略包括:第一,平台发行方可通过相应技术阻止用户的随意下载;第二,对于下载行为亦可通过相应的追溯机制进行记录;第三,对于下载行为由数字藏品发行方进行授权或收费;第四,堵住技术漏洞以防止藏品被盗窃现象。据悉,OpenSea 官方博客在 2022 年 5 月声称,他们正在添加 NFT 查重检测和验证功能,旨在减少抄袭和虚假项目。

对于未经授权的数字藏品"二创"问题在其他领域也经常出现。有观点认为,需要建立一个高效的鉴别程序,从传播性质是否以营利为目的、是否获得著作方授权、引用原创作品的比例是否合理、是否具有独创性等方面制定标准,划清"二创"与盗版的界限。实际上,相关的法律法规正在逐步确定"合理使用"的界限。根据新修改的《中华人民共和国著作权法》第二十四条,对于为个人学习、研究或者欣赏,使用他人已经发表的作品,或为介绍、评论某一作品或者说明某一问题,在作品中适当引用他人已经发表的作品等情况合理使用原作品时,可以不经著作权人许可,不向其支付报酬,但应当指明作者姓名或者名称、作品名称,并且不得影响该作品的正常使用。

对于随意"铸造"NFT 数字藏品问题,有观点认为,上线 NFT 之前,NFT 交易平台应承担审查创建者的 NFT 来源合法性义务,并可设置保证金制度,对 NFT 创建者(或发行商)采取实名认证制度,以强化事后追责机制,使 NFT"铸造权"被有效控制,减少 NFT 领域的侵权纠纷。实际上,还需要加大 NFT 交易平台方的资质审核,并需要平台方建立一套高效的知识产权审查机制,甚至可以将 NFT 交易平台与合法的权威知识产权机构进行系统对接,进而实现资质实时验证。

对于 NFT 数字藏品发行方或交易平台倒闭可能带来的风险,可以采用的主要治理策略包括:第一,严密监控资金异常流动情况,进行技术防范。第二,严格按照《中华人民共和国企业破产法》规范企业破产程序,公平清理债权债务。第三,在合规的条件下,按规范流程将相关保证金用于赔付。需要注意的是,要防范出现前几年互联网金融的乱象,避免出现借 NFT 数字藏品进行非法集资诈骗的情况发生。

对元宇宙相关应用的治理,需要各方共同发力。有学者认为,为了更好建设元宇宙以服务人类社会的需求,须确立如下几个治理元宇宙的法治原则:建构治理元宇宙的"法律+技术"二元规则体系;确立元宇宙治理中"以现实物理世界为本"的"法律中立原则",以现实世界的刚性法律确认并保障元宇宙"去中心化治理"机制的实现。当然,这主要是从法律层面探讨的原则,还需要从技术、制度、社会学、伦理学等相关层面综合考虑。

四、NFT 数字藏品版权管理问题类别

对于方兴未艾的元宇宙应用,我们既要有一定的包容度,也要有风险意识。在

发现元宇宙上述应用问题以及其他元宇宙应用中的潜在问题的同时,应该加以高度重视。这些风险的防范措施及治理策略大致上可以分为几类。

第一类是技术防范与治理。例如,对于 NFT 数字藏品被随意下载并被多次非法上传及被盗窃进而侵权等现象,应主要通过技术的方法去及时发现并消除技术漏洞。任何技术都可能存在漏洞。即使是基于区块链技术的 NFT 数字藏品,其漏洞仍然无法完全消灭。对于随意下载、非法上传及藏品被盗等情况,需要通过技术堵住漏洞。

第二类是制度优化与治理。例如,对于随意"铸造"NFT 数字藏品等问题,主要通过制定合理规则的办法解决。对于整体元宇宙应用而言,还需要对 NFT 发行方、平台交易方的资质与发行与交易流程进行规范化。如果一个 NFT 的发行方与平台提供方有问题,其隐患终将被暴露。

第三类是法律法规防范与治理。例如,对于未经授权的数字藏品"二创"及数字藏品发行方或交易平台倒闭等可能带来的风险,主要应通过相应法律法规来进行规范。"二创"可以鼓励,这有利于数字藏品的知名度提升,但什么类型的"二创"和建立在什么范围的授权需要法律加以完善。同样,数字藏品发行方或交易方的经营状况、风险甚至破产需要专门的法律法规规范与监管。

当然,在具体问题处理时,可能会综合采用几类办法,甚至会涉及社会学、伦理学、心理学等领域(如数字虚拟人或数字化身价值观的设定、存在各种数字化身与真人的身份及责任界定不清的风险等问题),需要多方协作,齐抓共管,动态更新,进而形成多维监管体系。

10.2　人工智能艺术创作者收益保障策略

从目前的技术看,人工智能艺术创作者的收益保障基本还是依赖区块链技术的 NFT 技术。只有人工智能艺术创作者的收益得到切实保障,他们背后对应的数字经济才能不断繁荣发展。

一、人工智能艺术创作者收益事关数字经济发展

要有稳定持续的收益,才能够让从事人工智能创作的机构和创作者获得生存

空间。这背后，是用人工智能艺术产业推动数字经济的发展。

2022 年 5 月 22 日，中共中央办公厅、国务院办公厅印发的《关于推进实施国家文化数字化战略的意见》指出，"加快文化产业数字化布局，在文化数据采集、加工、交易、分发、呈现等领域，培育一批新型文化企业，引领文化产业数字化建设方向。"数字技术成为解放和发展生产力的重要引擎，算力成为新的生产力。物联网、大数据、云计算、人工智能、区块链、工业互联网等的高速发展，促使经济全球化向数字化、网络化、智能化加速转型。

数字技术作为信息化的产物，能够推动各类资源要素快捷流动、各类市场主体加速融合，帮助市场主体重构组织模式，实现跨界发展，打破时空限制，延伸产业链条。数字化生产将推动工业化、自动化、信息化、智能化的高度融合，极大提高社会化大生产的效率。

发展数字经济不仅创造物质财富，也创造精神财富。而发展人工智能艺术不仅在创造物质及精神财富，也在推动数字经济的发展。在 AI 技术及应用快速发展的背景下，推动艺术设计、AI 技术和数字经济之间的融合协同，将引领创新合作，赋能文化艺术产业的发展，进而大力推动数字经济的繁荣。

在数字经济需要不断发展繁荣的背景下，人工智能艺术产业也需要为之添砖加瓦。此时，人工智能艺术创作者收益的保障，必须依靠领先的技术支撑。目前，基于区块链的 NFT 技术是最佳的技术选择之一。

2022 年 7 月 12 日，上海市人民政府办公厅发布的《上海市数字经济发展"十四五"规划》指出，"支持龙头企业探索 NFT（非同质化通证）交易平台建设，研究推动 NFT 等资产数字化、数字 IP 全球化流通、数字确权保护等相关业态在上海先行先试。"该文件要求我们充分重视 NFT 交易平台的规范建设，对包括人工智能艺术在内的 NFT 数字藏品在数字化基础上，形成更多数字 IP，并保证其在流通、确权保护等方面做好保障工作。

二、关键保障技术：区块链与智能合约的配合

包括人工智能艺术在内的 NFT 数字藏品创造者收益保障最关键的技术是区块链及其与相关区块链的智能合约。实际上，NFT 数字藏品可以被理解为存储于区块链上的一种"链上"艺术。区块即用来存储数据信息的载体单位，而区块链便是一串依时间顺序有序连接的包含数据信息（交易信息等）的链表结构，正如有研

究者对区块链的描述,所有交易连接在区块之后会形成一个历史交易记录不断堆叠的账本链条,任何对链条上某一区块的改动都会导致哈希值变化,从而有异于原有账本,故难以篡改。

NFT 数字藏品相关的交易历史等均存储于链上,区块链为其提供了充分的存证、确权等支持。正基于此,NFT 数字藏品才具有稀有性、唯一性和不可篡改性。NFT 本身是一种数字工具或数字载体,NFT 数字藏品就是通过特定资产的 NFT 化,进而将特定内容(图片、文本等)映射到"链上",使其成为区块链世界里的一种虚拟商品或产品。

NFT 如同一枚数字印章,通过数字记录认证手段赋予虚拟世界的特定内容以真正价值。亦即 NFT 数字藏品包含内容层的信息要素和技术层的确证支持,二者缺一不可。正因如此,虽然人们可以通过截图等手段将 NFT 对应的数字藏品信息等复制存储到电脑或其他载体上,但是这种复制其实已经脱离了 NFT 的本质,在缺乏链上记录的前提下,这类复制品充其量只是一种链外信息而已,本身并无实际收藏价值。

NFT 的核心要素在于 ERC 底层技术协议标准。ERC 即以太坊意见征求稿,用于记录以太坊上应用级的各种开发标准和协议,NFT 的主要协议标准包括 ERC - 721,ERC - 1155,ERC - 998 等。这些协议标准是 Token 交互、流通的接口规范,其本质上是智能合约。

ERC - 721 是 NFT 的首个且最常用的协议标准,它的特点在于每个 Token 均是独一无二且不可分割,每个 Token 均需单独的智能合约。ERC - 721 代币主要用于代表独特的数字资产,例如数字艺术品、游戏中的道具、虚拟地块等。

在 ERC - 721 标准协议下,每次 NFT 交易均需调用一次智能合约,因此存在效率低、耗时长、费用高等问题,为克服这些局限,ERC - 1155 协议标准便随之产生。它可以通过一个智能合约同时实现多个 NFT 的批量转移,能够极大提高交易效率。ERC - 1155 使开发者能够在单个智能合约中创建和管理多种代币类型,包括可替换的和不可替换的。

ERC - 998 协议标准允许一个 NFT 捆绑其他 NFT 或 FT(同质化代币/通证),打包形成可组合的非同质化通证 CNFT,从而促进交易更加便捷化。转移 CNFT 时,就是转移 CNFT 所拥有的整个层级结构和所属关系。简而言之,即 ERC - 998 可以包含多个 ERC - 721 和 ERC - 20 形式的代币。

在法律层面,目前学界关于智能合约的讨论主要集中于智能合约是否为合同以及如何规制的话题上。从理论上讲,智能合约主要依托代码实现合同的自动履行,具有技术性、隐蔽性、专业性、涉众性等特征,因此无论从契约法还是团体法视角,我们均应当对其进行适当的干预,强化对协议标准的前期审查。

三、保障创作者收益的 NFT 数字藏品交易架构

保障创作者收益需要可靠的 NFT 数字藏品交易架构,包括人工智能艺术在内的 NFT 数字藏品交易架构通常涉及授权、铸造、发行及交易等诸多环节。

第一,授权环节。NFT 数字藏品的铸造、上链需经过特定资产权利人的授权。NFT 数字藏品主要是对现实世界物理资产(如馆藏文物、画作等)的投射,依托技术手段将物理资产转换为链上的数字资产。由于物理资产本身往往存在所有权、著作权等权利,故在 NFT 铸造人、发行人与物理资产权利人非同一主体的情形下,需事先获得特定资产权利人的合法授权。

第二,铸造环节。在 NFT 数字藏品的铸造环节,可以由特定资产权利人自己完成铸造,亦可以由权利人委托专业第三方机构完成铸造。以 Opensea 平台为例,若用户要自己完成铸造过程,需事先准备加密钱包并进行授权,尔后通过设置项目信息(包括上传文件、设置名称及描述等)进行创建,Opensea 可通过读取链上日志记录、调用合约等知晓 NFT 的铸造信息。

第三,发行环节。在 NFT 数字藏品完成铸造后,即可进入发行、出售环节。如前所述,若 NFT 数字藏品发行人与物理资产权利人非同一主体,则需事先获得权利人的授权。发行即发行方将 NFT 数字藏品进行出售并获取一定利益的行为。在实践中,发行方一般会委托大型数字藏品平台进行出售。需注意的是,NFT 数字藏品的"特定资产权利人""发行方""平台"等可能分属不同主体。

第四,交易环节。NFT 数字藏品交易平台用户可基于自己的兴趣喜好,选择特定的数字藏品并支付对价,最终完成一级市场的交易。关于二级市场的交易,根据"法无禁止即自由"的理念,NFT 数字藏品持有人可以对其数字藏品进行转售、赠予、设立抵押等。目前,我国禁止数字藏品的二级市场交易,部分平台仅支持数字藏品的附条件转赠。

四、NFT 数字藏品权益归属的几类争论

关于 NFT 数字藏品的法律性质,目前存在几类争论,主要有以下几种:

1. "物权说"

"物权说"认为,NFT 数字藏品可归于物权客体,并适用物权法律制度。有学者认为,区块链数字资产满足物权客体特定要求并具备可支配性、排他性,且其可以突破物权法定及信息属性等障碍,因此可以将其作为一种新型无形财产并纳入物权客体范畴。还有学者认为,持有者对区块链通证这种虚拟财产享有所有权,应受物权保护。

"物权说"立足于 NFT 数字藏品的技术特性,阐述了 NFT 数字藏品的可公示性、可支配性、排他性等特征,进而主张将其纳入物权客体。当然,有反对者认为,NFT 数字藏品难以纳入物权客体范畴。反对者的主要理由在于"物权说"违背了物权法定主义原则,并且,持有者对 NFT 数字藏品的支配与物理世界所有权人对物的占有、使用、收益、处分之间存在较大逻辑鸿沟,所有权难以成立。

2. "加密数字凭证说"

"加密数字凭证说"认为,应回归技术本质,将非同质化通证定性为一种加密数字凭证,并将作为载体的 NFT(载体本身)与其附加的价值(指向内容)分离。"加密数字凭证说"试图区分载体与内容,并且看到了 NFT 多元应用可能性,其观点值得肯定。

然而,有观点认为,"加密数字凭证说"亦存在一定缺陷,理由主要是建立新的法律关系及治理框架要耗费巨大的立法成本,且存在难以克服的障碍。非同质化通证现有应用场景的广泛性、革新性等特征亦决定了难以针对其进行统一的关系提炼和制度构建。

另外,有观点指出,"加密数字凭证说"是对 NFT 技术属性的重申,实际上并未真正回答 NFT 归为何种法律属性的问题。从本质上讲,凭证关涉的重点并不在于凭证本身,而在于凭证背后所表彰的权利或者利益。

3. "货币说"

"货币说"认为,NFT 数字藏品具有货币属性。譬如,有学者提出,NFT 艺术品所具备的技术性与艺术性及其交易特征,使其具备了"货币"的功能。亦有学者在认可 NFT 本质为数字"证明"的前提下,认为馆藏资源 NFT 具有强烈的虚拟货币属性。

"货币说"的主要缺陷在于,未真正认识到 NFT 的非同质化特性且与我国目前的监管政策不兼容。如前所述,区别于比特币、以太币等为代表的同质化通证,

NFT 的非同质化特性意味着不同对象之间是唯一的、独一无二且不可分割的，它与虚拟货币存在本质区别。

实际上，在 2022 年 4 月 13 日中国互联网金融协会、中国银行业协会、中国证券业协会联合发布的《关于防范 NFT 相关金融风险的倡议》中，不仅明确禁止通过分割所有权或者批量创设等方式削弱 NFT 非同质化特征，变相开展代币发行融资（ICO），还禁止以比特币、以太币、泰达币等虚拟货币作为 NFT 发行交易的计价和结算工具。

4."债权说"

"债权说"认为，NFT 主要依赖智能合约等运作，其本质为债权或者债权凭证，持有者可据此请求特定资产权利人、铸造方、平台等主体为或者不为一定行为。有观点认为，应以债权法规则对 NFT 进行考察，其流转方式是智能合约主体的变更。

"债权说"看到了契约在整个 NFT 交易架构中的重要性，并尝试从债法规则寻求 NFT 自身的法律定性。然而，有观点认为，"债权说"忽视了 NFT 数字藏品的交易结果，且"债权说"亦可能限制 NFT 未来的发展空间。

在购买者完成支付并获得 NFT 数字藏品时，平台的给付义务即告完成，交易结果便是购买者获得了 NFT 数字藏品这一具有财产性价值的标的物。从 NFT 数字藏品持有者角度看，持有的终极目的并不是为了获取面向平台等主体的债权，而是为了实现 NFT 数字藏品使用、展览、收藏等实际财产性价值。如果在面临第三人侵害情形时，债法规则难以对持有者进行有效救济。

五、作为虚拟资产的 NFT 数字藏品的保护机制

作为虚拟资产的 NFT 数字藏品的保护机制主要包括以下几个方面：

第一，NFT 数字藏品所有权转移机制。在 NFT 交易模式下，每个数字文件均有唯一的标记，一部数字作品的每一个复制件均被一串独一无二的元数据所指代，产生"唯一性"和"稀缺性"等效果，因此当一件数字作品复制件以 NFT 形式存在于交易平台上时，就被特定化为一个具体的"数字商品"，NFT 交易实质上是"数字商品"所有权转移，并呈现出一定的投资和收藏价值属性。

第二，NFT 数字藏品的独立性保护机制。"数字商品"是以数据代码形式存在于虚拟空间且具备财产性的现实事物的模拟物，其具有虚拟性、依附性、行使方式

的特殊性,但也具备一定的独立性、特定性和支配性。NFT 数字藏品的独立性表现为以下三个特点:

- 唯一性:有自己独立的编号。每一个都是独一无二且完整的,不能通过身份、价值或效用与任何其他资产直接互换。
- 稀缺性:NFT 数字藏品通常是限量发售。这既能保证加密资产的长远发展,也不会有供不应求的隐患。
- 可追溯:NFT 数字藏品可以追溯到这个发行方。在链上都有交易记录,从创建到转手,可证明真伪,防止欺诈。

NFT 数字藏品具有价值性、稀缺性、可支配性、可交易性等财产权客体特征,同时还具有网络虚拟性、技术性等网络虚拟财产特有属性,属于网络虚拟财产。

第三,数字藏品对应的财产权益受法律保护。对于数字作品而言,当其复制件存储于网络空间,通过一个 NFT 唯一指向而成为一件可流通的商品时,就产生了一项受法律保护的财产权益。NFT 数字作品持有人对其所享有的权利包括排他性占有、使用、处分、收益等。

目前的法律普遍认为,NFT 数字藏品作为虚拟艺术品,本身凝结了创作者对艺术的独创性表达,具有相关知识产权的价值。同时,NFT 数字藏品是基于区块链节点之间的信任和共识机制,在区块链上所形成的独一无二的数字资产。因此,NFT 数字藏品属于虚拟财产范畴。

需要提醒的是,NFT 数字藏品这一新型网络虚拟财产作为双方交易的对象,应当受到我国法律的保护。网络虚拟财产,不同于一般买卖合同中的有形物或无形物,符合信息网络买卖合同的表现形式,可参照适用我国法律关于信息网络买卖合同的相关规定予以规制。

10.3 人工智能艺术的价值提升策略

数字藏品价值的界定是相对复杂的问题。NFT 数字藏品是一个正在不断进化的新型数字版权生态,其具有艺术多样性、低流动性、市场格局快速改变等特点,这让 NFT 数字藏品的估值变得十分复杂,更需要从不同角度认真分析这个问题,进而找到更多发掘及提升数字藏品价值的策略。

一、从数字藏品的定位角度发掘基本价值

目前,虽然数字藏品的发展如火如荼,但其在策划与发行中普遍存在定位不明的现象。只有定位明确的数字藏品才能在体现价值的同时抓住机会。可以从以下几类定位中充分发掘数字藏品的基本价值。

第一,定位于文化数字化及非遗传承。数字藏品作为新兴技术下的产物与创新的文化载体,顺应了我国文化数字化发展战略。在 2022 年 5 月中共中央办公厅、中华人民共和国国务院办公厅印发的《关于推进实施国家文化数字化战略的意见》中明确提出,要"发展数字化文化消费新场景","大力发展线上线下一体化、在线在场相结合的数字化文化新体验"。如果说促进数字藏品发展的元宇宙突出的是跨时空的消费新空间与新场景的话,那么数字藏品正是这一消费新空间与新场景中最重要的消费内容。基于 NFT 技术的数字藏品也给非遗传播传承带来了机会。区块链等数字技术"可使文化遗产在新的数字时代'活起来',在新世代年轻人中'火起来'。"大量高价值数字藏品的发行,不仅可以让优秀的传统文化及非遗得到更广泛的传播,而且可以避免线下文化艺术珍品或文物因触碰而遭破坏的现象。

第二,定位于各类品牌的文创衍生品。对于众多的品牌而言,数字藏品可以定位于新型的数字化的文创衍生品。过去已经有不少品牌发行过数字化的文创衍生品,只是目前更趋向于基于区块链技术的 NFT 发行方式。有观点认为,数字藏品产业的走热正在激活文创市场。数字藏品产业"推动了数字文化创意产业的发展,对保护、传播传统文化起到了积极作用,更为艺术家、设计师等创作者提供了展示的舞台,进一步激发了文创市场创新活力"。文创衍生品的数字化已成为潮流,并受到广大网民的喜爱。以文旅行业为例,2022 年以来,不论是泰山景区发行的"泰山系列数字藏品"、黄山景区发行的"迎客松系列数字藏品",还是曲江文旅发行的"中国年迎财神"等数字藏品,都获得了网民的广泛认可。

第三,定位于网络社区的个性化头像。在数字藏品领域,不论是之前声名大噪的 CryptoPunks(加密朋克)、Bored Ape(无聊猿)、Daffy Panda,还是国内一大批类似的 NFT 头像数字藏品,都不同程度上满足了网络社区个性化头像的巨大需求。当今的年轻网民已经不满足于仅用固定或雷同的头像,更希望有显示个性与自我喜好的头像。特别是在一些网络兴趣社区,许多社区成员希望拥有造型独特的头

像,而 NFT 数字藏品一个系列中动辄几千上万的发行数量更容易满足此类个性化的需求。

第四,定位于各类品牌的新营销手段。数字藏品对于品牌营销不仅是一个新手段,由于其成本相对较低,发行量相对较大,品牌还可以更高效率地获得更大范围的传播。36 氪研究院于 2022 年 7 月发布的《2022 年中国数字藏品行业洞察报告》中提到,数字藏品概念前卫,对年轻消费者有较强的吸引力,它对于品牌营销的价值可通过拓展营销方式和品牌价值变现两种方式实现。一方面,品牌可将其产品、权益数字化,开发更多创意营销方式,扩展营销边界;另一方面,品牌将其虚拟形象、logo 等打造为数字藏品,实现品牌的价值变现。可以预见,下一阶段的品牌营销将会把 NFT 数字藏品发行作为重点方向之一。

第五,定位于共享相关数字资产价值。对于拥有大量数字资产的图书馆、出版机构及博物馆等而言,NFT 数字藏品可以将馆藏的大量沉淀数字资产充分发掘,以扩大相应数字资产的共享价值。以图书馆为例,图书馆可以数字藏品为内容创新开端,以打造图书馆元宇宙为空间创新目标,实现数字资产、知识内容和交流空间的关系再塑。同时,基于区块链的定位与数字资产价值共享的数字藏品开发,还可以提升相关资产的数字化管理水平,并为相关资产数字内容的链上循证提供新的契机。

二、从数字藏品的虚实融合角度提升时空价值

数字藏品不仅可以大大拓展新的虚拟时空,而且可以做到线上与线下的"虚实融合"。同时,"以虚强实"及"以虚促实"逐渐成为共识。这一切有利于提升数字藏品的时空价值。

第一,几乎无限的虚拟空间有利于时空拓展。数字藏品需要有足够的展示时间与空间。传统的线下展示空间(如展览馆、博物馆、艺术馆等)物理范围有限且展示时段(或档期)有限,而数字藏品可展示的线上虚拟空间理论上可以是无限大的,便于陈列数量更多的藏品;可展示的时间理论上可以是无限长的,无所谓"开放时间"与"关闭时间"之类的概念。同时,线上虚拟时空还节省了大量的成本(场地租金、水电及讲解员等开支),进而大大减少了碳排放。特别是,各类数字藏品大大满足了网民足不出户随时可访问的需求。有研究者认为,"新冠"的冲击下,与实体关系更密切的产业更容易受到影响,纯虚拟产品的开发是对冲风险的方式之一。

　　第二,"虚实融合"大大提升了数字藏品的价值。数字藏品不仅仅可用虚拟的方式展示,也可以做到"虚实融合",这正好契合了前述《关于推进实施国家文化数字化战略的意见》中"大力发展线上线下一体化、在线在场相结合的数字化文化新体验"的导向。在 2022 年 6 月发布的《上海市培育"元宇宙"新赛道行动方案(2022—2025 年)》中亦提到,"尊重规律、分步推进。把握'元宇宙'虚实映射、虚实交互、虚实融合的演进规律。"在虚实融合中,既可将线下实体藏品通过数字化方式呈现在线上虚拟空间,也可将线上的数字藏品及相关信息通过 AR、MR 或裸眼 3D 等方式叠加到线下的会议或展览场所,提升线下展示的信息丰富度与体验感。"虚实融合"符合 O2O(Offline to Online)思维,可以让线下与线上相互打通,并形成能持续良性循环的闭环。数字藏品的展出与销售还会带动实物展品的销售,反之亦然。

　　第三,"以虚强实、以虚促实"逐渐成为共识。在虚实融合过程中,"以虚强实"及"以虚促实"逐渐得到更多的认可,并展现出更多的价值。在上述《上海市培育"元宇宙"新赛道行动方案(2022—2025 年)》中即提到与数字藏品紧密相关的元宇宙发展的基本原则之一:"价值引领、效果导向。把握'元宇宙'以虚促实、以虚强实的价值导向"。"以虚强实"把数字藏品的虚拟价值充分发挥了出来,并且把线下现实世界的体验加强了。"以虚促实"符合我国对于数字经济与数字技术发展的规划,是符合我国国情的,同时根据目前数字藏品赋能实体产业已有的案例,数字藏品已经表现出在该方向强大的潜力。从某种意义上讲,让数字藏品所依赖的虚拟时空帮助加强并促进现实时空的体验,无疑是未来发展的重要方向之一,也是消除数字藏品"虚火"的重要对策之一。

三、从数字藏品的设计角度提升艺术价值

　　在众多数字藏品涌现的同时,有许多人开始质疑其中不少数字藏品的艺术价值。其实,数字藏品亦需艺术价值,其开发需要重视设计、美学及原创力。高艺术价值的数字藏品更容易被网民认可。

　　第一,数字藏品亦需要艺术价值。数字藏品具有各种不同价值,在数字藏品的价值影响因素分析及评估中,需要建立 NFT 数字藏品的经济价值、艺术价值、技术价值和社会价值四维价值维度。目前,在数字藏品的经济价值被相对放大的同时,艺术价值却被相对忽视了,数字艺术收藏品良莠不齐,缺乏经典作品的支撑。实际

上,作为藏品,不论是传统的实体形态,还是数字化形态,其艺术价值理应得到重视。据艾媒咨询于 2022 年 7 月发布的《2022—2023 年中国数字藏品运行状况及投资消费行为监测报告》,67.1% 的中国数字藏品消费者认为数字藏品的属性是"艺术收藏品"。支撑数字藏品艺术价值的是数字藏品的美学呈现。网民购买数字藏品时,除了收藏,也包含了审美过程。相对而言,在抛开恶意炒作的前提下,艺术价值更高的数字藏品会拥有更高的经济价值与社会价值。

第二,设计美感更容易促进收藏。如上述报告所述,既然多数数字藏品消费者认为数字藏品本质上是"艺术收藏品",那么他们对那些设计美感强的数字藏品会更加青睐。设计美感可能会涉及到构图、角色造型、色彩等多方面。同时,由于数字藏品设计中常常使用基于程序的生成艺术,可能会遭遇新的问题,需要项目发起方及设计方加以重视,理解设计美感对促进收藏的重要性,然后花时间去改进设计。在生成艺术应用于数字藏品设计时,可能需将多个元素通过程序组合生成千上万的数字藏品,其中会有元素组合是否协调及风格是否统一的问题。这往往需要设计师与程序员相互配合,通过不断实验、不断优化及不断迭代的方式,推出更多更具设计美感的数字藏品。

第三,数字藏品设计急需原创力。虽然数字藏品的二次创作在网络上非常流行,但二次创作依赖的是原创的数字藏品。目前,数字藏品的原创力仍然是相对匮乏,其中急功近利、模仿成风是主要的原因。有研究者提出解决办法,可以"与超级文化 IP 或数字艺术创作者合作,让数字藏品附着稀缺的 IP 价值或具有高超的数字艺术原创价值"。这固然是比较保险的方法,但也相对保守,并且压缩了广大普通品牌及数字艺术创作者的发挥空间。要相信,许多年轻的数字艺术创作者在数字藏品设计上有巨大的潜力可以发挥,要多鼓励他们,摒弃抄袭模仿之旧习,要敢于打破常规,给他们更多的创作自由,充分发挥年轻人的活力,尽显数字藏品设计蕴含的巨大原创潜力。另外,生成艺术中常用的随机函数的随机性在某种程度上可以促进数字藏品的"原创性"。

四、从数字藏品的传播角度提升品牌价值

目前,在数字藏品大量发行的同时,出现了大量数字藏品无人问津的状况,这与对数字藏品传播的相对忽视有关。因此,人们需要重视提升数字藏品的关注度、认同度及参与度,进而促进数字藏品品牌价值的提升。

第一,重视通过传播提升数字藏品的关注度。提升数字藏品的关注度是将数字藏品用户与品牌建立联系的前提。通过 NFT,再通过品牌的数字藏品馆,与品牌建立长期的关系,并享受由企业提供的各种权益,可实现会员体系和用户社群的建设。许多数字藏品发行方只是看到市场上有不少火爆的"样板",就认为自己的数字藏品也能达到类似火爆的程度,这实际上是一种错觉。除了自己品牌的影响力及前述的设计美感外,如果数字藏品不能获得足够的关注度,则不可能会有很多人购买或收藏。

第二,重视通过传播提升数字藏品的认同度。在数字藏品获得足够关注度的同时,还需要在数字藏品的推广传播中重视提升认同度。更多的关注度可能意味着只是"混个脸熟",足够认同度的获得则取决于对于数字藏品特色及优点的发掘及解读。在具体方法上,既需要突出数字藏品的"亮点"或"爆点",也可以采取讲故事、讲情怀的方式呈现相关数字藏品的独特之处,社交媒体及网络社区中的口碑传播往往也起到重要的作用。

第三,重视通过传播提升数字藏品的参与度。有了更多的认同度,接下来则是通过传播提升数字藏品的参与度。这里的参与度主要包括三方面:第一,是数字藏品用户/潜在用户与数字藏品发行方的互动;第二,是数字藏品用户/潜在用户之间的互动;第三,是潜在用户受影响产生相应数字藏品的购买行动。通过传播提升数字藏品的关注度与认同度,可以促进参与度的提升;反过来,提升参与度会促进关注度与认同度的提升。三者共同提升,则有利于提升数字藏品的品牌价值。

五、从数字藏品的技术角度提升权益价值

毋庸置疑,NFT 为数字藏品提供了很好的技术支撑,但是要注意降低数字藏品的金融属性,以防止过度炒作。从未来一段时间看,非同质化权益(NFR,Non-Fungible Rights)或将发挥重要的权益价值提升作用。

第一,NFT 的基本技术性能值得肯定。《关于推进实施国家文化数字化战略的意见》中提到,文化产权交易机构要充分发挥在场、在线交易平台优势,推动标识解析与区块链、大数据等技术融合创新,为文化资源数据和文化数字内容的确权、评估、匹配、交易、分发等提供专业服务。NFT 技术在包括数字藏品在内的数字内容确权方面有明显的技术优势,即数据可溯源、公开透明、不可篡改、不可复制、不可

分割、具有为唯一性等。虽然目前我国对于 NFT 数字藏品规定只能首次购买,不允许进行二次交易,但是 NFT 的基本技术性能仍然值得肯定。

第二,降低金融属性以防止过度炒作。NFT 数字藏品常常被过度炒作是目前该领域被诟病的问题之一,并可能隐藏着巨大的风险隐患。为此,中国互联网金融协会、中国银行业协会、中国证券业协会于 2022 年 4 月发布了《关于防范 NFT 相关金融风险的倡议》,其中提出,NFT 存在炒作、洗钱、非法金融活动等风险隐患,要坚决遏制 NFT 金融化证券化倾向,从严防范非法金融活动风险。可以肯定的是,过度炒作可以毁掉任何一个行业。正如该倡议中所提出的,需要"确保 NFT 产品的价值有充分支撑,引导消费者理性消费,防止价格虚高背离基本的价值规律"。在健康市场中,价格与价值应该成正比,数字藏品市场也不例外。

第三,NFR 或在一个阶段发挥重要价值。基于上述原因,以及目前我国不允许数字藏品的二次交易的背景,NFR 则可能是一种更好的选择。2021 年 10 月中国移动通信联合会等联合发布的《非同质化权益(NFR)白皮书——数字权益中的区块链技术应用》指出,NFT 的发展存在技术、法律等多重问题,而非同质化权益(NFR)有望成为探索数字权益确权、存储、转移、流通的合规手段。NFR 不使用任何数字代币或是相关协议;不使用任何公链系统;完善实名认证机制,符合相关法律法规等,有望从技术上提升数字藏品的权益价值。从某种意义上讲,NFR 是 NFT 的中国本土化、合规化的延伸,在提升数字藏品权益价值方面,NFR 至少在一个阶段可以发挥重要的作用。

综上所述,数字藏品在飞速发展的同时,需要重视其价值发掘及提升,避免出现"大起大落"的情况。可以通过数字藏品的定位发掘其基本价值,通过虚实融合角度提升其时空价值,从设计角度提升其艺术价值,从传播角度提升其品牌价值,从技术角度提升权益价值。只有让数字藏品更具价值,它才能有更强的生命力,该行业才能更健康长久地发展下去。

【课后作业】

1. 人工智能艺术的版权管理主要可利用哪些技术? 主要有哪些管理策略? 主要有哪些管理问题?

2. 人工智能艺术创作者的收益保障主要有哪些技术与相关策略?

3. 保障创作者收益的 NFT 数字藏品交易架构是怎样的？

4. 对 NFT 数字藏品权益归属的问题目前存在哪几类争论？

5. 可以从哪些角度提升人工智能艺术的价值？这些角度分别有哪些人工智能艺术的价值提升策略？

第十一章　人工智能艺术的传播与营销

随着人工智能等各类新技术的发展,"智能传播"及"智能营销"逐渐被业界及学界广泛认可。人工智能正切入智能营销的相关重要环节。人工智能艺术亦在这样的背景下可以有更广泛的传播与营销策略使用。同时,随着元宇宙概念的兴起,人工智能艺术的传播与营销有了更多新的思路与策略。

11.1　人工智能传播与营销主要环节

人工智能艺术的传播与营销当然可以使用传统手段,但更应该使用人工智能的手段,因而引出了"智能传播"与"智能营销"的概念,并需要理解其本质、特点,了解其演进与发展脉络,并了解其主要环节。

一、智能营销概念、本质与特点

智能营销的概念由陈永东与赵旭隆在 2016 年 2 月出版的《智能营销:数字生态下的营销革命》中第一次正式提出,并使用英文名称 Intelligent Marketing。这一观点将智能营销理解为:智能营销"较明显地在内容精准推送、渠道配置选择、效果跟踪分析、决策触发等方面显得更自动化,进而显得更智能、更聪明,同时在付费方面更趋向合理——按效果付费,其中也逐渐体现了营销自动化(Marketing Automation)的思维"。如果将智能营销理解为营销发展中更先进、更高效、更符合潮流的营销方式的话,那么它一定符合营销技术发展或进化的本质:降低营销成本,提升营销效果,提高营销效率。

谈到智能营销的本质,丁俊杰曾经指出,"营销的本质功能在于连接供给和需求,哪一种技术的使用能够有助于更好地接近这一目标,更好地完成这一功能和任务,这种技术就能够受到欢迎并得到广泛使用,从现实来看人工智能够提升营销的这种连接功能，优化连接的效率，进而增强连接的效果。"

毋庸置疑，人工智能、大数据、云计算、区块链、VR/AR/MR、5G 等新技术为智能营销的发展及营销效率的提升提供了有力支持。同时，越来越多的新媒体平台及企业开始重视这些技术的合理利用，进而不断彰显智能营销的本质。

在降低营销成本方面，智能营销正是依靠日新月异的新技术，将越来越多的人工营销环节转变为由机器或系统来完成。从更本质的角度看，如果认可智能营销可以大大提升营销效果并提高营销效率的话，那么自然就认可其能为企业降低营销成本。

在提升营销效果方面，智能营销除了让企业获得更多的品牌传播，或让企业的产品/服务获得更多推广，进而让企业获得更多的销售线索及订单，还利用更多的技术提升营销的精准度，提供更智能、更佳体验的客户服务，让用户的体验得以大幅提升。

在提高营销效率方面，智能营销可以让相同的营销投入相比过去产生更大的营销回报。这一点不仅与降低营销成本相呼应，而且也体现了智能营销的优势。同样，这种优势主要得益于迅猛发展的自动化或智能化的软硬件技术。

对于人工智能艺术的传播与营销而言，当然需要通过智能营销降低营销成本、提升营销效果、提高营销效率。

二、智能营销的演进与发展脉络

智能营销的诞生是在企业痛点挑战、新技术研发与各类营销进化实践的共同推进下发生，并不断发展与演进的，其主要呈现出四条脉络。

1. 脉络一：从长尾、口碑营销、病毒营销到社会化媒体营销

"长尾理论"（The Long Tail）颠覆了帕累托（Pareto）于 19 世纪末 20 世纪初发现的"80/20 法则"（也称二八定律或帕累托法则），使得企业在社会化媒体中可与小客户更容易地接触与沟通，并使冷门产品的展示和推广变得更容易。

口碑营销（Internet Word Of Mouth Marketing，IWOM）则在社会化媒体中让企业的口碑获得更大程度的传播，其得益于社会化媒体用户之间更高的信任度。

病毒营销（Viral Marketing）在社会化媒体中如鱼得水，其往往通过特别引人注目的内容引起大范围的议论与传播。病毒营销的背后通常是网络事件营销（Internet Event Marketing），通过精心策划预埋爆点或借力热点，事件营销往往会演变为病毒营销。

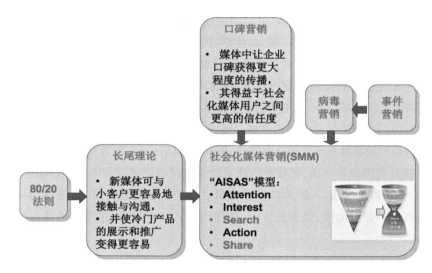

图 11 - 1　从长尾、口碑营销、病毒营销到社会化媒体营销（作者绘）

2. 脉络二：从社会化媒体营销、体验营销到湿营销

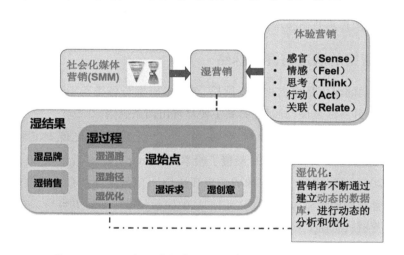

图 11 - 2　从社会化媒体营销、体验营销到湿营销（作者绘）

　　体验营销（Experimental Marketing）站在消费者的感官（Sense）、情感（Feel）、思考（Think）、行动（Act）、关联（Relate）五个角度，重新定义、设计营销的思考方式。

　　社会化媒体营销与体验营销的结合，推动了湿营销的出现。克莱·舍基（Clay

Shirky)曾指出,未来社会是湿的,未来的社会的组织方式将突破干巴巴的社会关系,而是变成湿乎乎的人人时代,即人与人要靠社会化软件联结。

对于湿营销,国内研究机构 DCCI 互联网数据中心曾将其解读为三个层面:第一,营销的始点:即诉求是湿的,创意也是湿的;第二,营销的过程:分为湿通路(即诉求信息在用户与用户之间不断呈现病毒式扩散,具有显著的社会化特性)、湿路径(即用户与用户的深度对话,并在对话过程中产生对品牌和产品的信任)及湿优化(即营销者不断通过建立动态的数据库,进行动态的分析和优化);第三,营销的结果:即湿营销产生的结果应该是湿的品牌和湿的销售,产生用户乐于传播的品牌口碑。显然,湿营销既需要社会化媒体的土壤,也需要体验营销的养分。

3. 脉络三:从整合营销传播、湿营销到统合营销

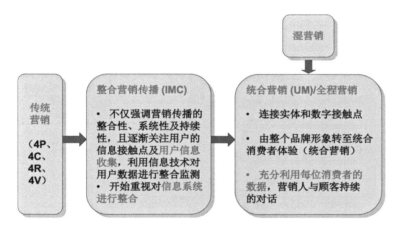

图 11-3 从整合营销传播、湿营销到统合营销(作者绘)

在传统的 4P(Product、Price、Place、Promotion)、4C(Consumer、Cost、Convenience、Communication)、4V(Variation、Versatility、Value、Vibration)、4R(Reaction、Relevance/Relevancy、Relationship、Return/Reward)的基础上,整合营销传播(Integrated Marketing Communication, IMC)被提出。

在唐·舒尔茨与海蒂·舒尔茨(Don E. Schultz, Heidi Schultz)合著的《整合营销传播:创造企业价值的五大关键步骤》一书中,作者总结了整合营销传播发展的四阶段:第一阶段,战术性传播工作的协调;第二阶段,对营销传播工作范围的重新界定;第三阶段,信息技术的应用;第四阶段,财务和战略整合。

　　整合营销传播不仅强调营销传播的整合性、系统性及持续性,且逐渐关注用户的信息接触点及用户信息收集,利用信息技术对用户数据进行整合,对传播活动的效果进行评估与监测,并开始重视对信息系统进行整合,形成能够提升用户投资回报指标的"闭环式"计划能力。

　　整合营销传播与湿营销催生了统合营销。"统合营销"(Unified Marketing)认为整合营销仍然是一种单向营销思维,并专注于追求广告信息的一致性,而统合营销更关注消费者体验的连续性,它主要强调营销的统一性,认为营销人需要用更丰富且有深度的手法来连接实体接触点和数字接触点,需要将注意力由整个品牌形象转移至统合消费者体验,并应充分利用每位消费者的数据,使营销人与顾客能进行持续的对话。

4. 脉络四:从统合营销、营销自动化、精准营销到智能营销

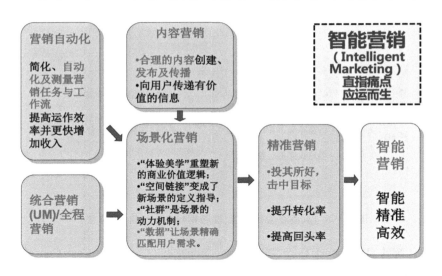

图 11-4　从统合营销、营销自动化、精准营销到智能营销(作者绘)

　　在营销自动化、内容营销、场景化营销及精准营销等的推动下,伴随着新技术的不断助力及相关痛点的驱动,智能营销则应运而生。

　　Marketo 曾将"营销自动化"定义为:允许企业简化、自动化及测量营销任务与工作流,进而使企业可提高运作效率并更快增加收入。从这个定义可以看出,它与智能营销的本质已经相当接近。

内容营销的目的是通过各种内容来影响潜在客户,通常指不需要做直白的广告或推销,而通过有吸引力的内容,使客户获得信息、产生兴趣并促进体验交流,进而形成口碑传播或病毒传播的营销方式。

场景化营销(Scene Marketing)也称情景营销,常指在用户可能接触的各个信息点(或渠道)营造相关的场景,让用户沉浸其中,再通过制造并激发用户的痛点,使用户产生在某种场景下对相应产品或服务的强烈需求。吴声在《场景革命》一书中指出,支持场景的核心要素有四个方面:第一,"体验美学"重塑新的商业价值逻辑;第二,"空间链接"变成了新场景的定义指导;第三,"社群"是场景的动力机制;第四,"数据"让场景精确匹配用户需求。

精准营销(Precision Marketing),即通过某种办法将内容推送给最适合的潜在客户,通常指在精准定位的基础上,依托现代信息技术手段建立个性化的顾客沟通服务体系,实现企业可度量的低成本高效率的营销策略。

在统合营销、内容营销、场景化营销及精准营销等不断发展及进化的背景下,智能营销应运而生,其驱动力还来源于过去各类营销仍然未能解决好的用户痛点:如相关系统集成度不高、衔接不畅,相关数据不完整,主要环节自动化比例不高,商业智能分析水平不高,精准度不高,用户体验不佳等。智能营销就是为了解决这些痛点而生的,就是要以更智能的手段达到更精准的营销效果,进而不断提升营销的效率。

三、智能传播与营销的主要环节

将智能营销的核心研究环节划分为十个方面,以下分五部分加以讨论。从某种意义上讲,人工智能艺术创作可以融入其中的前两部分(四个方面)。

1. 智能素材采集及智能内容生产

智能素材采集是智能内容生产的前提。企业相关的内容生产需要众多素材,过去这些素材采集多通过人工完成,费时费力,范围有限,智能素材采集则可以自动发现、自动抓取相关的素材。智能系统在对目击媒体及社交媒体上与企业相关的内容采集时更显优势。同时,由于物联网及5G技术不断普及,各种传感器、读写器会产生海量的即时信息,对于智能营销而言恰似源头活水。

智能内容生产同样是为了提高营销相关工作的效率,智能化内容自动生成及程序化创意已经开始蓬勃发展。段淳林认为,创意的生产经历了从经验创意到智能创意的转变。传统的创意生产多为单向线性,无法满足横向与纵向的需求变化,由此催生了程序化创意。程序化创意是由数据和算法驱动,对广告创意内容进行智能制作和创意优化。

目前,文本类内容、图片类内容及图文并茂内容的智能生产已较为普及,视频类内容的智能化生产还处于半自动阶段。智能化内容既需要开发人员为内容生成系统制定相应的规则,也需要系统拥有机器学习(Machine Learning)之类的能力,使之能从最优秀的案例、最有创意的内容及传播力最强的内容中不断学习,进而自动生产传播效果越来越强的内容。

显然,人工智能艺术创作可以融入上述两个方面。

2. 智能信息互动及智能信息展示

智能信息互动主要是指机器人智能助理或智能客服。据 NICE InContact 发布的《2019 消费体验变革报告》,机器人智能助理主要可分为两类:一类是代理助手类,主要形式包括:视频聊天、在线聊天、短信、电话、电子邮件、社交媒体;另一类是自助服务类,主要形式包括:移动应用、自动助手/机器人、网站、互动式语音应答(IVR)、家用电子助手。

智能信息展示主要是指即时的可视化、智能化的信息展示。可视化是当今信息展示的潮流,可以更加直观地展示相关信息。展示的信息可能来自不同的平台或渠道,需要进行抽取、整合,并合理地进行可视化形式呈现。另一种智能化信息展示的内容主要是广告或营销信息,即在某些界面(如电脑、手机 App 或户外大屏等)根据不同的登录(或临时)用户展示不同的信息,实时竞标(RTB,Real-Time Bidding)广告展示即属于此类智能化信息展示。

毋庸置疑,人工智能艺术创作亦可以融入这两个方面中去。

3. 智能信息发布及智能信息推送

智能信息发布是智能营销中一个重要的环节,其主要涉及的问题包括:如何在线快速地审核要发布的内容,如何智能化选择合理的渠道组合发布内容,如何满足相关渠道的自动发布及定时发布等。在线快速内容审核需要将多个渠道的内容审核流程合并,在合理设置权限关联的基础上实现多个渠道合并审核,并在其中扩大系统自动审核的比例。

智能渠道组合选择根据不同的内容及不同的潜在用户群体进行。一方面,根据内容自动化选择渠道组合,即根据渠道的特点,选择合适内容表现的渠道,确定多个渠道组合,形成渠道多层次的合力,多个渠道间相互配合、相互融合及相互衔接。另一方面,根据人群自动化选择渠道组合,即根据人群的使用习惯,选择相应的渠道,多个合适的渠道组合,形成不同的引力,多个渠道的相互配合,影响用户的决策。

智能信息推送通常是指将已发布的内容推送或推荐给最适合看的用户,以提升营销相关内容的有效覆盖面。在智能信息推送过程中,相关的智能算法起着至关重要的作用,它影响着用户的信息接受范围及阅读体验。

4. 智能效果跟踪及智能舆情监测

使用智能营销平台的企业需要跟踪营销效果,随时看到营销分析,随时接到营销建议,随时调整营销指标并随时观察比较营销效果变化情况。其中,商业智能分析及智能营销策略建议显得较为重要,也体现了营销的智能化水平。

人工智能时代的舆情管理,需要利用人工智能开展舆情分析、判断、预测、沟通及应对等工作,其中有几个明显转变:从"以人工为主"转向"人工智能比例不断增加",从"主观判断为主"转向"人工智能提供判断与建议",从"网络舆情监测"转向"人工智能网络舆情预测",从"参与制造虚假新闻"转向"识别新闻真伪",从"人机相对割裂"转向"人机协作弥补人工智能的不足"。

智能舆情监测、分析与应对需依赖于信息监测与采集,并且需要足够数量且真实可靠的数据。智能舆情监测较为突出的技术包括:网络爬虫程序(Web Crawler)自动抓取数据、感知人工智能引发的线上线下融合(OMO,Online-Merge-Offline)背景下的数据采集、人工智能对数据真实性的识别、舆情案例库/知识库的建立及人工智能对舆情案例的机器学习。

5. 智能趋势分析及智能辅助决策

智能趋势分析是商业智能的重要环节,主要包括行业发展趋势分析、市场需求趋势分析、市场销售趋势分析及舆情走向趋势分析。当然,相关趋势分析的前提是对现状的准确把握与分析,对相关经验、数学模型与相关法则的合理建立与使用,并通过对基于不同行业的案例库/知识库中相关案例的学习,进而利用智能化的方法进行趋势分析。

智能辅助决策可以在一定程度上避免人为"拍脑袋"决策带来潜在的风险。一方面,智能辅助决策可形成决策自动化,即基本营销决策的自动化触发,自动根据效果调整营销策略,并可提供营销及战略决策的相关建议。另一方面,企业在进行一些重要决策(如企业发展方向、市场取舍、重大舆情应对等)时,智能辅助决策可能发挥重要作用。

智能辅助决策通常采用智能决策系统(IDSS,Intelligence Decision Support System),即在决策支持系统的基础上集成人工智能的专家系统而成,专家系统主要由知识库、推理机和动态数据库组成。

11.2　人工智能艺术传播与营销策略

在人工智能艺术的传播与营销中,既可以延续第九章中提到的转媒体概念,采用多层转换形成转媒体链,进一步带动传统文化艺术的传播,还可以在传播与营销中进行新的平台选择,树立传播与营销中诸如借力式、应景式、口碑式及病毒式传播与营销的新思维及新策略。

一、基于转媒体转换链的人工智能艺术传播

基于转媒体的观点,一种传统文化艺术在被转化为另一种或几种媒介形式之后,还可以在传播过程中不断地被转换。

在现代的传播环境中,人不仅可以是艺术作品的作者,也可以在看到他人的作品后,进行再传播和再创作,而后者可能是又一次转媒体艺术创作的过程。以此类推,则可以由一种媒体形式出发,形成转媒体转换链或转换树,从而形成形形色色的媒体转换,如图11-5所示。

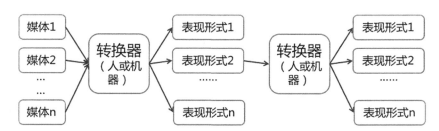

图 11-5　基于转媒体思维的媒体转换链或转换树(作者绘)

青春版《牡丹亭》的文创产品开发及传播过程中即对视觉语进行了再创作、再设计的探索,设计者先提取了青春版《牡丹亭》中有代表性服饰的款式、纹样,点翠、

发片、步摇等造型、图案元素,对其进行重组,如用褶子、水袖元素分割画面,用云纹元素做底,用凤鸟纹做穿插,用步摇珠子做点缀等等;色彩上用了剧中清新、温婉的色调,巧妙运用点、线、面结合,虚实相生的节奏变换,组成有昆剧意味的装饰画。这些原创性的有昆剧意韵的装饰画可以印在丝巾、明信片、手提包等产品上,亦可以白描线稿形式做成描画涂色彩的书或卡片。

传统文化艺术也可以与动画、游戏、电影、电视剧、微电影、短视频及直播相衔接及转换。传统戏曲的发展确实也抓住了技术革新所带来的机遇,积极探索与创新传播方式,诸如与动漫、游戏、综艺、电影、流行歌曲的结合,都让越来越多的受众领略到了传统戏曲的魅力。

当传统艺术经过转换后以各种新媒介形式和相关文创衍生品在新媒体上传播时,既有可能被再创作,还可能伴随着大量点评,这对传统文化艺术的深入了解及扩大传播而言也是一种催化。即使其中一些点评表现出负面的观点,也并非坏事,一方面有利于百家争鸣,另一方面反而可能会吸引更多关注的目光。

二、多平台及联合式人工智能艺术传播

在条件允许的情况,扩大传统文化艺术传播中应该充分利用更广泛的平台,形成合力,发挥综合效应。目前,线上的传播平台越来越多,既要充分利用,也要注意与时俱进,同时在多个平台(及相关账号)之间形成合力,尽量避免"孤军作战",以形成"联合式"文化艺术传播。

南京博物馆文创产品主要的宣传渠道是线上和线下,线下是大家所熟知的博物馆商店,线上通过微博微信来分享藏的文化故事和推广文创产品,开展博物馆文创产品设计活动。

故宫博物院在这方面还有更广泛的探索——开辟线上渠道,结合线下场馆,多维度进入大众视野,甚至经营了公众号,开通了淘宝网店,拓宽了产品销售渠道。他们还开发了多款手机应用和小程序,依靠强大的数字文化资源拓展了线上的故宫博物院,让大众足不出户便可以了解最新的展讯和藏品信息。

不仅如此,故宫博物院还在其节目《上新了·故宫》中采用了"跨屏联动,聚合传播"的策略,除了在北京卫视上星播出,还加强与爱奇艺、今日头条手机客户端的联动合作。观众在收看节目的同时,可以通过今日头条手机客户端中的"国风频道"参与互动。

再以秦始皇帝陵博物院的艺术传播为例——其传播过程中,既有"线上课堂""智慧导览"等功能,可以获得定位、引导及语音介绍,还有"赐官封爵""千里驰援""亿像素"等互动体验功能。其中的"亿像素"功能由百度百科数字博物院与秦始皇帝陵博物馆联合开发,可以提供上亿像素的兵马俑展览大厅在线上全方位展示,既可以放大、缩小、移动角度,还可以以多种方式进行观看体验,并能随时获得不同区域的图文解释,如图 11-6 所示。另外,秦始皇帝陵博物院还进行了大量秦陵文物数字化及虚拟复原工作,并建设了西安秦始皇兵马俑 VR 影院"秦·兵马俑",实现了多平台及联合式艺术传播。

图 11-6　秦始皇帝陵博物馆的多平台及联合式艺术传播

在多平台传统文化艺术传播中,要注意各平台间的功能互补,利用账号矩阵及多平台形成相互协作,要避免单兵作战,而要形成"联合舰队",提升传统文化艺术品牌传播的综合实力。

三、借力式及应景式人工智能艺术传播

"借力式"传播主要是借他人之力让"冷"变"热"。许多传统文化相关的内容可能较"冷",即热度不够,进而无法获得足够的关注度,品牌传播效果自然不会太

好。如果能利用"借力式"传播,充分借力于热点新闻、热门人物、热门 IP 及节假日等,那么原本较"冷"的内容也可以变得"热"起来,进而让品牌内容得到更好的传播。

在传统文化艺术"借力"热点或节假日时,要注意三个要点:一是要确定适合借力的素材,二是借力的关键点——找到借力点,三是借力内容的创意设计。对于借力内容的设计,以数字海报为例,其创意主要在三方面:一是数字海报的背景图(或图形)部分,二是数字海报的文字(或口号)部分,三是数字海报的品牌标识部分(主要是 logo 及二维码等)。

以敦煌博物馆为例,其开设的文创品牌官方微博"敦煌博物馆-丝路手信"不仅有大量的信息发布,还有许多与网民的互动,并通过"我在敦煌做文创"、"敦煌灵感库"及"敦煌宝藏"等话题,在网民与该博物馆官方微博之间形成积极的双向互动。同时,该博物馆官方微博还充分借助相关节假日的力量,与自己的特色文创相结合,发布了不少与节假日相关的数字海报,如图 11-7 所示。

图 11-7 "敦煌博物馆-丝路手信"微博的借力数字海报
("敦煌博物馆-丝路手信"微博账号)

有时,"借力式"传播也可以借力已有的热门 IP。以大英博物馆为例,其与大本钟、伦敦眼、伦敦塔桥这些标志性建筑热门 IP 的合作,不仅使商品更具创意,也会吸引大批粉丝的购买。不仅如此,在许多中国传统节日及二十四节气里,各类品牌也经常专门制作"应景式"海报,让自己的品牌与这些传统节日或节气发生巧妙的关联,不仅扩大了品牌的传播力,也让传统节日或节气这类中国传统文化得以弘扬。现今,热门事件或热点新闻等也经常被传统文化艺术品牌用于"应景式"海报设计或事件营销策划。

四、口碑式及病毒式的人工智能艺术传播

口碑式传播古已有之,许多传统文化艺术的传播即是口口相传。然而,在新媒体时代,由于社会化媒体的普及,口碑式传播显得更加普遍。

对于新的电影、电视、图书、游戏、动漫、文创产品、演出及展会等,许多网民选择消费与否的一个重要原因就是看网络社区中已经提前消费的好友是推荐还是不推荐,是好评还是差评。现今传统文化艺术在网络上的传播亦是如此,其实这就是网络上的口碑式传播。当然,这并非否定文化艺术品牌自己所做的推广与营销,因为在竞争对手众多的情况下,酒香也怕巷子深,需要充分重视口碑传播。

传统文化艺术传播需要重视的另一点是"病毒爆点思维",其核心是制造亮点,预埋爆点,生成"病毒"。制造亮点,即在内容中有明显不同于一般信息的点,它吸引人们的眼球,让人们眼前一亮(也可能是几亮);预埋爆点,即在内容中悄悄埋下若干个引爆点,等待时机成熟,就会被用户一一引爆;生成"病毒",既包含了亮点与引爆点,也可能包含了其他"病毒"元素的点,合起来注入内容中,形成"病毒传染源"。

在异常火爆的网红李子柒就是利用口碑与类似病毒的方式传播中国传统饮食文化。她的短视频内容以中国传统美食和文化为主,向大众展示田园牧歌式的乡村生活。她注重"从无到有"的过程,将挑水、砍柴、竹艺、女红、徒手做毛笔、制墨、造纸、制砚台、徒手做酱油及自制面包窑等各式各样的粗活细活,都拍成短视频,如图11-8所示。

虽然她的视频暂时并没配英文字幕,却令不同国家的网友为之倾倒,国外网友们用几十种不同的语言,在评论区大赞"心向往之",这其中口碑的力量不容忽视。央视主播白岩松则提道:"李子柒在面向世界的传播中,没什么口号,却有让人印象深刻的口味,更赢得了口碑。"

图 11 - 8　李子柒的美食短视频（截图来自爱奇艺）

故宫博物院同样利用了病毒式营销方法促进了传统文化艺术的传播。有研究认为，故宫博物院在病毒式营销中使用了当代的社交货币"萌"，全面地提炼人际交互的特征，通俗地说就是获得别人关注、评论、赞、转发的事物，达到口碑的有效传播。故宫病毒式营销的引爆点主要有三类：娱乐型，游戏型，故事型。对于故事型，有研究认为，"好的故事，其文化和精神作用是明显的，它就像病毒一样，让人欣慰并征服"。

11.3　面向元宇宙的智能传播与营销

在讨论人工智能艺术的传播与营销的同时，我们不能不关注面向元宇宙的智能传播与营销，这不仅是因为元宇宙是包容性巨大的未来媒体，还得益于人工智能的发展。

人工智能艺术的创作、传播与营销已经与元宇宙有了密切的关联，并将成为基于元宇宙的艺术创作、传播与营销的一个组成部分。

一、元宇宙传播与营销的主要类型

结合之前提到过的元宇宙概念，元宇宙营销的三大基本场景主要包括"纯虚拟世界"的元宇宙营销场景、数字孪生的"极速版真实世界"的元宇宙营销场景、虚实结合的"高能版现实世界"的元宇宙营销场景。现阶段,元宇宙化的营销新类型不断涌现,主要的元宇宙营销包括:沉浸式营销、元宇宙社区营销、虚实融合营销、数字虚拟人营销、NFT 数字藏品营销等。

1. 沉浸式营销

沉浸式营销是较为典型的元宇宙营销类型,其定义尚不统一。有观点认为,沉浸(式)营销是指营销者通过搭建开放和互动场景吸引受众参与、激发受众创造行为,由此让受众获得愉悦的体验感知。也有观点认为,沉浸式营销是一种在消费者出现的所有渠道中,给他们带去的具有凝聚力、将消费者全方位包围的体验,通过品牌营造的体验,而非产品,让消费者持续关注品牌活动,加深对品牌和产品的了解。还有相对传统的沉浸式营销定义将线下的沉浸式场景营造归入其中,如多媒体视听场景营造,或接近真实消费环境的场景营造。

虽然这几种沉浸式营销定义有一定差别,且属于处于不同时代的定义,但基本都将用户的"沉浸感"加以突出。"沉浸感"背后的实质是体验的提升。那么,沉浸式营销的主要特点就是通过更具代入感的"沉浸"式体验达到更好的营销效果。

2. 元宇宙社区营销

元宇宙社区营销主要针对前面框架中提到的"元宇宙虚拟社区"而言,其本质上仍然属于虚拟社区营销范畴。相比传统意义上的虚拟社区营销,元宇宙社区营销主要有三点不同。

第一,是元宇宙社区空间呈现方式的不同。元宇宙社区空间往往是 3D 的方式,且更接近于现实世界的环境或场景,使得社区成员之间的交流更具"真实感"。数字孪生还能使线下的组织及场景被"复刻"到元宇宙中,增加"亲切感"。

第二,是元宇宙社区成员角色呈现的不同。元宇宙社区空间的成员角色的呈现往往是数字化身,且通常是 3D 方式,可以有类似真人的外形、服装、发型及配饰等,甚至可以有各种接近真人的丰富表情。

第三,是元宇宙社区成员沟通方式的不同。一方面,成员的沟通方式中除了文字、影像、声音等方式外,还可以通过 VR、AR、MR 的操作设备或其他体感设备进行有"触感"的交流;另一方面,成员的沟通不是固定在屏幕面前,可在相关的场景中"漫游",这样易产生"距离感"及不同的"亲密感"。

3. 虚实融合营销

"虚实融合营销"是从虚实结合的"高能版现实世界"元宇宙化营销活动引申

而来。2022 年 6 月发布的《上海市培育"元宇宙"新赛道行动方案（2022—2025 年）》中提到，"尊重规律、分步推进，把握'元宇宙'虚实映射、虚实交互、虚实融合的演进规律"。这对营销行业是一个基本的指向。

在这里，"虚实映射"基本可以对应实体组织的数字孪生及实体产品的数字化呈现，"虚实交互"则既包含了前面的"沉浸式营销"，也包含了"元宇宙社区营销"，甚至还有线上真人与数字虚拟人或机器人的交互。在此基础上，形成"虚实融合"。

更重要的是，"虚实融合营销"可以更好地提升线下营销活动的丰富性与体验度。例如，2022 年 6 月，Feng Chen Wang 携手元宇宙创新中心 Inert Plan 开启元宇宙大秀，以虚实结合的设计手法进行了产品展示与营销，其中相应的新品时装均都由虚拟人加以展示，并配以 3D 虚拟场景。

4. 数字虚拟人营销

数字虚拟人营销正越来越受到重视。虚拟数字人营销是消费者在现实环境中依托于虚拟数字人所进行的各类活动，如虚拟直播、虚拟代言等进行互动的营销方式，同时使得部落成员能够更好地群聚和交流而打造的服务与产品，并将其在市场运作的一种全新的营销范式。

数字虚拟人能以最佳的造型、更低的风险、更长的生命周期存在，并可不知疲倦地在同一时间以不同的化身或分身出现在多个不同的场合。从某种意义上讲，数字虚拟人可以"永生"。

数字虚拟人营销对于品牌价值提升有明显作用。有观点认为，数字虚拟人提升品牌价值的路径有二：其一，是使用知名度较高的虚拟代言人，快速更新原有的营销渠道与建构新的传播渠道；其二，品牌方自主开发和使用代言人，建构私有品牌流量池，将品牌价值与自有数字虚拟人的价值深度绑定，实现二者价值的共同提升。另外，还可以将自有的数字虚拟人变成 IP，为其他品牌代言，或与其他品牌进行合作，甚至可以做客服。

5. NFT 数字藏品营销

NFT 数字藏品营销可以达到多种效果。36 氪研究院于 2022 年 7 月发布的《2022 年中国数字藏品行业洞察报告》中提到，数字藏品对于品牌营销的价值可通过拓展营销方式和品牌价值变现两种方式实现。一方面，品牌可将其产品、权益数字化，开发更多创意营销方式，扩展营销边界；另一方面，品牌将其虚拟形象、logo 等打造为数字藏品，实现品牌价值的变现。

NFT 数字藏品还可定位于数字化的文创衍生品。过去已有不少品牌发行过数字化的文创衍生品，只是目前更趋向基于区块链技术的 NFT 发行方式。例如，2022 年以来，泰山景区发行的"泰山系列数字藏品"、黄山景区发行的"迎客松系列数字藏品"等均获得网民广泛认可，对文创、文旅行业营销有借鉴意义。

另外，NFT 数字藏品营销还可扩大品牌传播。以文博行业营销为例，NFT 数字藏品不仅可使各类艺术品、珍贵藏品、文物或非物质文化遗产得以传承，还能为品牌传播带来很大机遇。由于数字藏品制作成本相对较低，发行量较大，品牌能以更高效率获得更大范围的传播。

二、元宇宙营销主要类型的演进路径

以上元宇宙营销主要类型是由其他相关的营销类型或策略演变而来，其中主要的演进路径可以在上述人工智能演进基础上，用图 11-9 表示其最终的演进。

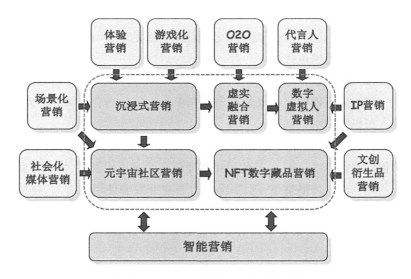

图 11-9　元宇宙营销主要类型的演进

从该图中可以分出以下几个演进路径：

1. 从场景化营销、体验营销、游戏化营销到沉浸式营销

首先，沉浸式营销吸收了场景化营销及体验营销的特点。沉浸式营销强调突出场景及体验。有观点认为，"沉浸式营销是场景（化）营销和体验营销的升级

版","沉浸式营销承继了场景(化)营销和体验营销的精华"。可见,沉浸式营销由场景化营销及体验营销共同深化而来。

其次,元宇宙营销的三类场景均体现了相关场景带来的沉浸感体验。在"纯虚拟空间"元宇宙营销场景中,主要通过虚拟的场景配合 VR 等访问方式提供"沉浸感";在数字孪生的"极速版真实世界"元宇宙营销场景中,主要通过"复刻"现实世界的 3D 场景等提供"沉浸感";在虚实结合的"高能版现实世界"元宇宙营销场景中,主要通过 AR、MR 及裸 3D 等方式在现实世界体验到"沉浸感"。

最后,游戏化营销被融入沉浸式营销中。在沉浸化营销中,游戏化营销的不少特色得以体现。在用户沉浸于元宇宙的虚拟场景时,常常采用游戏里常用的术语——漫游。同时,游戏式营销融入元宇宙营销可让用户更加放松。席勒认为,只有当人充分是人的时候,他才游戏;只有当人游戏的时候,他才完全是人。或许,未来所有产业都是游戏产业。

2. 从社会化媒体营销、场景化营销、沉浸式营销到元宇宙社区营销

首先,元宇宙社区营销继承了社会化媒体营销的基本特点。一方面,元宇宙社区与社会化媒体都有虚拟化的特点,营销自然有相通之处;另一方面,社会化媒体营销较好地将长尾理论、口碑营销及病毒营销结合了起来,这些也均是元宇宙社区营销所需要吸收的。目前一些火爆且具有营销性质的元宇宙虚拟晚会、NFT 数字藏品发行均体现了口碑营销与病毒营销的特点。

其次,元宇宙社区营销体现了场景化营销的特点。由于元宇宙社区成员所沟通交流的场景多为 3D 的方式呈现,此时必然会将场景化营销体现得淋漓尽致。场景化营销理论提倡把"空间链接"变成新场景的定义指导,"社群"是场景的动力机制,"数据"让场景精确匹配用户需求,这都是元宇宙社区营销的要点。

最后,元宇宙社区营销将沉浸式营销融入其中。一方面,如前所述,沉浸式营销已经充分强调了"场景化营销"与"体验营销"的结合,之前亦已说明了"场景化营销"与元宇宙社区营销的关联;另一方面,在元宇宙社区营销中,用户"沉浸"其中将是一种常态,这本就是元宇宙突出的特点之一。

3. 从 O2O、场景化营销、沉浸式营销到虚实融合营销

首先,虚实融合营销更好地实现了 O2O。"虚实融合"符合线下到线上(O2O,Offline to Online)思维,可以让线下与线上相互打通,并形成能持续良性循环的闭

环。同时,沉浸式营销不应脱离业务本质,要成为线上线下连接器,全域业务的助推器。实际上,线上线下的打通或连接正是"虚实融合"的基本特征。

其次,虚实融合营销非常需要借鉴场景化营销。在"虚实融合营销"实施中,正是将虚拟场景与现实场景相叠加,不仅需要基于现实场景的场景化营销,而且需要基于虚拟场景的场景化营销。当然,二者的结合及融合显得更加重要。

最后,虚实融合营销中包含了沉浸式营销。现实场景与虚拟场景(含虚拟影像、数字虚拟人、数字化产品及 NFT 数字藏品等)叠加的"虚实融合营销"所期望的基本效果,就是希望用户有更加丰富、更加"沉浸"的体验。

4. 从代言人营销、IP 营销、虚实融合营销到数字虚拟人营销

首先,数字虚拟人营销可以将代言人营销吸收进来。组织或品牌(不论是实体的,还是虚拟的)在打造数字虚拟人过程中,可将其定位于组织或品牌的虚拟代言人。同时,虚拟代言人属于打造它的组织或品牌拥有,节省了外请代言人的费用。

其次,数字虚拟人营销可以融入 IP 营销。如果组织或品牌打造的数字虚拟人的知名度及影响力不断提升,那么它就具备了 IP 的特点,自然可用于组织或品牌的 IP 营销。此时,数字虚拟人既可以用于前述的代言,也可以开发数字藏品,还可以在不同的营销活动中出场,甚至可提供相关的客户服务。

最后,数字虚拟人营销需要结合虚实融合营销。如前所述,由于数字虚拟人可以被"请到"现实场所,那么现实世界的营销活动则可以有数字虚拟人的参与,用户还可以与数字虚拟人进行互动,这实际上已经体现了"虚实融合营销"。

5. 从 IP 营销、文创衍生品营销、元宇宙社区营销到 NFT 数字藏品营销

首先,NFT 数字藏品营销可以是 IP 营销。这里的 IP,不仅可以是组织或品牌本身,也可以是组织或品牌的吉祥物,还可以是前面提到的组织或品牌打造的数字虚拟人。实际上,它们都可以用于开发 NFT 数字藏品。

其次,NFT 数字藏品可定位于数字化的文创衍生品。相比传统的文创衍生品,NFT 数字藏品的优势已经显现。特别是在"新冠"疫情期间,实体文创衍生品销售受限,收藏不便,盗版管理难度大,同时生产成本不低,而数字藏品则较好地解决了这些问题。

最后,元宇宙社区营销效果影响数字藏品营销效果。通常,数字藏品销售情况

取决于其知名度、影响力及口碑,它们的高低或好坏往往会在元宇宙社区中得以呈现,因而元宇宙社区营销会直接影响到数字藏品营销的效果。

三、元宇宙营销的未来演进趋势

元宇宙营销方兴未艾,将继续不断发展演进,其演进趋势将表现在以下几方面。

1. 元宇宙为未来营销提供了新时空

由于元宇宙极大地拓展了时空,那么它就为未来营销活动提供了极其宽裕的时间和极为广阔的空间。

从时间角度看,纯虚拟空间及数字孪生的极速版真实世界元宇宙营销场景中,均未有对营销活动时间的限制,营销活动可以长期甚至永久性地呈现,用户可以随时随地加以访问或互动。

从空间角度看,"纯虚拟空间"及数字孪生的"极速版真实世界"元宇宙营销场景中,营销活动的空间在理论上几乎是无限的,不会出现现实世界营销活动场地受限的情形;在虚实结合的"高能版现实世界"元宇宙营销场景中,现实世界营销活动的物理空间与虚拟空间叠加,空间丰富度亦得以增加。

2. 元宇宙营销融入全媒体营销之中

如果承认元宇宙拓展了时空,且必然有大量信息涌现,那么即可认为,元宇宙属于一种最新的新媒体,理应纳入全媒体范围内。显然,基于媒体融合理念的全媒体营销的渠道组合必然需要元宇宙营销的加盟。

可能有所不同的是,元宇宙有巨大的包容性、泛在性与开放性,所谓的"元宇宙营销"概念显得更加海纳百川。有观点认为"元宇宙时代传播媒介达到集大成的状态","这种革命性的传播媒介变化带来了人类社会的全新面貌"。

从某种意义上讲,未来更有可能是元宇宙营销将全媒体营销纳入其中,而未必是全媒体营销将元宇宙营销纳入其中,因为元宇宙涵盖了虚拟世界、现实世界,并且还有虚实融合,那么当然也包含了这些世界中所有的媒体。

3. 沉浸式营销或将成为未来营销的主流

在上述主要几类元宇宙营销中,沉浸式营销被放在了最先讨论的位置,说明其特别之处。有观点认为,沉浸营销作为沉浸产业获得市场回报的主要赢利模式之一,将成为未来消费市场具有决定性意义的核心增长点。这可能意味着,未来沉浸式营销或将成为主流。

当然，这并不是说，沉浸式营销以外的其他元宇宙营销无足轻重，它们未来亦有相当重要的地位。这是因为，沉浸式营销实施过程中，与其他元宇宙营销（包括元宇宙社区营销、虚实融合营销、数字虚拟人营销、NFT 数字藏品营销等）都有着密切的联系。

沉浸式营销在未来将更好地应验麦克卢汉"一切媒介均是感官的延伸"的判断，因为元宇宙所追求的"沉浸式体验"必定是人类历史上最丰富的体验，并且会不断丰富。

4. 沉浸式营销融入全过程营销的一环

全过程营销是近年来较为推崇的，它提倡营销全过程中的每一个环节都应想方设法让用户获得最佳的体验，然后用户会将其良好体验通过网络社区分享给其他好友或粉丝，形成良好口碑，进而提升品牌影响力，带来更多销售。

既然全过程营销追求的是"全过程"中的每一环节，那么"沉浸式营销"这一环节自然亦包含其中。"沉浸式营销"必须为提供用户全过程体验发挥应有的作用。

实际上，包括沉浸式营销在内的元宇宙营销均称得上"营销创意"。有观点认为，元宇宙的"营销创新"在于，要"使其成为用户全体体验生命周期的一环，实现品牌与业务双增值"，"全体体验生命周期的一环"对应的正是全过程营销的一环。

5. 元宇宙营销将面对多元化的角色

首先，元宇宙中的不同虚拟化身将成为营销对象。在元宇宙中，每个人都可以有虚拟化身（或分身），知名人士还可以有全真或超写实的虚拟化身，那么元宇宙营销就要研究如何面对虚拟化身有效地开展，并考虑如何平衡对真人与虚拟化身的营销比重。

其次，人类在虚实之间的"两栖生活"对营销提出了新要求。有分析认为，"两栖生活"将推动人类社会文化迁移。虚实融合极有可能生成"两栖生活"的新世界，虚实交替、人机关系中两个世界的交叠，给穿行其间的我们提供了创造新价值的独特机遇。这就对营销提出了新要求，既要兼顾现实世界与虚拟世界，还要兼顾真人与数字化身。

最后，针对虚拟化身的营销将影响真人的购买决策。虚拟化身与真人之间有一定的对应关系,针对虚拟化身的营销当然会影响真人的购买决策。虽然目前元宇宙中仍是真人驱动虚拟化身,但在未来,虚拟化身则很有可能影响真人。

6. 元宇宙营销将强调"以虚强实"

在虚实融合营销实施过程中,"以虚强实"及"以虚促实"逐渐得到更多的认可。在《上海市培育"元宇宙"新赛道行动方案(2022—2025年)》中就提到元宇宙发展的基本原则之一:"价值引领、效果导向,把握'元宇宙'以虚促实、以虚强实的价值导向"。

"以虚强实"提倡通过元宇宙营销的虚拟时空价值去增强现实世界营销活动的效果,丰富线下营销活动的体验。巧合的是,虚实融合中常用的"AR"的中文名"增强现实"中"增强"二字正好体现了这一点。

"以虚促实"则提倡用元宇宙营销来促进现实世界营销活动的数字化升级。"以虚促实"符合我国对于数字经济与数字技术发展的规划,是符合我国国情的。让元宇宙营销所依托的虚拟时空赋能现实时空的营销活动,无疑是未来发展的重要方向之一。

7. 元宇宙营销与智能营销将相辅相成

智能营销与前述各类元宇宙营销有着千丝万缕的关系。从智能营销的演进路线看,在统合营销、内容营销、场景化营销及精准营销等不断发展及进化的背景下,智能营销应运而生,而统合营销源自整合营销传播与湿营销,湿营销源自社会化媒体营销及体验营销,体验营销又源自长尾理论、口碑营销及病毒营销。

未来元宇宙营销与智能营销将相互渗透,相辅相成。智能营销所强调的消费者对智能分析、智能内容生成与智能推送等的需求与元宇宙营销的功能相当契合。目前,新的智能营销工具分为六个步骤——AI测评、建平台、做推广、再营销、促转化及看结果,如果将其中的"建平台"放在纯虚拟空间或数字孪生的极速版真实世界的元宇宙营销场景中,那么两种营销即可得以结合。

另外,这六个步骤中的"做推广"及"再营销"均可延伸到元宇宙场景中。这样,元宇宙营销与智能营销将结合得更紧密。

【课后作业】

1. 什么是智能营销? 智能营销的本质是什么? 智能营销有哪些特点?

2. 智能营销是怎样发展而来的? 智能营销主要有哪些进化路径或脉络?

3. 智能传播与营销主要包括哪些环节？这些环节分别针对哪些任务？

4. 元宇宙传播与营销主要包括哪些类型？分别有哪些特点？你最看好哪类元宇宙传播与营销类型？

5. 元宇宙营销主要类型经历过哪些主要的演进路径？

6. 未来元宇宙传播与营销可能会有哪些发展趋势？

7. 人工智能在元宇宙传播与营销的哪些环节可以发挥重要作用？

第十二章　人工智能艺术的操作实践

在前面的人工智能艺术相关理论、案例讨论之后,有必要亲自操练一下,即进行人工智能艺术的操作实践。其中,需要了解 AIGC 主要应用平台,学会基本的操作方法,并针对不同人工智能艺术类型进行相应的实验及实践。

12.1　AIGC 主要应用平台简介

AIGC 的应用平台有不少,并且层出不穷。本书仅能对撰写之时所了解到一些主要平台加以介绍,希望读者举一反三,并且注意不同平台的最新发展。

一、ChatGPT

ChatGPT（Chat Generative Pre-trained Transformer）,是 OpenAI 研发的一款聊天机器人程序 ,于 2022 年 11 月 30 日发布。ChatGPT 是人工智能技术驱动的自然语言处理工具,它能够基于在预训练阶段所见的模式和统计规律来生成回答,还能根据聊天的上下文进行互动,真正像人类一样来聊天交流,甚至能完成撰写论文、邮件、脚本、文案、翻译、代码等任务。

ChatGPT 具有同类产品具备的一些特性,例如对话能力,能够在同一个会话期间内回答上下文相关的后续问题。据悉,ChatGPT 还采用了注重道德水平的训练方式,按照预先设计的道德准则,对不怀好意的提问和请求"说不"。一旦发现用户给出的文字提示里面含有恶意,包括但不限于暴力、歧视、犯罪等意图,都会拒绝提供有效答案。从 2022 年 11 月底 ChatGPT 推出,短短 5 天,注册用户数就超过 100万。2023 年 1 月末,ChatGPT 的月活用户已突破 1 亿,成为史上增长最快的消费者应用。

2023 年 2 月 7 日,微软宣布推出由 ChatGPT 支持的最新版本人工智能搜索引擎 Bing（必应）和 Edge 浏览器。2023 年 2 月 27 日，Snapchat 正式推出一个基于 OpenAI 的 ChatGPT 最新版本的聊天机器人。2023 年 3 月 15 日，OpenAI 正式推出 GPT－4。GPT－4 是多模态大模型，即支持图像和文本输入以及文本输出，拥有强大的识图能力，文字输入限值提升到了 2.5 万字。2024 年 5 月 13 日，OpenAI 发布了 ChatGPT－4 的迭代产品——GPT－4o，并且宣布向所有用户开放。

二、MidJourney

MidJourney 是一款利用人工智能技术为设计师和艺术家们提供了一个全新的创作平台的软件，于 2022 年 3 月推出。它由 David Holz 创立的公司开发，核心功能是根据用户的文字描述生成具有艺术感的图片。这款软件突破了人类设计师和艺术家在创造过程中的局限性，让他们可以更快、更有效地表达自己的创意。MidJourney 的工作流程相对简单，用户只需输入一段文字，软件就会通过人工智能算法生成一张相应的艺术图片。

MidJourney 的应用场景非常广泛，包括但不限于创意设计、插画与漫画、艺术创作、摄影与摄像以及教学与演示等领域。无论是产品包装、海报设计，还是品牌形象塑造，MidJourney 都能迅速将创意转化为具体的设计。对于插画师和漫画家来说，它帮助他们更快速、更有效地将脑海中的画面转化为实际的插画和漫画作品。对于艺术家来说，MidJourney 提供了一种全新的艺术表达方式。此外，对于摄影师和摄像师，MidJourney 可以帮助他们将文字描述转化为具体的图片或视频，为作品增添更多的想象力和艺术感。对于教师和学生，MidJourney 则提供了一种全新的教学方式。

使用 MidJourney 时，用户可以选择不同画家的艺术风格，例如安迪·沃霍尔、达·芬奇、达利和毕加索等，还能识别特定镜头或摄影术语。此外，MidJourney 还提供了一个开放的社区，用户可以上传并分享他们的作品，也可以从其他用户的作品中获得灵感和启发。这种社区共享的功能进一步促进了创意的交流和合作。

三、文心一言与文心一格

文心一言与文心一格均由百度推出，虽然都支持绘画，但文心一言更侧重于文本对话，文心一格更侧重于生成图像。

2023 年 3 月 16 日,百度新一代大语言模型文心一言正式启动邀测。2023 年 8 月 31 日,文心一言率先向全社会全面开放。文心一言(ERNIE Bot)是百度全新一代知识增强大语言模型,文心大模型家族的新成员,能够与人对话互动、回答问题、协助创作,高效便捷地帮助人们获取信息、知识和灵感。

文心一言基于飞桨深度学习平台和文心知识增强大模型,持续从海量数据和大规模知识中融合学习,具备知识增强、检索增强和对话增强的技术特色,从数万亿数据和数千亿知识中融合学习,得到预训练大模型,在此基础上有监督精调、人类反馈强化学习、提示等技术,具备知识增强、检索增强和对话增强的技术优势。

2022 年 8 月 19 日,在中国图像图形大会 CCIG 2022 上,百度正式发布 AI 艺术和创意辅助平台——文心一格。文心一格基于文心大模型智能生成多样化 AI 创意图片,辅助创意设计。用户输入简单的描述,模型就能自动从视觉、质感、风格、构图等角度智能补充,生成更加精美图片。

文心一格是全自研的原生中文文生图系统,其在中文、中国文化理解和生成上有一定的优势。文心一格及其背后的文心大模型在数据采集、输入理解、风格设计等多个层面持续探索,形成了具备中文能力的技术优势,对中文用户的语义理解深入到位,适合中文环境下的使用和落地。2025 年 4 月 1 日起,文心一格服务已移至文心一言中的智慧绘图。

四、Stable Diffusion

Stable Diffusion 模型架构是 2022 年 8 月由 Stability AI 公司的 CompVis、Stability AI 和 LAION 等研究人员在潜在扩散模型(LDM, Latent Diffusion Model)的基础上创建并推出的。Stable Diffusion 是一种先进的图像生成模型,它采用了更加稳定、可控和高效的方法来生成高质量图像。该模型在生成图像的质量、速度和成本上都有显著的进步,使得直接在消费级显卡上实现图像生成成为可能。

Stable Diffusion 最初采用的潜在扩散模型的扩散过程发生在潜在空间中,这使得它比纯扩散模型更快。通过训练一个自编码器学习将图像数据压缩为低维表示,然后在潜在空间中进行正向扩散和反向扩散,从而实现从噪声中生成图像。Stable Diffusion 模型可以从文本提示生成图像,这是通过修改内部扩散模型来接受条件输入完成的,使得该模型具有条件图像生成的能力。

凭借生成图像速度快、对资源和内存要求门槛低等特点而被广泛使用,Stable Diffusion 目前主要提供图像编辑、超分辨率、风格迁移、修复、补全等功能,可支持在电脑端和手机端进行下载与运行。2023 年,Stable Diffusion XL(SDXL)面向公众测试,它是一种基于深度学习的文本生成模型,旨在解决大规模文本生成任务中的计算效率和内存消耗问题。SDXL 通过引入一系列优化技术,如梯度检查点(Gradient Checkpointing)和文本编码器训练(Text Encoder Training),实现了在有限的计算资源下高效生成高质量文本的能力。

五、DALL‑E 3

2021 年 1 月,OpenAI 推出了 DALL‑E 模型,是 OpenAI 公司推出的人工智能工具,具有创造性和艺术性,可以根据自然语言的文本描述创建图像和艺术形式。DALL‑E 2、DALL‑E 3 等是其升级版。"DALL‑E"这个名字源于西班牙著名艺术家萨尔瓦多·达利(Salvador Dalí)和广受欢迎的皮克斯动画机器人 Wall‑E 的组合。

2022 年 7 月,DALL‑E 2 进入测试阶段,可供白名单中的用户使用。同年 9 月 28 日,OpenAI 取消了白名单的要求,推出了任何人都可以访问并且使用的开放测试版。DALL‑E 2 的优点不仅仅在于其生成图像的能力,它还可以根据图像生成文本描述。这种功能使得 DALL‑E 2 可以作为一种有用的工具,用于图像分析、图像识别等任务。

2023 年 9 月,OpenAI 宣布了 DALL‑E 系列的最新产品 DALL‑E 3。根据 OpenAI 团队的说法,DALL‑E 3 可以理解"比其前任更多的细微差别和细节"。这款模型遵循更复杂的 Prompt,生成更连贯的图像。它还集成到了另一款 OpenAI 生成型 AI 解决方案 ChatGPT 中。DALL‑E 3 在理解上下文方面具有卓越的能力,其突出特点是提高了精度和效率的图像生成。DALL‑E 3 在根据用户提供的文本描述生成与之对应和符合的视觉效果方面,取得了进步,其目标是通过输入更详细、更符合用户需求的信息,减少生成图像的复杂性和麻烦。

六、美图秀秀的 AI 应用

美图秀秀是 2008 年 10 月 8 日由厦门美图网科技有限公司研发、推出的一款免费影像处理软件。2010 年,美图成立了核心研发部门——美图影像研究院(MT

Lab)，致力于计算机视觉、深度学习、计算机图形学等人工智能(AI)相关领域的研发，以核心技术创新推动公司业务发展。近年来，美图秀秀开始在 AI 方面发力，并且推出了一系列的 AI 应用。

美图 AI 开放平台是美图公司推出的 AI 服务平台，专注于人脸技术、人体技术、图像识别、图像处理、图像生成等核心领域，为客户提供经市场验证的专业 AI 算法服务和解决方案。美图的 AI 功能已经嵌入到网页版及移动 App 的美图秀秀中。

美图设计室中亦融入了许多 AI 功能，主要分为三类：AI 商拍(如 AI 商品图、人像换背景、AI 模特、AI 试衣、AI 服装换色、服装去皱等)、图像处理(如图片编辑、智能扣图、AI 消除、图像变清晰、无损放大、AI 扩图、局部重绘等)、AI 设计(如 AI logo、AI PPT、AI 文案、AI 海报、AI 商品设计、AI 花字、AI 文生图等)。

七、通义(通义千问)

通义是阿里云旗下大模型。通义，由通义千问更名而来，是阿里云推出的语言模型，于 2023 年 9 月 13 日正式向公众开放，属于 AIGC 领域的一个 MaaS(模型即服务)的底座，为多模态大模型(Multimodal Models)。

通义千问是阿里巴巴达摩院自主研发的超大规模语言模型，诞生于阿里巴巴对人工智能技术的探索和实践，旨在为各行各业提供优质的自然语言处理服务，并且能够应对各种复杂的任务挑战。通义的功能较为丰富，主要包括多轮对话、文案创作、逻辑推理、多模态理解、多语言支持，能够跟人类进行多轮的交互，也融入了多模态的知识理解，且有文案创作能力，能够续写小说，编写邮件等。

截至 2024 年 5 月，通义千问提供了通义灵码(编码助手)、通义智文(阅读助手)、通义听悟(工作学习)、通义星尘(个性化角色创作平台)、通义点金(投研助手)、通义晓蜜(智能客服)、通义仁心(健康助手)、通义法睿(法律顾问)八大行业模型。

以上八大行业模型可以帮助人们写代码、读代码、查 BUG、优化代码等；短时间内获取长文本提要和概述，掌握要点；对音频内容进行转写、翻译、角色分离、全文摘要、章节速览、发言总结、PPT 提取，并支持标重点、记笔记；可以解读财报研报，分析金融业事件，自动绘制图表表格，实时市场数据分析等。

八、Disco Diffusion

Disco Diffusion 是发布于 Google Colab 平台的一款利用人工智能深度学习进

行数字艺术创作的工具,它是基于 MIT 许可协议的开源工具,可以在 Google Drive 直接运行,也可以部署到本地运行。Disco Diffusion 模型是一种利用深度学习技术生成高质量画作的模型。该模型使用一种称为"扩散过程"的方法,通过一系列迭代,逐渐生成满足给定提示的图像。

Disco Diffusion 模型的结构由扩散模型和 CLIP 模型组成。为了生成高质量的图像,需要对这两个模型进行微调,微调过程涉及数据准备、模型连接、权重更新和模型评估等步骤。虽然这需要一些技术知识和计算资源,但通过正确的微调方法,可以生成各种各样的艺术品,为人们带来极大的乐趣和启发。

Disco Diffusion 模型的训练需要准备特定的数据集。可以使用 ImageNet 等数据集进行预训练,也可以使用自己的数据集,如照片、艺术品或风景照片等。为了生成高质量的图像,Disco Diffusion 模型中的扩散模型和 CLIP 模型各司其职。扩散模型的作用是将初始噪声图像通过扩散和去噪操作,逐渐生成满足给定提示的图像;而 CLIP 模型的作用是评估生成的图像是否满足提示。因此,需要对这两个模型进行微调。

九、Runway

Runway 成立于 2018 年,是一家应用人工智能研究公司,致力于推动艺术、娱乐和人类创造力。Runway ML 由三位在纽约一所大学相识的移民创办。他们通过数字设计工具建立了联系,三人一起进行机器学习研究,并于 2018 年创办了 Runway。

Runway 的研究部门 Runway Research 致力于构建能够引领人类创造力新时代的多模态 AI 系统。他们的研究成果包括 Gen－1 和 Gen－2 的生成 AI 技术,以及其他一些有关图像合成、视频合成、计算机视觉和音频生成的研究。Runway 可以创建和发布预先训练好的机器学习模型,用于生成逼真的图像或视频等应用。此外,用户还可以训练自己的模型,并从 GitHub 导入新模型。

Gen－1 使用文字和图像从现有视频生成新的视频。Gen－1 生成视频分三个步骤:第一,选择一个现有视频;第二,选择风格,通过现有的图像、文本提示或者 Runway 提供的风格三种方式中的任何一种选定风格;第三,预览和生成新视频。

Gen－2 生成视频的三个步骤:第一,输入文本提示;第二,使用网页上的高级设置来微调你的年代,为后代保存你的种子数量,为增强视频分辨率启用升级,或者使用插值来平滑帧;第三,生成视频。

Runway 的其他产品还包括:通过文本生成图像,通过图像生成图像,图像拓展,移除视频中对象,帧插值及 AI 训练等。目前,Runway 的 AI Magic Tools 提供了超过 30 个 AI 工具,还提供了一个全功能的视频编辑器,让用户可以在浏览器中完成专业水准的视频制作。

十、DeepSeek

DeepSeek 是杭州深度求索人工智能基础技术研究有限公司推出的 AI 助手,可免费体验与它的模型互动交流,其于 2025 年 1 月 15 日正式上线。DeepSeek 目前主要用于生成文本,有网页版及 APP 版本。截止本书编写之际,其已经发布了 DeepSeek R1、DeepSeek V3、DeepSeek Coder V2、DeepSeek VL、DeepSeek V2、DeepSeek Coder、DeepSeek Math、DeepSeek LLM 等多个模型。

DeepSeek 凭借自然语言处理、机器学习与深度学习、大数据分析等核心技术优势,在推理、自然语言理解与生成、图像与视频分析、语音识别与合成、个性化推荐、大数据处理与分析、跨模态学习以及实时交互与响应等八大领域表现出色。它能进行逻辑推理、解决复杂问题,理解和生成高质量文本,精准分析图像和视频内容,准确识别和合成语音,根据用户偏好提供个性化推荐,高效处理大规模数据并挖掘有价值信息,实现多模态数据融合与学习,以及通过智能助手和聊天机器人实现快速的自然语言交互。

在 DeepSeek 目前的一些主要产品与技术特点如下:

● DeepSeek－V3:强大的大语言模型(LLM),支持 128K 上下文,能处理复杂推理、代码生成、文本创作等任务。免费使用,目前可以通过网页版或 API 访问。

● DeepSeek Coder:专注于代码生成与理解的 AI,支持多种编程语言,帮助开发者提高效率。包含不同参数规模的版本(如 33B、6.7B),适用于代码补全、调试等场景。

● DeepSeek－R1:AI 驱动的搜索引擎,结合大模型能力,旨在提升推理能力,提供精准、智能的搜索结果。

● DeepSeek Math:专注于数学推理能力的大模型,在数学问题求解方面表现优秀。

当然,还有许多其他 AIGC 工具或应用平台无法一一赘述,希望读者以动态的眼光看待它们的发展,并积极关注各类主流的 AIGC 应用平台。

12.2　AIGC 的基本操作方法

虽然使用 AIGC 的门槛越来越低,但仍然需要在前述积累内功的基础上,了解其基本操作环节,以及了解并掌握体现描述力的 Prompt 的基本知识及操作技巧。

一、AIGC 操作的基本环节

通常情况下,AIGC 既可能直接生成作品,也可能在进行了一定数量的案例训练后再生成作品。当然,后者不仅需要相应的案例集有类似的地方,所生成的作品亦会更多地模仿已有案例的特征。

对于多数 AIGC 应用平台而言,AIGC 操作的基本环节主要包括:

第一,选择模型。需要了解的是,不同的模型生成的结果会截然不同。这不仅表现在不同风格模型的差异,例如写实方式与卡通方式差别肯定不小,而且还表现在不同行业模型的差异,例如普通平面插画与三维产品设计或建筑设计的差别亦较大。

第二,选择生成方式。对于文本生成类,主要是指"文生文";对于图片生成类,则主要分为"文生图"及"图生图",后者还需要提供参考图;对于视频生成类,则主要分为"文生视频"、"图生视频"及"视频生视频"等方式;对于音频生成类,则主要分为"文生音频""图生音频""音频生音频"等方式。当然,不是每种 AIGC 应用平台都支持各种方式。

第三,设置生成结果参数。这里主要是指所生成的文字长度,或所生成的图片的分辨率及数量,或所生成的音频、视频的长度等。另外,不同的 AIGC 平台可能还会有诸多其他参数可供调整或设置,可以需要不断微调。

第四,确定生成结果风格。这里的风格类似于不同的绘画或音乐风格,如写实派、印象派、中国风、迪士尼动画风、朋克风、黏土风格或动漫风格等。一些平台将一些风格或流派提供给用户来选择,一些平台则将这些功能放在下面的 Prompt 中。

第五，输入相应的 Prompt。Prompt 也称为提示词，后面会重点详细介绍，但对于生成图像及视频类内容的 AIGC 平台而言，其主要包括：主要内容、环境、背景、气氛、构图、镜头、角度、色彩及数量等方面，以及其他较为具体细致的要求。

第六，生成初步结果。即 AIGC 应用平台按用户输入的相应 Prompt 及所设定的相应分辨率、数量生成的结果。

第七，进行二次调整。有时，想让所生成的结果达到满意并非一次即可达到，既可能要再次调整上述方面之后重新生成，也可能在上面生成结果的基础上对图片进行进一步调整（如扩图，局部重绘等），进而达到相应的要求。对于一些 AIGC 应用平台而言，如果主要完成所需结果的某些环节，那么那些未完成的环节则需要再利用其他软件进行调整及完善。

第八，进行最后的输出。将最终所生成的作品按相应的格式进行输出并保存。

二、AIGC Prompt 基本知识

在使用 AIGC 平台时，通常要通过输入 Prompt（提示词）来生成结果。如果你想生成更高水平的作品，则需要了解 Prompt 的使用常识，并在不断练习中积累经验。

1. Prompt 的基础常识

通常情况下，Prompt 由多个词语构成，用来描述生成图像的含义、图像的规范、图像的类型等。为了让 AIGC 生成相应的结果，需要通过输入框输入给 AI 的词语集合。

Prompt 分为正向 Prompt（Positive Prompt）与反向 Prompt（Negative Prompt）。有的系统只需要输入正向 Prompt，有的系统则可能需要同时输入反向 Prompt。

正向 Prompt 一般是对所要生成作品或画面中所包含的内容、特征及风格等信息的描述，反向 Prompt 则是对不想在画面中出现的内容的描述。例如，许多 AIGC 平台曾经在生成人的手时出现不正常情况，那时往往需要反向 Prompt 中加入"bad hands"以排除此类情况。

目前，多数国外的 AIGC 平台的 Prompt 仅只支持英文输入。如需使用其他语言，可以考虑使用 Prompt 插件或转换成英文描述。部分国外的 AIGC 也开始支持中文。显然，国内的 AIGC 平台对中文的支持更佳。当然，AIGC 对于中文中的古文或较生僻的词语的理解还有一个发展的过程。

需要注意的是，在 AIGC 平台的相应文本框输入 Prompt 时，通常会有多个

Prompt,这些 Prompt 之间通常需要使用英文逗号进行分隔。

2. Prompt 的通常格式

原则上讲,Prompt 并没有严格的规则。但是,习惯上 Prompt 的基本格式通常为:画面中的主要表达内容+画面的风格描述+画质参数+模型(如 LoRA 等)。

其中,"画面中的主要表达内容"一般是说明有哪些人或物,以及其他的特征、数量等;"画面的风格描述"一般是指前面主要内容的风格,如前面提到的写实风格或卡通动漫风格等;"画质参数"一般指的是类似 realistic,finely detailed features 等;"模型"则指所使用的模型,如 LoRA(Low-Rank Adaptation)模型是一种轻量级的微调方法,用于大模型的微调训练,以减少参数量和计算量,提高训练效率和生成质量。

"LoRA"(Low-Rank Adaptation)可在 Prompt 中使用可能意味着对生成过程的特定方面进行微调,如[lora:Misty Forest:1.5],即假设这个语法可以让模型更加专注于"Misty Forest"(雾中森林)的特征,并以 1.5 倍的权重强调它。

虽然 Prompt 的撰写没有固定的规则,但通常的顺序是:主要元素描述优先,然后是风格和氛围描述,接着是具体细节描述,再接着是次要元素描述,最后是权重和强调等方面的描述。

3. Prompt 的权重问题

Prompt 权重的一个基本原则是,越靠前的 Prompt 位置权重越高。这也基本符合英文的说话方式,即越重要的事情越会放在前面讲。当然,我们可以通过数字及小括号来调整权重,如:

- 直接指定权重值:white shirt:1.5,blue eyes:0.5
- 使用括号来强调:(white shirt)blue eyes
- 组合使用权重和括号:(white shirt:2.0)blue eyes:1.0)

有时,如果觉得某个关键词在生成结果中没有足够体现时,可以多加几对小括号,如对某个关键词加两对小括号或三对小括号。也可以通过使用中括号添加附加信息或次要特征,其对图像的影响相对较小,如在"short hair[hair ribbon]",中括号描述次要特征"hair ribbon"。还可以通过使用大括号提供多个选项,采样的过程中让模型在这些选项中依次选择,如在"car{red|blue|green}"中,大括号提供多种颜色的选项。

三、AIGCPrompt 操作技巧

一般情况下,在 AIGC 工具中输入的每个 Prompt 的权重默认值都是 1,从左到右依次减弱,权重会影响画面生成的结果。通常,AI 会依照权重来选择性执行。如果 Prompt 之间有语义上的冲突,AI 会根据权重确定的概率来随机选择执行哪一个。

通常,生成图片的大小会影响 Prompt 在画面中的效果,图片越大,需要的 Prompt 越多。为了生成更好的结果,则需要明确图像的生成目标,仔细构思图像的主要元素,并注意添加风格和情感描述。在描述时,最好使用具体和详细的表述,适当平衡细节和简洁性,避免出现矛盾和模糊的情况。同时,需要适当考虑文化和语境,注意参考示例和工具,不断地进行实验和迭代,合理地调整使用权重和强调。

实际上,这里体现了本书前面提到的"描述力",并需要配合"想象力"与"创意力",需要注意凝练关键要素,做到尽可能清晰明了,平衡细节与总体,同时注意规范术语使用。最后,还需要了解及掌握一定的美学常识,即提升审美"判断力",因为你最后需要在所生成的若干结果中筛选出最佳的作品。

当然,所有上述方法与技巧还需要在 AIGC 的实际应用中不断积累经验。同时,由于 AIGC 平台及相应的大模型一直处于进化之中,同样的 Prompt 未必生成同样的结果。我们相信,AIGC 平台会在进化中不断生成更好的作品。

12.3　AIGC 基本平台的初步使用

AIGC 平台很多,由于篇幅原因,这里主要进行文心一言中智慧绘图、Stable Diffusion 等的操作实践,其他 AIGC 平台大同小异,部分还会在后面的实践中提及。

一、文心一言中智慧绘图初步实验

该应用的访问网址是: https://yiyan.baidu.com/task/painting

可以分别输入以下三组 Prompt,以练习人像中"头发+眼睛+衣服"的不同

组合：

- 高清细节,4K,肖像,一个女孩,长的黑色头发,蓝色眼睛,白色衬衫
- 高清细节,4K,肖像,一个女孩,短的红色头发,黑色眼睛,绿色衬衫
- 高清细节,4K,肖像,一个美国女孩,黄色头发,蓝色眼睛,红色衬衫

上述三个实验可能会分别生成图 12-1 所示的结果。

图 12-1　文心一言中智慧绘图"头发+眼睛+衣服"的实验(由 AI 生成)

下面的 Prompt 练习基本场景的描述：

- 高清细节,4K,电影级,一片大湖,远处有山,天空阴云密布,湖上有一只小木船,船上有一位老人

其生成的结果可能如图 12-2 所示。

图 12-2　文心一言中智慧绘图场景描述实验(由 AI 生成)

我们可以在上图的基础上继续使用"扩图"功能。如果在上图基础上进行两次向右扩展功能，则可能生成可能如图 12－3 所示。

图 12－3　文心一言中智慧绘图扩图功能实验(由 AI 生成)

你还可以试一下如下的场景描述实验：

● 高清细节,4K,青绿山水,群山,瀑布,一条小河,一座石桥,一座小亭子,亭子里有两人在下围棋

你可以在生成之前选择不同的长宽方式,如"横图"、"方图"或"竖图",看看分别有怎样的区别。

二、Stable Diffusion 初步实验

为了方便国内用户对 Stable Diffusion 的学习,可以访问网易提供这个网址：https：//ke.study.163.com/artWorks/painting。

Stable Diffusion 基本的文生图实验如下：

● 模型：majicMIX realistic 麦橘写实

● Prompt：extremely detailed 4K CG wallpaper，1girl，long blue hair and blue eyes

● 反向 Prompt：lowres，bad anatomy，bad hands，text，error，missing fingers，extra digit，cropped，worst quality，low quality，normal quality，jpeg artifacts，signature，watermark，username，blurry

生成的结果可能如图 12-4 所示。

可以把上面刚才的生成的图作为参考图，进行图生图练习：

● 模型：majicMIX realistic 麦橘写实

● Prompt：extremely detailed 4K CG wallpaper，1girl，long black hair，blue eyes，white shirt

● 反向 Prompt：lowres，bad anatomy，bad hands，text，error，missing fingers，extra digit，cropped，worst quality，low quality，normal quality，jpeg artifacts，signature，watermark，username，blurry，blue hair，white hair

图 12-4　Stable Diffusion 的文生图　　　图 12-5　Stable Diffusion 的图生图
　　　　　实验（由 AI 生成）　　　　　　　　　　实验（由 AI 生成）

生成的结果可能如图 12-5 所示。

如果在反向 Prompt 与上面基本相同的情况下，按如下方式输入正向 Prompt，则可以进行不同发型的结果生成：

● Prompt：extremely detailed 4K CG wallpaper，1girl，beautiful face，short hair，blue eyes，white shirt

● 反向 Prompt：基本同上

其中，"short hair"只是其中一种发型，还可以更改为：bob cut，bowl cut，ponytail，short ponytail，side ponytail，high ponytail，braid，short braid，French braid 等，图 12－6 即是一些例子。

图 12－6　Stable Diffusion 中不同发型实验（分别是 bowl cut，side ponytail 及 French braid，由 AI 生成）

以下练习不同的服装：

● Prompt：extremely detailed 4K CG wallpaper，1girl，beautiful face，french braid，blue eyes，full body，business suit

● 反向 Prompt：基本同上

其中，business suit 只是一种服装 Prompt，还可以更改为：business suit，jean jacket，hoodie（套头衫或卫衣），lolita（洛丽塔可爱娃娃装），chemise（宽松连衣裙）等，图 12－7 即是一些例子。

以下练习不同的画面视角：

● Prompt：（masterpiece），（best quality），panorama，green mountain，1girl，solo，short hair，hair ribbon，blue eyes，full body

● 反向 Prompt：基本同上

其中，panorama 是一种视角 Prompt，表示全景，还可以更改为：long shot（远景），medium shot（中景），eye level（平视），low angle（仰拍），close-up shot（特定），POV（Point of View，视点）等，图 12－8 即是一些例子。

图 12-7　Stable Diffusion 中不同服装实验（分别是
business suit 及 hoodie，由 AI 生成）

图 12-8　Stable Diffusion 中不同视角实验（分别是
panorama 及 low angle，由 AI 生成）

以下是不同光线的实验：

● Prompt：（masterpiece），（best quality），best shadow，best sunlight，medium shot，1girl，solo，short hair，hair ribbon，blue eyes，full body，hoodie，green mountain，sun，sunlight

● 反向 Prompt：基本同上

其中，sunlight 即是一种光线（太阳光），你还可以改为 moonlight（月光），star sky，blue clouds，light fog 及 rainbow 等，图 12-9 是其中一些例子。

图 12 - 9　Stable Diffusion 中不同光线实验(分别是
panorama 及 low angle,由 AI 生成)

12.4　不同类别人工智能艺术的操作实践

对于不同的艺术与设计门类,可以有针对性地进行不同类别的人工智能艺术实验。以下挑选部分 AIGC 辅助艺术与设计的实验,供读者参考。

一、AIGC 海报设计实验

一些 AIGC 工具可以较为方便地辅助海报设计,以提高其设计效率。实际上,海报是 AIGC 生成图形中的一类,只是有时对其画面及相应的文字有一定不同的理解。

例如,对于海报设计,"美图"的"美图设计室"中就可以进行智能海报设计,并将海报分为电商主图、日常问候、活动邀请函、生日祝福、节日祝福、公告通知及人才招聘等类型。

以"节日祝福"类型的海报为例,它可以在设计时输入主标题、副标题及祝福语等文字,并可以添加图片元素。在生成海报后,还可以对海报中各种文字及图片元素进行调整,如对相关文字的字号、字体、对齐方式进行调整,所生成的结果如图 12 - 15 所示。

图 12 - 10 "美图设计室"智能生成海报示例(由 AI 生成)

对于文心一言中智慧绘图而言,其中也有"海报"设计功能,除了有竖版及横版差别外,还可以不同的排版布局方式,并且侧重在海报主体与海报背景的描述,相当于对于海报前景与背景进行分别的描述。但是,在本书撰写之际,它还没有提供海报的文字输入,如图 12 - 11 所示。另外,即梦 AI 等平台已支持文字出现在生成的图像中。

二、AIGC 辅助 logo 设计实验

相对于一般的图片生成而言,AIGC 辅助 logo 设计有一定相对特殊性,不同的平台对其理解亦有所不同。不过,不论使用哪种辅助设计 logo 的 AIGC 工具,共同之处是,需要对 logo 中的图像及文字部分进行描述。

以"美图设计室"的"AI logo 设计"为例,

图 12 - 11 文心一言中智慧绘图智能生成海报示例(由 AI 生成)

需要输入 logo 名称、副标题/口号,可选择行业,并可以进行高级设置。其中高级设置分为图形 logo 与字母/数字 logo 两类。对于图形 logo 而言,可以添加要参考的图形,可以用文字描述 logo,并可以选择所喜欢的 logo 网络。对于字母/数字 logo 而言,可以输入 logo 中的字母或数字,并嵌入 logo 中所包含的元素。图 12 – 12 为本书作者是所生成的 logo 示例。

图 12 – 12　美图所生成的 logo 示例(由 AI 生成)

另外,还有类似于"标小智"(https://www.logosc.cn)之类的辅助设计 logo 的 AIGC 平台,它除了可以输入 logo 的名称、口号/副标题之外,也可以选择行业,并选择适合品牌 logo 的色系,进而生成合适的 logo,如图 12 – 13 所示。

三、AIGC 插画生成实验

插画是 AIGC 图片生成的主要类型之一。众多的文生图或图生图 AIGC 都有较为丰富的插画相关大模型供选择,可以生成丰富多彩的作用。

如果要通过 Stable Diffusion 生成一幅中国古代长安古镇的图画,有亭台楼阁、桥梁、河水及成排的灯笼等,那么就可以输入以下 Prompt:

- 模型:AWPainting
- Prompt:(Masterpiece),(best quality),8K, no humans, Looking from afar,

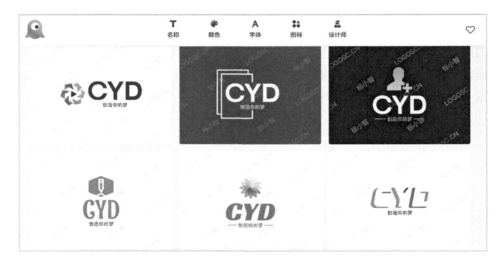

图 12 - 13　标小智生成的 logo 示例(由 AI 生成)

there are beautiful ancient towns in China, including the ancient capital of Chang'an, with quaint buildings and winding alleys. At night, lanterns are hung high and layers of buildings stand in the dim light. In the distance, there are mountains and flowing water, and nearby, there are tree branches and leaves. The small town is beautiful and lively, with fireworks lighting up the night sky, making it incredibly beautiful

以上可能生成类似于图 12 - 14 的结果。

图 12 - 14　Stable Diffusion 生成插画示例(由 AI 生成)

如果要在文心一言智慧绘图里生成《登鹳雀楼》（王之涣）所期望看到的景象，则可以输入以下 Prompt：

● 高清细节，4K，电影级，远景，傍晚，群山，落日，晚霞，黄河流向大海，近处有一座有三层楼的楼阁，其中有一位古装男士，正在从二楼上三楼，并望向远方

以上可能生成类似于图 12 - 15 的结果。

图 12 - 15　文心一言智慧绘图生成插画示例（由 AI 生成）

也可以利用 Pixweaver（网址：https：//pw.shengshu-ai.com/painting ）生成类似的场景，如：

● Prompt：高清细节，4K，电影级，远景，傍晚，群山，落日，晚霞，黄河流向大海，近处有一座三层楼的楼阁，二楼有一位身穿古代服装的男子，他正在从二楼上三楼，并望向远方。

以上可能生成类似于图 12 - 16 的结果。

四、AIGC 不同风格绘画生成实验

对于绘画或插画的生成而言，其中可能有不同的风格，以下可以进行一些不同风格绘画或插画生成的实验。

可以在 Stable Diffusion 中生成黏土风格的插画，如：

● 模型：Disney Pixar Cartoon

● Prompt

图 12 - 16　Pixweaver 生成插画示例(由 AI 生成)

图 12 - 17　Stable Diffusion 生成
黏土风格绘画示例
(由 AI 生成)

● craft clay style A young and handsome Chinese man is near the sea, In beach pants, Bare feet, Walking on the beach, smiling, black hair, a striped navy shirt, Sea spray, a sailboat in the sea, bright sunshine . sculpture, clay art, centered composition, Claymation

● 反向 Prompt

● sloppy, messy, grainy, highly detailed, ultra textured, photo

以上可能生成类似于图 12 - 17 的结果。

在某些时候,也可以通过下面的例子生成像素风格的绘画:

● 正向词:pixel-art A young and handsome Chinese man is near the sea, in a striped navy shirt, In beach pants, Bare feet, Walking on the beach, smiling, black hair, Sea spray, a sailboat in the sea, bright sunshine . low-res, blocky, pixel art style, 8-bit graphics

● 反向 Prompt:sloppy, messy, blurry, noisy, highly detailed, ultra textured, photo, realistic

以上可能生成类似于图 12 - 18 的结果。

如果需要,可以生成水彩画风格的绘画或插画,如:

● 正向词:((watercolor painting)),beach,Sea spray,a sailboat in the sea,A coconut tree,a bright sunshine,full body.(long shot),((watercolor)),vibrant,beautiful,painterly,detailed,textural,artistic

● 反向 Prompt:anime,photorealistic,35mm film,deformed,glitch,low contrast,noisy

图 12 - 18　Stable Diffusion 生成像素风格绘画示例(由 AI 生成)

以上可能生成类似于图 12 - 19 的结果。

其他 AIGC 平台亦可以生成各式各样风格的绘画,如在文心一言中智慧绘图输入以下 Prompt:

● 印象派,细节丰富,水塘边,树林,水中有树的倒影,水面上有五颜六色的水波纹

图 12 - 19　Stable Diffusion 生成水彩风格绘画示例(由 AI 生成)

图 12 - 20　文一心格生成印象派风格绘画示例(由 AI 生成)

则可以生成印象派风格很浓郁的绘画,如图 12 - 20 所示。

由于不同平台上要么支持中文,要么支持英文,因而需要对不同绘画或插画中

的风格类型对应的单词分辨清楚。以下是一些不同绘画风格的中英文对照：

- analog film_模拟胶片
- anime_动漫风格
- cinematic_电影风格
- craft clay_手工黏土
- fantasy art_梦幻童话风格
- line art_线稿风格
- steampunk_蒸汽朋克
- cyberpunk_赛博朋克
- cybernetic robot_赛博朋克+机器人
- sci-fi_未来主义科幻风格
- origami_折纸风格
- photographic_摄影风格
- pixel art_像素艺术
- ads-fashion editorial_时尚摄影
- gourmet food photography_美食摄影
- luxury product_奢侈品
- renaissance_文艺复兴
- abstract_抽象艺术风格
- expressionist_表现主义
- abstract expressionism_抽象表现主义
- art deco_装饰艺术
- art nouveau_新艺术主义
- constructivist_构成主义
- cubist_立体主义
- graffiti_涂鸦风格
- impressionist_印象派风格
- pointillism_点彩画法
- pop art_波普艺术
- surrealist_超现实主义

- watercolor_水彩风格
- futuristic_未来主义风格
- biomechanical_人机混合元素
- biomechanical cyberpunk_人机混合风+赛博朋克

五、AIGC 小说、诗歌及剧本生成实验

AIGC 小说、诗歌及剧本生成实验基本上属于"文生文",既可以通过 ChatGPT 来生成,也可以通过文心一言来生成。当然,对于生成剧本,则可能通过 KIMI 或 Dramatron 等垂直类平台生成。甚至,可以先生成故事大纲,再进行扩写。

不论是哪一个平台生成小说或诗歌及剧本,都需要向 AIGC 平台提出相应的写作要求或问题。例如,可以通过文心一言撰写一篇地球下只剩下两个人之后的小说,如图 12-21 所示。

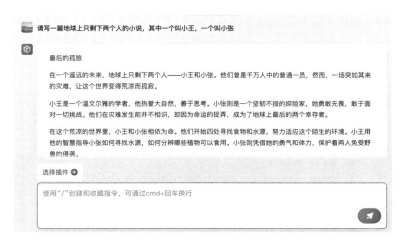

图 12-21 文心一言生成小说示例(由 AI 生成)

类似的,也可以通过 ChatGPT、文心一言之类的 AIGC 平台生成诗歌。例如,可以通过文心一言生成登上长城以后感觉的诗,以及生成关于莲花的诗,如图 12-22 所示。

按照上述类似的方法,当然也可以通过 ChatGPT 或文心一言生成剧本。例如,使用文心一言可以生成短视频带货的剧本,如图 12-23 所示。

不过,由于不同的生成小说、诗歌或剧本的 AIGC 平台对内容的最大长度支持

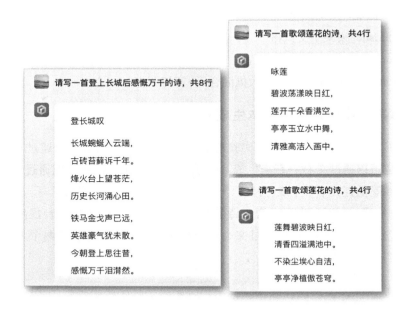

图 12-22　文心一言生成诗歌示例（由 AI 生成）

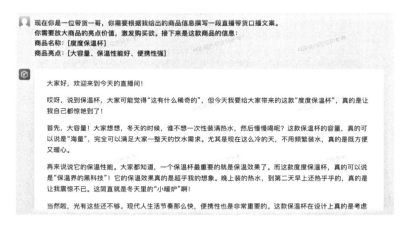

图 12-23　文心一言生成短视频带货剧本示例（由 AI 生成）

度有不同，那么对文字较多的内容（如几十万字），则要看不同平台的支持力度。例如，KIMI（网址：https://kimi.moonshot.cn）可以支持很长的文字长度，也可以先生成故事大纲（如图 12-24），再通过扩写的方式不断进行故事拓展。

- 提示词：Kimi, 我计划创作一部穿越题材的剧本。故事背景是地球上只剩下两个人, 一个是小王, 另一个是小张。请帮我构思一个引人入胜的故事框架。
- 结果：

创作一部穿越题材的剧本, 特别是在地球上只剩下两个人的设定下, 可以是一个充满想象力和探索人性的挑战。以下是一个可能的故事框架, 供您参考：

标题：《最后的时光》
第一幕：孤独的觉醒
- **场景设定**：未来的地球, 环境恶化, 人类几近灭绝。
- **小王**：一个年轻的科学家, 醒来后发现自己是地球上最后的幸存者之一。他在寻找生存资源的过程中, 发现了小张的存在。
- **小张**：一个神秘的旅行者, 似乎对这个世界的末日有着不同的理解。
第二幕：相遇与冲突
- **小王**试图与小张建立联系, 但两人在生存策略和对过去世界的看法上存在分歧。
- **冲突**：小王希望利用科学重建社会, 而小张则认为应该接受命运, 寻找新的生活方式。
第三幕：穿越的启示
- **发现**：小王在研究中意外发现了一种可以穿越时空的技术。
- **决定**：两人决定合作, 利用这项技术回到过去, 试图改变导致地球末日的历史事件。
第四幕：历史的旋涡
- **穿越**：他们回到了不同的历史时期, 见证了人类历史上的关键决策。
- **挑战**：在尝试改变历史的过程中, 他们发现每一个决策都有其复杂性和不可预见的后果。
第五幕：选择与牺牲
- **小王**和**小张**在历史中的经历让他们开始反思自己的行为和选择。
- **牺牲**：为了阻止灾难的发生, 他们必须做出牺牲, 包括放弃回到原来的时间线的机会。
第六幕：新的开始
- **改变**：他们意识到, 即使不能改变过去, 也可以在未来做出不同的选择。
- **希望**：两人决定回到未来, 用他们的经历和知识去创造一个新的开始, 即使只剩下他们两个人。
第七幕：重建与传承
- **重建**：小王和小张开始利用他们的知识重建社会, 尽管只有两个人, 但他们相信生命的顽强和未来的希望。
- **传承**：他们记录下自己的知识和经验, 希望有一天能够被后来者发现, 成为新文明的火种。
第八幕：永恒的循环
- **结局**：故事以一个开放式的结局结束, 留给观众无限的想象空间。小王和小张在重建的过程中, 发现了地球上可能还有其他生命的线索, 暗示着生命和希望的永恒循环。

这个故事框架结合了科幻、历史和哲学元素, 旨在探讨人类在面对终极孤独时的选择和牺牲, 以及对未来的希望和坚持。希望这个框架能够激发您的创作灵感!

图 12 - 24　KIMI 生成剧本或故事(由 AI 生成)

六、AIGC 数字人播报视频生成实验

虽然 OpenAI 的 Sora 之类的视频生成 AIGC 工具很受青睐, 但它们的发展有一个过程, 还需要一段时间。目前, AIGC 数字人播报之类的视频生成应用发展得反而更迅速。当然, 这或许是因为其相对容易一些, 同时也更有规律可循。

腾讯智影(网址：https://zenvideo.qq.com/) 是集素材搜集、视频剪辑、后期包装、渲染导出和发布于一体的在线剪辑平台, 能够为用户提供从端到端的一站式视频剪辑及制作服务, 其中即包含了数字人播报视频智能生成功能。在使用时, 只需选择所喜爱的数字人造型, 将所要播报的文字录入, 即可以自动生成带有字母的数字人播报视频, 如图 12 - 25 所示。

另外, 上海魔珐科技有限公司的魔珐有言·3D 虚拟人视频 AIGC 平台软件亦可以完成更为复杂的数字人播报视频生成。该平台不仅可以针对不同的播报文字段落, 分别插入不同的新闻背景墙或大屏, 并且可在其中旋转不同的新闻照片, 同时还可以设定不同的机位及镜头推拉摇移的方式(或使用默认的镜头切换方式) , 其还有几百个不同类型的数字人可以选择, 进而生成更复杂的数字人新闻播报视频(如图 12 - 26 所示) 。

图 12-25 腾讯智影生成数字人播报视频(由 AI 生成)

图 12-26 魔珐有言生成的数字人播报视频(由 AI 生成)

此外,通义 App 中有一个"全民舞台",通过上传一张平台的照片,即可将众多表演视频的模板绑定到所上传照片的人物上,在照片背景不变的情况下,让前景的人物进行生动的表演。

值得期待的是,未来包括以上生成方式在内的各类视频生成将会不断地进化与发展,并且可以更加高效地生成更复杂的视频,甚至可以用于影视剧的智能生成。这不仅对于个人制作视频内容,还是对于影视内容生产机构而言,都将是极大的进步。

七、AIGC 产品设计生成实验

目前,既有通用的图片生成式 AIGC 可以生成产品(或商品)设计图,也有一些专门的产品设计的垂直类 AIGC 平台。由于产品设计有一定的特殊性,即使使用通用的 AIGC 工具,也需要注意相关大模型的选择。

如果在 Stable Diffusion 中使用以下模型及 Prompt:

● 外挂 VAE 模型:klF8Anime2VAE_klF8Anime2VAE.ckpt

● Prompt:retail packaging style A white Mug, with grey background. vibrant, enticing, commercial, product-focused, eye-catching, professional, highly detailed

● 反向 Prompt:noisy, blurry, amateurish, sloppy, unattractive

其中,"A white Mug, with grey background"亦可以更换为"A green Mug, with yellow background,或 A Beer bottle, with blue background",它们可能生成的结果如图 12-27 所示。

图 12-27　Stable Diffusion 生成产品设计示例 1(由 AI 生成)

也可以使用以下大模型及 Prompt:

● 模型:Product Design 产品设计

● 正向 Prompt:retail packaging style, a dark-blue mug, there is a purple rose on the mug body, with baby-blue background. vibrant, enticing, commercial, product-focused, eye-catching, professional, highly detailed

● 反向 Prompt：noisy, blurry, amateurish, sloppy, unattractive

以上可能产生图 12 – 28 类似的结果。

另外，在美图设计室中亦有"AI 商品设计"功能可以进行产品（或商品）设计的智能生成。在文心一格中也有"商品图"的智能生成。类似的功能及垂直类的产品（或商品）智能生成平台，我们可以多加关注，并尝试使用。

图 12 – 28　Stable Diffusion 生成产品设计示例 2（由 AI 生成）

八、AIGC 服装设计生成实验

同样，服装设计的适用生成可以通过通用 AIGC 平台的相关大模型来完成，也不断有垂直类的 AIGC 被推出。在 Stable Diffusion 等通用类 AIGC 平台中有一些相对适合服装设计的大模型，如 GhostMix 或国风 Guofeng3 等。

以 GhostMix 模型为例，可以输入以下 Prompt：

模型：GhostMix

Prompt：photograph of fashion model, (1girl：1.5) standing, (20 years old), (front shot), (full-length photo：1.3,) (Bokeh：1.5), HDR, UHD, ultra detailed, official art, 4k 8k wallpaper, 8K, (best quality：1.5), masterpiece, (Realistic：1.5), (full body shot), full body, golden ratio, cinematic, depth of field, glow, ultra high detail, ultra realistic, cinematic lighting, focused, 8k, (medium chest), (city night background), Brocade-purple-(silk-short sleeve- tunic), floral-embroidery, (undergarment-gauze shirt), dark purple-(long skirt), deep, traditional, (technique), garden

反向 Prompt：(((simple background))), monochrome, lowres, bad anatomy, bad hands, text, error, missing fingers, low quality, normal quality, jpeg artifacts, signature, watermark, username, lowres, bad anatomy, bad hands, text, extra digit, fewer digits, cropped, worst quality, ugly, pregnant, vore, duplicate, morbid, mut ilated, transsexual, hermaphrodite, long neck, mutated hands, poorly drawn hands, poorly drawn face, mutation, deformed, blurry, bad proportions, malformed limbs, extra limbs, cloned face, disfigured, gross proportions, (((missing arms))), (((missing legs))), (((extra arms))), (((extra legs))), pubic hair, plump, bad legs, error legs, bad feet

以上可以生成类似于图 12-29 的结果。

如果使用国风 Guofeng3 模型,可以使用以下 Prompt:

● 模型:国风 Guofeng3

● Prompt:photograph of fashion model,(1girl:1.5) standing,(20 years old),(front shot),(full-length photo:1.3,)(Bokeh:1.5),HDR,UHD,ultra detailed,official art,4k 8k wallpaper,8K,(best quality:1.5),masterpiece,(Realistic:1.5),(full body shot),full body,golden ratio,cinematic,depth of field,glow,ultra high detail,ultra realistic,cinematic lighting,focused,8k,(medium chest),China dress,twintails,long hair,bamboo forest,grass,light green long skirt,blue belt,white streamers

● 反向 Prompt:基本同上

图 12-29　Stable Diffusion 生成服装　　　　图 12-30　Stable Diffusion 生成服装
　　　　示例 1(AI 生成)　　　　　　　　　　　　　示例 2(AI 生成)

以上可以生成类似于图 12-30 的结果。

对于更复杂的服装设计,则需要有更多服装设计相关的专业知识及专业名词。

特别是,还需要考虑服装对应的年代(或朝代)及不同国家与民族等因素。对于中文支持不是很好的平台,还需要找到对应的英文单词。

九、基于 LoRA 网络模型训练的作品生成

LoRA 风格模型是针对大型语言模型的微调方法,它通过低秩分解的方法,让我们只需几十或是几百张图片就可以训练出自己的风格模型,降低了训练成本,而又保持了模型性能。

以胶东剪纸风格为训练对象的 LoRA 模型训练为例,训练模型大概可以分为收集训练集、图像打标签、模型训练、效果调试等步骤,一个较为完善的风格模型往往需要反复重复以上的步骤,才能获得既不过拟合也不欠拟合的模型训练效果。训练时采用 SD1.5 模型作为底模,导入准备的训练图片及标注集(如图 12 - 31),就能获得一个胶东剪纸的 LoRA 风格模型。再将生成的 LoRA 模型导入 Stable Diffusion 中,即可以生成训练的图片风格(如图 12 - 32)或是人物长相的图片,通过对图片的分析,又可以修改我们的训练集和标注以达到更好的风格模型效果。

图 12 - 31　训练图片集合标注(来源:上戏研究生吕品元)

LoRA 风格模型大多只有几十兆或几百兆,比起动不动几千兆的底模,确实是一种方便快捷且易于传播的模型形式。通过训练风格模型,我们可以训练出属于自己的定制化模型,生成自己想要的图像风格。另外,在诸如 civitai、huggingface 等的 AI 模型社区,可以下载底模、风格模型、openpose 模型等,为风格化生成提供了很多便捷的途径。

实际上,还有许多领域可以利用 AIGC 进行智能生成,此处无法一一举例。然而,无论如何,未来可期!

图 12 - 32 训练所生成的作品图(来源:上戏研究生吕品元)

【课后作业】

1. AIGC 有哪些主要应用平台?分别有什么特点?

2. AIGC 使用的基本步骤是怎样的?

3. AIGC 的 Prompt(Prompt)有哪些应用注意事项及技巧?

4. 实验题:按本章所举的例子进行主要 AIGC 平台基本使用的实验练习。

5. 实验题:按本章所举的不同领域的 AIGC 应用案例进行相应的实验练习。

6. 综合实践题:根据某一个主题,创作至少 9 张系列作品,参考主题:

- 唐诗/宋词/楚辞/汉赋/诗经等
- 山海经中选 9 个故事(如盘古开天、夸父逐日、精卫填海等)
- 某个文旅景区
- 某种非遗故事或场景
- 某个地点的环境设计

在提交作品的同时,需进行作品阐释,主要包括:

- 生成前的创意构思
- 所生成作品的风格
- 所生成作品的意义
- 生成作品时采用的 AIGC 工具
- 每张作品所采用的模型、Prompt(如果有反向 Prompt,请一并提供)

参 考 文 献

- ［加］马修·鲍尔著;岑格蓝、赵奥博、王小桐译:《元宇宙改变一切》,浙江教育出版社 2022 年版
- ［美］雷·库兹韦尔著;盛杨燕译:《人工智能的未来:提示人类思维的奥秘》,浙江人民出版社 2016 年版,第 184—189 页,第 203、206 页,第 119—120 页
- ［美］唐纳德·A.诺曼著;小柯译:《设计心理学 4:未来设计》,中信出版社 2016 年版,第 42、74 页
- ［加］马歇尔·麦克卢汉著;何道宽译,《理解媒介:论人的延伸(增订评注本)》,译林出版社 2011 年版,第 24、33、67 页
- ［美］保罗·莱文森著;邬建中译:《人类历程回放:媒介进化论》,西南师范大学出版社 2017 年版
- 陈永东,王林彤,张静:《数字媒体艺术设计概论》,中国青年出版社 2018 年版,第 175 页,第 195 页,第 224—243 页
- 杨青青:《转媒体时尚艺术——当代艺术作品从灵感到质感的转换创作与实践》,《戏剧艺术》,2012 年第 4 期
- S.Wilson,"Computer Art:Artificial Intelligence and the Arts", Leonardo, Vol.16, No.1(Winter,1983), pp.15－20, p.17, p.16, p.15
- ［美］尼葛洛庞帝著,胡泳、范海燕译.《数字化生存》,海南出版社 1996 年版,第 89、91 页
- 黄鸣奋:《新媒体与西方数码艺术》,学林出版社 2009 年版,第 281—282 页
- 陈永东:《对人工智能艺术可能性、创造力及情感的思考》,《长江文艺评论》,2021 年第 6 期
- https:∥openai.com/dall-e-2/
- https:∥cdn.openai.com/papers/dall-e-2.pdf
- ［美］罗伯特·所罗门,凯思林·希金斯著;张卜天译,《大问题:简明哲学导

论》,清华大学出版社,第 204—205 页

- 陶锋:《人工智能美学如何可能》,《文艺争鸣》,2018 年第 5 期

- 贾伟,邢杰:《元宇宙力:构建美学新世界》,中译出版社 2022 年版

- [英]博登编著;刘西瑞、王汉琦译,《人工智能哲学》,上海译文出版社 2001 年版,第 31 页

- Silver,D. and etc.,"Mastering the game of Go with deep neural networks and tree search",Nature,vol.529,2016,p.484

- 陈永东:《赢在新媒体思维:内容、产品、市场及管理的革命》,人民邮电出版社 2016 年版,第 69 页,第 53—204 页

- 赖声川:《赖声川的创意学》,中信出版社 2006 年版,第 57 页,第 110 页,第 112—125 页,第 171 页

- [以色列]尤瓦尔·赫拉利著,林俊宏译:《未来简史:从智人到智神》,中信出版集团 2017 年版,第 333 页,第 353—357 页,第 359 页,第 317 页

- 陶锋:《大数据与美学新思维》,《华中科技大学学报(社会科学版)》,2021 年第 35 期

- [美]罗伯特·麦基:《故事:材料、结构、风格和银幕创作的原理》,天津人民出版社 2014 年版,第 46—58 页,第 87—89 页

- 文成伟,李硕:《何为人工智能的"艺术活动"》,《自然辩证法研究》2021 年第 37 期(04)

- 陶锋:《人工智能视觉艺术研究》,《文艺争鸣》,2019 年第 7 期

- [美] A. Elgammal and etc,"CAN:Creative Adversarial Networks Generating 'Art' by earning About Styles and Deviating from Style Norms", https://arxiv.org/pdf/1706.07068.pdf, June23, 2017

- 王玉萍,范建华:《人工智能绘画的艺术创作价值研究》,《艺术评鉴》,2019 年第 9 期

- 陈奇佳,郭佳:《AI 时代的 AI 艺术问题》,《中外文化与文论》,2020 年第 3 期

- [美]马文·明斯基著,王文革 程玉婷 李小刚译:《情感机器:人类思维与人工智能的未来》,浙江人民出版社 2016 年版,第 286 页,第 5—6 页,第 31—32 页

- 周昌乐:《抒情艺术的机器创作》,科学出版社 2020 年版,第 140 页,第 39、135—138 页

- [美]卡普兰著,李盼译:《人工智能时代》,浙江人民出版社 2016 年版,第 190 页,第 184—185 页,第 197—199 页

- [美]菲利普·奥斯兰德文,李汝成,李夏译:《关于机器人表演的思考》,《戏剧艺术》,2013 年第 5 期

- 谭力勤:《奇点艺术:未来艺术在科技奇点冲击下的蜕变》,机械工业出版社 2018 年版,第 49 页,第 29 页

- [德]瓦尔特·本雅明:《机械复制时代的艺术作品》载于王涌译《艺术社会学三论》,南京大学出版社,第 48—51 页

- 干春松:《人工智能的发展对儒家伦理所可能带来的影响》,《孔子研究》,2019 年第 5 期

- [英]罗杰·彭罗斯著,许明贤,吴忠超译:《皇帝新脑》,湖南科学技术出版社 2018 年版,第 18 页

- 赵汀阳:《技术的无限进步也许是一场不可信任的赌博》,载于宋冰编著《智能与智慧——人工智能遇见中国哲学家》,中信出版集团 2020 年版,第 19—20 页

- 刘丰河:《解决人类生死烦恼的根本智慧》,载于宋冰编著《智能与智慧——人工智能遇见中国哲学家》,中信出版集团 2020 年版,第 315 页

- 姚中秋:《人工智能,吾与也》,载于宋冰编著《智能与智慧——人工智能遇见中国哲学家》,中信出版集团 2020 版,第 104 页

- 彭兰:《智媒趋势下内容生产中的人机关系》,《上海交通大学学报(哲学社会科学版)》,2020 年第 28 卷

- 周仁平,罗弈为:《网络短视频中的人工智能技术:应用、反思与建议》,《教育传媒研究》,2020 年第 5 期

- 汤克兵:《作为"类人艺术"的人工智能艺术》,《西南民族大学学报(人文社科版)》,2020 年第 41 卷

- 高原:《康德批判哲学对人工智能发展的启示》,《商丘职业技术学院学报》,2020 年第 19 卷

- 江宁康,吴晓蓓:《人工智能·多元交互·情境美学》,《人文杂志》,2021 年第 4 期

- 陈永东:《数字藏品的价值发掘及提升策略》,《青年记者》,2022 年 9 月上

- 赵旭隆,陈永东:《智能营销:数字生态下的营销革命》,上海文艺出版社,2016

年版,第 26 页

- 陈希琳:《数字藏品赋能实体才是最终出路》,《经济》,2022 年第 6 期
- 陈永东:《智能营销传播的本质、演进及核心研究环节》刊于廖秉宜:《智能营销传播理论与实践研究》,中国社会科学出版社 2021 年版,第 157—170 页
- 赵旭隆,陈永东:《准免费获客:智能营销工具让获客成本趋近于零》,上海文化出版社,2021 年版,第 17—19,151—177 页
- 姚曦,任文姣:《沉浸营销的元宇宙图景》,《国际品牌观察》,2022 年 6 月
- 吴冰冰,冯祺琦:《环境为"沉",互动为"浸"——关于"沉浸式营销"的讨论》,《中国广告》,2022 年第 6 期
- 蒲璐:《建构元宇宙:再部落化媒介生态下的虚拟数字人营销探索》,《广东开放大学学报》,2022 年 31(02)
- 杨海军:《沉浸式营销的本质特征和功能价值》,《国际品牌观察》,2022 年 6 月
- 吴声:《场景革命:重构人与商业的连接》,《机械工业出版社》,2015 年版,第 69,83,91,105 页
- 董浩宇:《试论品牌沉浸式营销中的几个谁知误区》,《国际品牌观察》,2022 年 6 月
- 袁国栋:《元宇宙时代社区传播的空间转向》,《新闻前哨》,2022 年第 4 期
- 龚思颖,沈福元,陈霓,彭雪华,赵心树:《沉浸营销的渊源与发展刍议》,《新闻与传播评论》,2021 年 74(03)期
- 肖珺:《元宇宙:虚实融合的传播生态探索》,《人民论坛》,2022 年第 7 期
- 陈永东:《人工智能艺术的应用类型及审美判断》,《文化艺术研究》,2023 年第 3 期
- 陈永东,杨青青:《基于转媒体的传统文化艺术转化与传播策略》,《新闻爱好者》,2023 年第 3 期
- 陈永东:《基于元宇宙的新媒体传播趋势分析》,《青年记者》,2023 年第 1 期

后　　记

　　当你看到这里的时候,或许对人工智能艺术已经有了一定认识,或许得到了一部分灵感,产生了一些新想法,或许还看到了艺术发展的未来。如果是这样,那么本书也算起到了一定的启发读者的作用,并且达到了一定的为读者开阔视野的目的。

　　这本书在探讨人工智能艺术时,我们有几条基本想法:第一,用较为通俗易懂及相对专业的方式让更多人了解人工智能艺术;第二,用相对系统的方式从多个角度探讨人工智能在各类不同艺术门类相结合应用中的主要问题或关注焦点;第三,将理论与实践相结合,既有一定的实践、实验或案例相支撑,也有一定的理论探讨、总结与思考相结合;第四,引发对人工智能感兴趣的读者更多更广泛的思考,想给读者更远的展望;第五,让不同专业或岗位上的艺术工作者能结合自己的实际工作,思考如何充分利用人工智能。

　　当然,这只是我们的初衷,具体撰写则受制于我们团队的专业水平、视野与能力。不过,在撰写本书的前后,我们一直通过学习、观察与思考来拓展自己的视野,不断通过讨论、思想碰撞来探究一些重要问题,不断通过实践、总结与再实践来提高自己的能力,不断通过亲自的实验来了解最新的人工智能应用的最新进展。

　　需要说明的是,书中所有内容并非已成定论,更非金科玉律,还有不少内容存在着不同的观点,甚至是截然相反的看法。但是,我们相信,这并不妨碍我们一起探讨迅速崛起的人工智能艺术领域的种种新问题,也希望读者们能够和我们一起阅读、一起实践、一起改进、一起补充,形成符合中国人所推崇的"百家争鸣,百花齐放"氛围。

　　世界在不断进步与变化,艺术也在不断发展变化。最近若干年及未来很长一段时间,艺术与人工智能的结合已经或即将成为无法回避的问题,同时科艺融合也蕴含着许多新的可能性。然而,新的可能性正是艺术家们长期的期盼与追求。这样看来,人工智能艺术或许为艺术及艺术家们带来更多的惊喜,而非沮丧。

当然，人工智能也会对一些艺术工作者带来一定的挑战与冲击，甚至让部分艺术工作者的岗位受到威胁，可能还有一些艺术工作者会因人工智能而失业。这使得我们不得不重新审视人工智能带来的机遇与挑战。许多事情都是挑战与机遇并存的，关键还要看当事者能否有足够的洞察与远见，能否勇敢地迎接挑战、抓住机遇。

一百多年前，汽车刚出现时，也受到了种种质疑和诟病，然而它最终取代了马车成为主流的交通工具。几十年前，电脑及 Photoshop 之类的图形图像处理软件出现时，许多艺术工作者未必会想到一定要使用它们，然而如今已有许多艺术家使用电脑软硬件进行艺术创作与艺术设计了。

所以，我们认为，对于艺术工作者而言，不必将人工智能当成洪水猛兽，更恰当的作法是将人工智能当作艺术创作与艺术设计的一种工具，为我们提供灵感，当作参考，成为助手，至少可以大大提高创作或设计的效率。如果能够打开思路，深入应用，则更有可能为艺术工作者寻找到新的机遇。

我们相信：机会总是留给有准备的人！

陈永东，张敬平，朱云
2024 年 9 月于上海

图书在版编目(CIP)数据

人工智能艺术 / 陈永东主编 ; 张敬平, 朱云副主编.
上海 : 上海文化出版社, 2025. 7. -- ISBN 978-7-5535-
3260-8

Ⅰ. J-39

中国国家版本馆 CIP 数据核字第 20256RY670 号

出 版 人 姜逸青
责任编辑 王莹兮
装帧设计 汤 靖

书 名 人工智能艺术
编 著 者 陈永东 张敬平 朱 云
出 版 上海世纪出版集团 上海文化出版社
地 址 上海市闵行区号景路 159 弄 A 座 3 楼 201101
发 行 上海文艺出版社发行中心
上海市闵行区号景路 159 弄 A 座 2 楼 201101 www.ewen.co
印 刷 上海新华印刷有限公司
开 本 710×1000 1/16
印 张 17.25
字 数 200 千字
版 次 2025 年 8 月第一版 2025 年 8 月第一次印刷
书 号 ISBN 978-7-5535-3260-8/G.527
定 价 88.00 元
敬告读者 如发现本书有质量问题请与印刷厂质量科联系 T: 021-56324200